FRÉDÉRIC MASSON

NAPOLÉON
ET
SA FAMILLE

VI
(1810-1811)

PARIS
SOCIÉTÉ D'ÉDITIONS LITTÉRAIRES ET ARTISTIQUES
Librairie Paul Ollendorff
50, CHAUSSÉE D'ANTIN, 50

1903

NAPOLÉON

ET

SA FAMILLE

OUVRAGES DE M. FRÉDÉRIC MASSON

ÉTUDES NAPOLÉONIENNES

Napoléon inconnu. — Papiers inédits, *accompagnés de Notes sur la Jeunesse de Napoléon* (1769-1793) . . . . 2 vol.

La série est complète en deux volumes.

Napoléon et les Femmes . . . . 1 vol.
Joséphine de Beauharnais (1763-1796). . . . . 1 vol.
Joséphine Impératrice et Reine (1804-1809). . . . . 1 vol.
Joséphine répudiée (1809-1814). . . . . 1 vol.
L'impératrice Marie-Louise (1809-1815). . . . . 1 vol.

La série est complète en cinq volumes.

Napoléon et sa Famille :

— — Tome I (1769-1802) . . . . 1 vol.
— — Tome II (1802-1805). . . . . 1 vol.
— — Tome III (1805-1807) . . . . 1 vol.
— — Tome IV (1807-1809) . . . . 1 vol.
— — Tome V (1809-1810). . . . . 1 vol

L'ouvrage complet formera dix volumes.

En préparation :

Napoléon II

Napoléon chez lui. — La journée de l'Empereur aux Tuileries. . . . 1 vol.

En préparation :

La Maison de l'Empereur.

La série comprendra six volumes.

Cavaliers de Napoléon . . . . 1 vol. in-8.

La série comprendra six volumes.

FRÉDÉRIC MASSON

NAPOLÉON ET SA FAMILLE

VI

(1810-1811)

PARIS
SOCIETÉ D'ÉDITIONS LITTÉRAIRES ET ARTISTIQUES
Librairie Paul Ollendorff
50, CHAUSSÉE D'ANTIN, 50

1903

IL A ÉTÉ TIRÉ A PART

Vingt exemplaires sur papier de Hollande

numérotés à la presse

NAPOLÉON
ET SA FAMILLE

XX

LES TRONES EN PÉRIL

(Juin 1809 — 19 Mars 1811).

Les cas de Lucien et de Louis sont-ils sans corrélation? — Comparaison. — La lutte de Lucien et celle de Louis. — Désavantages de Louis. — Les Royaumes feudataires jusqu'en 1810. — Depuis le divorce. — La destitution d'Eugène. — Comparaison avec celle de Louis. — Rapprochement entre les trois cas. — Ces cas sont-ils isolés?

I

LE ROYAUME DE WESTPHALIE

(Novembre 1809. — Mars 1811.)

Jérome à Paris (Novembre 1809-Janvier 1810). — Il se remet avec son frère. — Ses ambitions. — Avantages que lui fait Napoléon. — Il lui donne le Hanovre. — Son Ordre de la Couronne. — Départ de Paris. — Demandes nouvelles. — L'Empereur réfléchit. — Le second mouvement. — Les réticences. — Jérome ne s'en doute pas. — Le traité. — Arrivée du

Français. — Le seul remède est la venue de l'Empereur. — Idée persistante de l'Empereur depuis août 1809. — Bruits de sa venue. — Mesures qui l'annoncent. — L'Empereur réprime Joseph. — Joseph apprend la prochaine arrivée de l'Empereur. — Il décide l'expédition d'Andalousie. — Pourquoi ? — Forces qu'il y emploie. — Nouvelle fourberie pour gagner du temps. — Il est accompagné de sa cour. — Bulletins de victoire. — Quoi de vrai ? — Programme pacifique. — Marche sur Séville. — Proclamation aux Espagnols. — Entrée à Séville. — Décrets. — Proclamation aux soldats français. — Lettres à l'Empereur. — Vaine attente de la soumission de Cadix. — Espérances de Joseph. — Etat d'esprit de l'Empereur. — Ce qu'il pense de l'expédition d'Andalousie. — Premier avertissement : Lettre du 8 janvier sur la solde. — Nouvelle qu'il a des décrets de Joseph. — Décret du 8 février sur les grands gouvernements. — Préliminaires du démembrement de l'Espagne. — La Catalogne. — L'Espagne en interdit. — Ordre de départ donné à Julie. — But que se propose l'Empereur. — Abdication et Restauration. — Ferdinand. — Lolotte. — Le faux Kolli. — Prétentions et ordres de Joseph généralissime. — Comment il reçoit les mesures de l'Empereur. — Il ordonne à Julie de le rejoindre. — Il pense à abdiquer. — Il envoie Azanza à Paris. — Ce qu'il écrit à Julie. — Hypothèses sur ce qu'il compte faire. — Décrets contre l'Empereur. — Julie ne veut pas venir. — Il renouvelle la déclaration qu'il va abdiquer. — Thème d'opéra. — Guerre à coups de Lois. — L'Empereur lui enlève le commandement des armées françaises et le titre de son lieutenant. — L'Armée d'Andalousie donnée à Soult. — Querelle de Soult et de Joseph. — L'Armée du Centre. — Le radeau. — Etat de l'Espagne. — Joseph menace toujours d'abdiquer et n'abdique pas. — Mission d'Almenara. — Lettres à Julie. — Il veut que l'Empereur lui rende le commandement. — Délire royal. — Résultats de la mission Azanza. — Propositions faites à Almenara. — Les Cortès de Cadix. — L'Empereur propose à Joseph de s'entendre avec eux. — Almenara expose ce que lui a dit l'Empereur. — Stupeur de Joseph et de ses conseillers. — Comment ils sortent d'affaire. — Colère de Joseph. — Mission donnée à Marius Clary. — Joseph

III

LE ROYAUME DE NAPLES

(Janvier 1810. — Mars 1811.)

de Murat. — Éloge qu'il fait de son armée. — Napoléon ne perçoit que les effets et non la cause. — Bruits controuvés de détrônement de Murat. — Il prend peur. — Il veut être fixé. — Il demande à venir à Paris.

CONCLUSION. — Sauf Murat, tous les Napoléonides frappés. — Ce n'est plus un cas isolé, mais un système. — Quel est ce système ?

Il pourrait sembler que les circonstances qui ont amené le départ de Lucien et l'abdication de Louis sont exceptionnelles et qu'elles demeurent propres à l'un comme à l'autre. Dans les deux cas, que voit-on ? Napoléon, dans l'exaltation de son vouloir et dans l'orgueil de son pouvoir, prétend imposer à Lucien de répudier sa femme, à Louis de régner selon ses ordres. Les caractères différents amènent des évolutions diverses : Lucien, dès le début, pose des conditions dont rien ne le fait fléchir, convaincu que son frère finira par lui céder, et qu'il aura gain de cause dans cette lutte qu'il a engagée depuis sept ans ; il confond les ambitions qu'il forme ou qu'on lui suggère avec ce qu'il tient pour le devoir conjugal et paternel. Il prétend imposer la femme qu'il aime et les enfants qu'il a eus d'elle à cet empire qui, à son compte, ne peut se passer de lui ; il veut l'hérédité impériale pour ses fils, légitimes ou légitimés, peu importe, puisqu'ils sont de lui ; l'Empereur refuse, et c'est là toute la querelle. Mais ces deux êtres, inégaux à coup sûr de génie, sont égaux par l'orgueil. Aucun d'eux ne cédera, et, à la façon corse, ils se

« font des finesses ». Napoléon menace Lucien de le chasser ou de l'emprisonner; Lucien menace Napoléon de partir. Ni l'un ni l'autre n'a l'intention de réaliser ses menaces. Même lorsque Lucien se détermine à s'embarquer, c'est avec la conviction que son frère le rappellera, trop heureux de lui offrir à la fin ce qu'il lui a constamment refusé. La lutte ici a de la grandeur et les deux athlètes sont de taille. De fait, malgré ses couronnes, ses trésors, ses armées, c'est Napoléon qui est vaincu et c'est Lucien qui a pris le beau rôle. Rien ne l'a ébranlé, rien ne l'a modifié, et, seul, dressant le front contre le maître du Tonnerre, il a mis en échec celui qui fait trembler l'Europe.

Louis au contraire n'a su ni résister, ni se rendre, ni s'attacher fermement à un dessein, ni profiter des avantages qu'il eût trouvés à l'abandonner. Il est un pauvre être, douloureux et mélancolique, qui, lorsqu'il forme un projet, même généreux, est incapable de ne pas le gâter dans l'exécution, qui, lorsqu'il conçoit un plan, même grandiose, ne peut se tenir, par les petitesses qu'il y mêle, d'en faire un enfantillage. Il est un malade, dont le cerveau, de longue date avarié, est incapable de retenir une volonté, de suivre une ligne d'action, de garder une direction. Il ne parvient pas à formuler nettement sa pensée, parce que jamais il ne conçoit une idée nette. Il reste à travers tout « le pouacre consciencieux » qu'a dit Napoléon. Mais cette conscience, à la fin, produit les mêmes effets que, chez Lucien, la volonté. Un jour arrive où il se bute, où il part lui aussi et s'évade du Grand Empire comme d'une prison. Toutefois, même après cet éclat, comme s'il avait peur d'avoir agi et s'en repentait, il ne coupe pas les câbles, il proteste qu'il veut revenir; puis, le délire l'emportant, il se drape dans sa majesté déchue et se donne des airs de légitime : ainsi parlaient le chevalier de Saint-Georges et le comte de Lille, ainsi parle le comte de Gottorp.

Lucien maintient sa querelle avec Napoléon dans des termes tout humains : Louis y mêle Dieu dont il tient ses droits, oubliant que son frère y fut pour quelque chose. Jusqu'à un moment, il se plaint que l'Empereur l'ait contraint à monter sur un trône ; mais, dès qu'il y est monté, dit-il, il a contracté des droits et des devoirs ; peu à peu, l'Empereur s'estompe, il finit par disparaître. Reste le trône : comme il faut bien que Louis s'avoue qu'il ne le tient pas de Charles Bonaparte, c'est de Dieu et du peuple ; encore un peu, ce sera Dieu, tout seul. C'est qu'il est l'obligé de l'Empereur, que cette obligation lui pèse et il préfère la reporter à Dieu qui est plus loin. Reconnaître qu'il doit à son frère tout ce qu'il est, c'est s'obliger à suivre les directions qu'il donne, à lui obéir en ce qu'il commande, tout le moins à se tenir engagé dans sa politique de façon à ne pouvoir en séparer ses desseins. C'est ainsi que Napoléon l'a compris. Il voudrait que Louis acceptât ou quittât sa royauté, comme s'il s'agissait d'un commandement militaire ou d'un grand gouvernement, qu'il subît, sans se réjouir ou se plaindre, les accroissements ou les diminutions de territoire, qu'il se tînt uniquement attaché à la gloire de l'Empereur et aux intérêts de l'Empire et qu'il ne s'émancipât jamais à penser qu'il pût hors de l'Empereur, chef de la Confédération, affecter une personnalité propre et une vie indépendante. Cette contradiction entre les idées de Napoléon et celles de Louis devait amener et amène la crise de 1810.

Mais si telle a été, dès l'institution des royaumes feudataires la pensée directrice de Napoléon, au moins, dans la pratique, a-t-il, jusqu'à l'époque du divorce, admis certains tempéraments et laissé aux souverains qu'il avait institués une apparence d'autonomie : sans doute, il a exigé qu'ils imposassent à leurs Etats l'organisation administrative, militaire et civile du Grand Empire ; sans doute, pour chacun d'eux, il a eu toute prête une constitution dont il s'est réservé de surveiller l'application et qui est le pacte juré entre eux, leurs peuples et l'Empire, mais, une fois qu'il a eu disposé en leur faveur des royaumes, des principautés et des provinces sur qui il a établi leur souveraineté, il s'est considéré comme engagé vis-à-vis d'eux ; il ne les a pas changés de trône sans les consulter et sans prendre leur assentiment, il n'a touché à leurs Etats que pour les agrandir ; il n'a point morcelé ces Etats à sa fantaisie ; il n'en a pas annexé des provinces à son empire par un simple décret. Son système justement a consisté, en ce temps, à contenir l'Empire dans ses limites naturelles, à créer, hors de ces limites, des centres d'action, rattachés par des liens étroits à sa personne, mais relativement indépendants de son empire, où il pût, selon les besoins de sa politique, modérer ou activer la transformation de la société ancienne — féodale ou autocratique — en une société moderne, conçue selon les principes de la Révolution. Dans ces États satellites, en laissant aux souverains une autonomie nominale, il ménageait les transitions et se déchargeait sur ses lieutenants à la fois des soucis d'un gouvernement trop étendu, des difficultés d'une assimilation trop hâtive et des périls des résistances locales. L'esprit de famille le dominant alors, il a concilié avec ce système la nécessité qu'il s'est imposée de procurer à chacun de ses frères un établissement souverain, et de substituer les Bonapartes aux Bourbons sur tous les trônes que ceux-ci avaient occupés. Même, ces trônes étant tous remplis, il a étendu son action à une partie de l'Allemagne. Mais la Confédération du Rhin ressemble à la Ligue du Rhin; mais, si l'Italie entière est devenue napoléonienne, n'a-t-elle pas, presque dans les mêmes conditions, été bourbonienne; mais, si l'Espagne a été donnée à Joseph, ne l'a-t-elle pas été à Philippe V? Sans doute, il y a peu de rapports entre le Pacte de famille de 1761 et le Statut de famille de 1806, mais, tout au moins, l'apparence a été, dans une mesure, sauvegardée, cette politique peut passer pour être dans la tradition de la France, et si l'on ne peut douter que l'Empereur ne soit, par rapport aux rois ses frères, un suzerain exigeant, on peut penser qu'il ne traite pas leurs peuples en maître absolu.

A dater du divorce, tout au contraire, il n'existe plus aucune garantie, ni pour les rois que Napoléon a institués, ni pour les Etats qu'il a créés, ni pour les peuples qu'il a agglomérés, dont il a respecté ou même constitué la nationalité. Les rois sont révocables *ad nutum* ; les États disparaissent sur un signe ; les peuples sont morcelables à l'infini, sans qu'on tienne compte un instant de leurs goûts, de leurs traditions, ou de leur langage. Non seulement Napoléon ne prend pas garde que l'Empire trop étendu ne recevra plus avec la même facilité l'impulsion du pouvoir central, que la lenteur dans la transmission des ordres amènera dans l'application de l'inopportunité, dans l'exécution des revers et peut-être des désastres ; que les ressorts trop tendus ne fourniront plus le même jeu et que, la suppression des initiatives entraînant l'abolition des responsabilités, chaque agent, en présence d'un événement imprévu, se couvrira en demandant des instructions, de sorte que lui seul devra à la fois tout prévoir, tout penser, tout décider, presque agir pour tous. Peu lui importe. Mécontent de la façon dont gouverne quiconque n'est pas lui, il n'admet plus d'autre volonté que la sienne ; il ne tolère plus d'agents de transmission qui modèrent les transitions, informent des difficultés, pensent et agissent au besoin d'eux-mêmes ; il ne veut que des exécuteurs impassibles, des automates dont il met seul en marche le mécanisme, qui obéissent aveuglément et militairement aux ordres donnés.

Le système de famille a fait faillite ; la Famille même, telle qu'il l'a entendue, a presque disparu de son esprit ; il s'en détache au moins chaque jour davantage et en prend moins de souci ; les dons qu'il a faits si généreusement jusqu'ici, il les regrette, et il les tient pris sur la famille qu'il va se créer, qui va réellement sortir de lui et pour qui l'Europe n'est pas assez. Lui seul suffit pour régir le monde et, après lui, quel piètre héritage laisserait-il à sa postérité s'il ne pouvait partager ce médiocre monde entre ses fils ? Il ne voit plus en ses frères des collaborateurs qui concourent, en un rang subordonné, à des desseins communs, et qu'il dirige autant par l'affection fraternelle que par l'autorité impériale, mais des sujets auxquels il expédie des injonctions et qui, s'ils hésitent à obéir, ne sont plus que des révoltés. Bien mieux, il voit en eux des usurpateurs auxquels à tout instant il est disposé à rogner la part que lui-même leur a faite et qu'il trouve à présent trop grosse.

Le premier symptôme de ce nouvel état d'esprit, c'est, tout de suite après le divorce, la destitution d'Eugène de la couronne d'Italie. Ce sera bien assez que le grand-duché de Francfort pour celui qu'il a jadis adopté comme son fils.

Eugène n'est que vice-roi et c'est l'avenir qu'il lui prend ; Louis est roi et c'est le présent qu'il lui ravit. A son compte, nulle difficulté. Infirme au moral comme au physique, Louis cédera sans plus de peine qu'Eugène ; mais il s'obstine, il s'acharne à sa couronne ; sous peine de scandale en un moment inopportun, Napoléon doit lui céder ; mais, après le mariage, il reprend son dessein, et, Louis ayant abdiqué, celui que Napoléon dépossède, c'est l'héritier présomptif du trône impérial, le fils à la fois de son frère bien-aimé et de sa fille adoptive, pour qui c'est assez du grand-duché de Berg auquel n'est pas même attachée une des grandes dignités de l'Empire.

Si le cas d'Eugène était isolé, on pourrait dire qu'il s'applique à lui parce qu'il est Beauharnais et non Bonaparte, vice-roi et non roi, et que malgré les promesses les plus solennelles pour l'avenir, il n'a pas été mis effectivement en possession de la souveraineté présente ; si les deux cas de Lucien et de Louis venaient seulement s'y joindre on pourrait discuter encore ; on pourrait prétendre que le rapprochement tient surtout à une coïncidence de date, qu'il n'est point de rapport de Mme Jouberthou à Amsterdam, que les torts des uns ont amené la colère de l'autre et que, à tout prendre et tout examiner, on ne sait à qui donner raison. Mais si, en ce qui touche Louis, on peut différer sur les circonstances contingentes qui ont amené la crise définitive, l'histoire des préliminaires du traité du 16 mars est plus instructive, en ce qui concerne l'Empereur, que celle de l'abdication, et la contrainte exercée sur Louis pour qu'il renonce à sa couronne, puis à ses deux provinces, est identique à la contrainte exercée sur Lucien pour qu'il abandonne sa femme. Identité du point de départ qui est de n'admettre aucune résistance à sa volonté, identité de procédé d'exécution qui est la menace à tous ses degrés, portée au point que la réalisation en paraît imminente, voilà les traits communs entre le cas de Louis et celui de Lucien, et, entre le cas d'Eugène et celui de Louis, l'expropriation du trône donné ou promis sans autre cause que le bon plaisir, et l'expectative ou la promesse d'une compensation, non seulement étrangement inférieure à l'objet de l'échange, mais dérisoire par rapport à lui. — Et faut-il dire : Echange?

Entre les trois cas, s'établissent donc des rapprochements qu'on ne saurait méconnaître et qui témoignent, sinon d'un plan nouveau, — car on ne saurait trouver ici un système — au moins d'un développement anormal et exagéré de la personnalité, d'une opinion de soi à ce point exaltée que Napoléon, se tenant seul infaillible, ne connaît pas plus de borne à sa volonté qu'il ne connaît de limite à son empire. Il n'est plus qu'un maître absolu, qui, rompant le pacte fédératif qu'il a lui-même institué, dispose des provinces, démembre les royaumes ou, s'il lui plaît mieux, efface leur nom de la carte d'Europe, et ce n'est pas seulement à Ratisbonne pour Fesch, à Milan pour Eugène, à Amsterdam pour Louis, c'est aussi à Cassel pour Jérôme, à Madrid pour Joseph, à Naples pour Murat.

I

LE ROYAUME DE WESTPHALIE

(Novembre 1809. — Mars 1810.)

Jérôme est arrivé à Paris le 3 novembre 1809, après une suite de querelles avec l'Empereur qui ont presque amené entre eux l'état de guerre; mais, bien plus adroit et mieux pondéré que Louis, il a tout de suite pris les moyens de ramener son grand frère. Il a eu soin de montrer les empressements agréables; il n'a témoigné aucune mauvaise humeur à propos du divorce qui lui est d'ailleurs indifférent; il s'est entremis, aussi bien dans les négociations avec Lucien, que dans les délibérations du Conseil de famille provoqué par Louis, et Napoléon l'a trouvé si bien formé que, dans les deux occasions, il l'a chargé de porter sa parole. Prêt à prendre des arrangements sur les questions qui ont le plus ému l'Empereur, les douanes dont il a culbuté les lignes, les dotations qu'il a confisquées et ses dettes qu'il ne paye pas, il n'a pas demandé mieux que de souscrire de nouveaux engagements et, lorsqu'on lui demande pourquoi il ne remplit pas les anciens, il se rejette sur l'exiguïté de ses ressources, l'instabilité de sa position et, ce qui n'est pas pour déplaire à l'esprit ambitieux de l'Empereur, la nécessité d'agrandir son royaume, moins pour en accroître les revenus que pour le rendre plus utile à l'Empire. Il ne demande qu'à mettre sur pied une belle armée et il en donne pour preuve le code de la conscription militaire qu'il vient de décréter, à Paris même, le 16 novembre, et qui, en ses deux cent soixante-seize articles est encore bien autrement sévère que le règlement français. Qu'on lui donne des côtes et l'on verra s'il s'entend à avoir une marine, lui qui fut contre-amiral avant de commander des armées de terre.

Il s'est donc si bien établi dans l'esprit de Napoléon, que, dès le 19 décembre, profitant du séjour à Trianon, il a obtenu gain de cause presque sur tous les points en litige : restitution de Magdebourg, consolidation de la dette provenant des contributions arriérées et paiement de cette dette en cinq années; échange des biens formant les dotations des généraux contre d'autres propriétés ou contre des obligations de son trésor; établissement de la ligne de douanes selon son plan, et, en même temps, on a eu l'air d'oublier qu'il eût emprunté quelque quinze cent mille francs à la caisse d'amortissement; on n'a même pas réclamé les intérêts.

L'Empereur, portant au comble sa bienveillance, s'est déterminé, en même temps, à lui céder « tout le Hanovre ». Il est vrai que, tant que durera la guerre avec l'Angleterre, Jérôme devra entretenir 12000 soldats français en plus de ceux qu'il entretient déjà, et cela en fera 24500 ; et qu'il devra porter son contingent à 26000 hommes, mais à ce dernier point, il n'a nulle objection, son désir étant d'abord de former une belle armée, plus nombreuse même qu'on ne la demande.

Enfin, il obtient une faveur qui ne lui est pas la moins sensible. De même que Joseph et Louis, il n'a qu'un rêve, celui d'instituer un Ordre. Or, depuis le mois d'août 1808, où il en a décrété solennellement la création, l'Ordre de la couronne de Westphalie est en sommeil ; il n'a pas reçu l'approbation de l'Empereur et il n'a pas trouvé sa forme définitive. Sans doute, depuis le mois d'août 1809, le roi a en réserve beaucoup de pièces de ruban gros bleu moiré de toutes largeurs, que lui a fournies la maison Sulzer et Compagnie, fabricants de soieries à Magdebourg ; depuis le mois de mai de la même année, Nitot travaille à des modèles de décoration dont Marinville, maître de la garde-robe, a fourni le thème ingénieux, mais le bijoutier ne se presse point, car il sait qu'on se pressera moins encore pour le payer. On lui a commandé, dès qu'on a eu les rubans, vingt-cinq plaques, vingt-cinq grands-croix, vingt-cinq croix de commandeur et soixante-quinze de chevalier, mais il en a livré peu de chose ou rien ; Jérôme pourtant ne peut plus attendre, puisqu'il a l'agrément de l'Empereur : le 25 décembre, il prend un décret par lequel « il attache à sa couronne un ordre de chevalerie qui dévouera plus particulièrement à sa personne et à l'Etat ceux qui en seront honorés et qui excitera l'émulation de tous ses sujets. » Il y aura dix grands commandeurs dont trois à grandes commanderies, trente commandeurs et trois cents chevaliers; mais, quant à l'insigne, le décret, du fait de Nitot, reste muet et c'est des rubans seulement que peut offrir Jérôme. L'Empereur s'en décore le 31 décembre, ce qui est la sanction officielle que n'ont obtenue jusqu'alors ni Louis pour son ordre de l'Union, ni Joseph pour son ordre royal d'Espagne, ni Murat pour son ordre des Deux-Siciles. Le 1er janvier Eugène, Cambacérès et Champagny paraissent aussi avec le ruban gros bleu ; et, dans peu de temps sans doute, l'Ordre sera à sa perfection, car le roi, avant de quitter Paris, commande quatre colliers de grand commandeur, trois en or, un en diamants, ving-cinq croix de commandeur, et cent trente-cinq de chevalier ; sur quoi l'on répandra vingt-cinq mille francs de poudre de diamant.

*
* *

C'est le 2 janvier, que Jérôme et Catherine retournent dans leurs Etats, emportant de Paris tout ce qu'ils y ont trouvé de joli et de rare : des mois durant, on leur enverra ce qu'ils ont ordonné à cette fois : des pièces de drap de Louviers et de Verviers, des boutons d'argent par quatre-vingt-cinq douzaines, des aiguillettes en or, des aiguillettes en argent, avec couronne et sans couronne, des pièces de cachemire blanc pour des gilets de dessous, des robes de tulle brodées à Lyon, cinquante-cinq schalls de cachemire, des meubles de Jacob, des montres de Leroy, un troupeau de mérinos de la Bergerie impériale de Rambouillet et des marbres de quoi monter un magasin : la manufacture de Carrare livrera une statue et cinquante-quatre bustes du roi, une statue et douze bustes de la reine, vingt-six bustes des membres de la Famille, trente-quatre statues d'après l'antique et divers maîtres-autels et urnes cinéraires. Pour le couronnement qui est proche, on aura une voiture, la plus belle qu'ait faite Gœtting : la caisse tout en glaces, la frise du pourtour en bronze doré, les panneaux peints de huit médaillons qui symbolisent les principales villes du royaume, le train doré en entier sur un fond rouge transparent et l'intérieur tendu de velours de soie blanc brodé d'or à bordure de soie bleu céleste. On a déjà, pour cette cérémonie, un manteau d'hermine de 13 600 francs, on achète la couronne, le sceptre et les autres accessoires, mais on a omis le principal, qui est de soumettre les costumes à l'Empereur. Il faut réparer cela ; Jérôme et Catherine se sont donc fait peindre par Kinson en grande tenue royale et tels qu'ils devront figurer. Sur l'ordre de Duroc, les portraits sont apportés aux Tuileries ; on les place dans un des salons de Sa Majesté qui les verra en déjeunant. L'Empereur en effet les examine, fait appeler Denon et ordonne que l'on change la couleur des manteaux et les dessins de broderie qui se rapprochent des attributs impériaux. Il approuve le reste, mais que reste-t-il ? Bien assez sans doute pour le couronnement qui n'aura jamais lieu, car on est au milieu de janvier et déjà les circonstances ont bien changé.

Jérôme, tout joyeux de sa fortune, est rentré le 6 dans sa capitale; il s'est efforcé d'entretenir les bonnes dispositions de l'Empereur par des lettres de tendresse où il lui a raconté les péripéties de son voyage et, dès son arrivée, il se met en mesure d'en profiter : Il fait remarquer à son frère comme son royaume est vilainement découpé, à quel point les frontières en sont irrégulières, et comme il serait convenable de lui donner, outre un débouché maritime, divers territoires tels que l'évêché de Fulde. Il se croit assez bien établi dans sa faveur pour lui demander de favoriser l'échange de son grand maréchal, Meyronnet, comte de Wellingerode, « fait prisonnier à Halberstadt, par le duc d'Œls, après la défense la plus obstinée et avoir reçu deux blessures[1] ».

Sur Meyronnet, point d'objections, bien que l'Empereur sache à quoi s'en tenir sur l'héroïsme du grand maréchal et que, s'il s'est fait deux blessures, ce n'a pu être qu'en tombant de son lit. Mais, pour le royaume, cela mérite qu'on y pense. Napoléon a réfléchi et, à la réflexion, donner le Hanovre, « tout le Hanovre » comme il a dit, cela fait un bien beau présent. Sans doute, il a l'idée de traiter favorablement son frère, de lui ouvrir un horizon où il puisse développer ses ambitions et mettre à l'épreuve les qualités à qui, depuis

[1] Voir *Napoléon et sa famille*, t. IV, p. 323.

quatre ans, on a si libéralement fait crédit; mais il a dans son caractère de mêler, même à ses générosités les plus amples, un soupçon de lésinerie, toutes les fois que, dans le premier mouvement, il ne s'est pas lié les mains par une signature. Il donne un million, mais, sous prétexte de droits de sceau, il fait verser à ses caisses cent mille francs en or. Il veut montrer ainsi qu'il sait compter, surtout que ces dotations ou ces abandons de territoire profitent à l'Empire et au système. C'est fort bien que Jérôme soit son frère, mais le Hanovre!

Donc, peu à peu, il revient, se repent et chaque repentir coûte cher au roi de Westphalie : D'abord, comme le Hanovre et Magdeburg sont des pays de cavalerie, l'Empereur y mettra, au compte du roi, six mille cavaliers au lieu de douze mille fantassins. Avec ce que coûte d'entretien un cuirassier, on ferait part large à quatre voltigeurs, mais au compte de Napoléon ce n'est que deux. Ensuite, des chicanes sur le contingent Westphalien, sur les échéances des bons représentatifs de l'arriéré de la contribution de guerre, surtout sur les domaines du Hanovre : Napoléon a disposé de la presque totalité; ce qu'il n'a pas encore distribué, il le garde, et il entend que tous les biens provenant de ces domaines soient, pendant dix années, exempts de toute contribution. Suivant lui, il restera encore au roi, rien qu'en domaines, 641 000 francs de revenu net, mais, à la façon dont il fait ses chiffres, rien n'est moins sûr et, même en ce qui concerne la possession du territoire, quelle garantie aura Jérôme puisque l'Empereur écrit : « Je ne puis donner la souveraineté du Hanovre au roi de Westphalie parce je n'ai pas cette souveraineté ; mais je puis lui céder le Hanovre et mes droits sur cette province; c'est tout ce que je puis faire ». En cas que la paix se négocie avec l'Angleterre, n'est-ce pas que, par là, tout sera remis en question?

*
* *

Jérôme n'a rien prévu de ces réticences. Il a cru qu'il ne s'agissait que de vétilles, et il a laissé derrière lui Le Camus-Furstenstein, son ministre des Relations extérieures, avec ordre de signer tout ce qu'on lui présentera. Il a hâte de communiquer le traité aux États lesquels ne sauraient ensuite lui refuser un emprunt qu'il médite, et de profiter de la réunion du Hanovre pour fixer au moins l'époque de son couronnement qui ne saurait être indéfiniment ajourné. Le 14 janvier, Le Camus signe donc avec Champagny. Mais, au dernier moment, Napoléon ne permet qu'on appelle cet accord un traité que moyennant un article « qui dise que ce traité restera secret et qu'il ne pourra être imprimé que du consentement de l'Empereur » : C'est le renversement de tous les calculs de Jérôme; mais il y a mieux et il faut voir le traité même : L'Empereur a dit : « Tout le Hanovre »; dans le traité, c'est le Hanovre, « à l'exception de quelques territoires ayant au plus 15000 âmes de population que Sa Majesté se réserve de désigner ultérieurement ». L'Empereur a dit que la mise en possession daterait du 1er janvier; dans le traité, elle sera effectuée « avant le 1er avril »; c'est trois mois d'impositions que perd Jérôme; enfin l'Empereur, par le traité, réserve en Hanovre, à son profit et jusqu'à concurrence de 4 559 000 francs, des domaines et des dotations, lesquels seront exempts de contributions pendant dix années; il met à la charge de la Westphalie la dette entière du Hanovre; il fait rétablir les donataires dépossédés dans leurs dotations jusqu'à concurrence d'un revenu annuel de 145 000 francs; et puis: les douaniers français exerceront librement leurs fonctions dans tous les États Westphaliens; la liste civile du royaume ne pourra, en totalité, excéder six millions; l'arriéré des contributions de guerre de la Westphalie, arrêté à 16 millions, sera acquitté par 160 bons de 100 000 francs chacun, versés au Trésor extraordinaire, payables par dixième et portant intérêt à 5 p. 100; le contingent du royaume sera fixé à 26 000 hommes dont 20 000 d'infanterie, 4000 de cavalerie et 2000 d'artillerie; et le royaume entretiendra jusqu'à la paix 18 500 hommes de troupes françaises dont 6000 de cavalerie.

« Donner et retenir ne vaut », dit-on; l'Empereur n'est pas de cet avis. Sans doute, il donne les duchés de Brême, et de Lunebourg, les principautés de Werden et de Calemberg, les comtés de Hoya et de Diepholz, 796 000 habitants répartis sur 497 000 milles carrés, en sorte que le royaume de Westphalie, porté à une population de 2 500 000 habitants, prend rang dans la Confédération du Rhin avec la Bavière et la Saxe et acquiert des côtes maritimes entre l'Elbe et le Weser; mais est-il possible, avec les revenus que fourniront ces nouvelles provinces, de subvenir aux charges dont elles sont grevées? Ce qu'on appelle les domaines en Hanovre, ce ne sont pas seulement les domaines proprement dits — terres et bâtiments affermés — mais les forêts, les douanes et les postes; le tout rapporte cinq millions; en déduisant 4559000 francs, il reste au mieux 500000 francs; l'administration, établie sur le même pied qu'en Westphalie, coûtera deux millions de plus que le pays ne rapporte d'impositions, et l'entretien de 6000 cavaliers français ne peut pas être compté pour moins de six millions, puisque, depuis 1808, l'entretien par la Westphalie de 12500 fantassins a, année moyenne, exigé dix millions. C'est donc d'un déficit annuel de huit millions que l'Empereur fait présent à son frère avec le Hanovre.

Encore est-ce tout? Que va-t-il arriver des 15000 âmes qu'il s'est réservées? Dès le 16 janvier, il demande à Champagny en quoi consiste la partie de l'électorat de Hanovre située sur la rive droite de l'Elbe et si c'est cette partie qu'il a gardée. Or, c'est le duché de Saxe-Lauenbourg qui renferme 33000 âmes. Il les prendra pour 15000, sans soulte. Quant à la mise en possession du reste, on a le temps d'y penser.

*
* *

De tout cela, Jérôme ne sait rien; il continue à

attendre comme un messager du ciel, Le Camus, qui doit apporter le bienheureux traité et qui reviendra, sans nul doute, paré à la fin du grand-aigle tant de fois sollicité vainement pour lui. Le Camus n'écrit point, il ne charge d'aucune commission Marinville qui, après le départ du roi, est resté quelques jours en arrière pour presser les fournitures du couronnement. C'est donc que tout va bien et Jérôme escompte le succès en faisant une large distribution de titres aux gens de sa Cour dont le nom sent encore la roture. Il ordonne qu'on prépare des réjouissances et des fêtes; il dresse le plan des cérémonies. Il est vrai que le général Eblé, ministre de la Guerre, l'organisateur de l'armée westphalienne, las des contrariétés qu'il reçoit, demande son congé et veut à tout prix rentrer en France; mais le roi ne se trouble pas de si peu; il aura de Paris d'autres généraux, il fera d'Albignac ministre de la Guerre, il élèvera d'un grade du Coudras, comte de Bernerode et Dumas de Polard et si, quinze jours plus tard, du Coudras part à son tour pour ne plus revenir, la monnaie en sera plus facile à trouver que de M. de Turenne.

A la fin, le 22 janvier, Le Camus arrive avec son traité, mais sans grand-aigle. Jérôme lui a procuré Saint-Hubert en Bavière, l'Eléphant en Danemark, l'Aigle noir en Prusse, les Séraphins en Suède, l'Aigle d'or en Wurtemberg, mais, à ces cordons, l'Empereur a négligé d'ajouter celui de la Légion : il a jugé qu'une boîte à portrait entouré de brillants, suffisait amplement. Quant au traité, qu'en fera Jérôme puisqu'il doit rester secret? Bon ou mauvais, on pouvait tirer quelque éclat de la réunion du Hanovre, mais il faut la taire! Et, depuis le 1er janvier, les députés aux États, réunis à Cassel, attendent le bon plaisir de leur souverain, qui, de son côté, attend le bon plaisir de l'Empereur! Et c'est à présent, ce traité, le traité mystère, dont il faudrait pleurer s'il était révélé! A tout risque, dans son discours du trône, Jérôme en dit pourtant quelque chose: « L'Empereur, mon auguste frère, désirant marquer un intérêt particulier à ce royaume qu'il a fondé, vient de lui accorder encore des avantages d'une haute importance. Lorsqu'il me sera permis de les faire connaître, mes peuples apprécieront ces nouveaux bienfaits et en préjureront les heureuses conséquences ». Grâce au vague ingénieux de cette phrase pleine de promesses, les députés se rendront peut-être plus faciles sur les emprunts à contracter, sur le vide du trésor, sur un budget où les prévisions de recettes sont de 34 400 000 francs, et les dépenses certaines de 45 820 000 : équilibre instable.

*
* *

Là est le point faible de la monarchie westphalienne, car le favoritisme, l'instabilité, la prodigalité de Jérôme qui sont en façade et qu'on voit seuls, ne doivent pas empêcher de reconnaître les progrès qu'a faits le nouvel Etat, les bienfaits qu'il a apportés aux peuples. Grâce à Siméon et aux bons ouvriers qu'il a amenés à sa suite, les principes de la Révolution ont été si largement appliqués dans le royaume, que cette agrégation d'États les plus arriérés de l'Europe, les plus dûrement traités par leurs maîtres, ceux où la barbarie du moyen âge s'est conservée presque intacte, a reçu en deux années les institutions de la nation la plus civilisée. Le Code Napoléon y est définitivement introduit; les fiefs, à l'exception de ceux prêts à tomber en déshérence, sont propriétés libres; le servage est aboli; le mode de rachat des dîmes est décrété; les droits féodaux sont supprimés; le code de procédure est achevé; la police correctionnelle administrée par des jurés, a reçu ses règlements; le système hypothécaire est institué; les taxes de justice sont fixées; la liberté des cultes est reconnue; les ponts et chaussées sont organisés et des routes se construisent partout; les pauvres sont mis à la charge des communes; les impôts sont distribués comme en France; l'administration préfectorale et municipale est semblable à la française, avec une tendance à un régime plus libéral, tel qu'il résultait de la constitution de 1791. Sur ces pays où le despotisme féodal disposait de tous les biens et de toutes les fortunes a passé le grand courant des idées modernes, des idées d'équité, d'égalité, de responsabilité, de liberté individuelle, de progrès matériel et de progrès moral.

C'est cette œuvre capitale, accomplie par les légistes, qui vaudra à Jérôme l'indulgence de l'histoire, quoiqu'elle ait été sans doute un de ses moindres soucis. Il marque pourtant du bon sens quand il préside son conseil d'État et il ne s'oppose pas à appliquer à son oyaume les institutions françaises, mais son esprit st ailleurs, et il se partage presque uniquement entre es goûts de plaisir et ses idées de grandeur. Malgré a liste civile de cinq millions qui va être portée à six, ıalgré le million qu'il tire du budget sous prétexte de elations extérieures, le million qu'il prend des Doıaines, les divers suppléments qu'il grapille à droite ,t à gauche, ses dettes personnelles montent à plus e dix millions. Dans son dernier voyage à Paris, en ehors de ce qu'il a dépensé d'argent comptant, il s'est engagé encore pour 759 462 francs; mais il pense toujours à acheter, jamais à payer, et tout lui sert d'occasion; dans cette petite maison qu'il a achetée, pour la reine, de Jordis, son banquier, il a déjà jeté 48 501 francs, il en jette encore 54 942; vienne le carnaval, il faut bien qu'on s'amuse; bal tous les soirs : deux bals masqués et deux bals parés à la Cour, bal masqué chez Furstenstein, chez le comte de Bocholtz, chez Siméon, chez les Pappenheim, chez d'Albignac, chez le prince Repnin; à chaque bal, le roi a son quadrille : tantôt, un jeu de piquet, ou une noce chinoise, tantôt les rivières et les villes de Westphalie dansant en ballet, Hameln et Hanovre vis-à-vis de Brunswick et Magdeburg; un autre soir, les quatre parties du monde; puis, les noces de Gamache; puis, les noces de Figaro et le roi en Figaro esquissant un pas espagnol en face de Mme de Boucheporn. A ce dernier bal, le roi paye pour les costumes 8331 fr. 37 centimes, et bien mieux pour la rivière de diamants qu'il offre galamment à Madame de Launay, fille de Siméon, qui lui fait les honneurs. Pour les quadrilles à la Cour, 4 530 francs, chez Furstenstein 1 553, chez Bocholtz 6 515, autant et plus pour les trois jours gras, cela monte : on empruntera 43 000 francs à 7 p. 100 et après avoir payé la note de Legendre, le tailleur de la Cour, il restera encore quelques jérômes pour faire patienter le peintre Kinson.

Après les fêtes, les cérémonies ; on n'aura pas le couronnement tant qu'on n'aura pas le Hanovre, mais du moins on a l'institution de l'Ordre de la Couronne et la distribution des insignes. Cet insigne est rare et curieux, et l'on conçoit qu'il ait fallu deux années pour l'imaginer, l'exécuter et créer les distinctions précieuses et les degrés d'honneur qui séparent les diverses classes. La décoration consiste en une médaille d'or à jour que surmonte un aigle couronné empiétant un foudre. Sur le foudre est écrit : *Je les unis ;* au-dessous, sur un ruban émaillé de bleu, *Character und Aufrichtigkeit*, ce qui fait la devise de l'Ordre. Le tour de la médaille est formé par un serpent qui se mord la queue, symbole d'immortalité. Dans la partie supérieure du champ, un lion pour la Hesse, un cheval pour le Brunswick ; dans la partie inférieure, entre des branches de chêne et de laurier, un lion et un aigle coupés par le milieu et réunis par une couronne. Cet insigne, les grands commandeurs le portent alternativement en écharpe, spendu à un ruban gros bleu de quatre pouces de rge, ou attaché à un collier d'or, ou figuré sur un crahat d'argent à treize rayons ; les commandeurs l'acrochent en sautoir et les chevaliers l'attachent à la outonnière, mais ce n'est rien que cela : il faut un ostume puisque Louis en a un pour son ordre de 'Union et c'est ici que la fantaisie travaille. Pour es grands commandeurs, habit de drap ventre de iche, à collet et parements bleu de ciel, broderie 'argent sur toutes les boutonnières, au collet et aux arements, aiguillettes en argent sur l'épaule droite, charpe en ceinture, de soie blanche à torsades 'argent où pend un glaive en argent, veste et culotte lanches, bouffettes aux jarretières et aux souliers, oque à la Henri IV ; sur l'habit, décoré de la plaque, ıanteau de velours bleu à l'espagnole et, sur le manteau, le collier de l'Ordre. Même costume, sans le manteau, pour les commandeurs et, sans les broderies de boutonnières, pour les chevaliers. C'est la livrée de a maison de Conti que portent ainsi les dignitaires de Westphalie, mais qui le sait ? On s'imagine être *troubadour ;* c'est la folie de la cour de Cassel ; le parc de Napoleonshöhe est rempli de fabriques moyenâgeuses et l'on vient d'y jouer *le Troubadour de Löwenbourg*, opéra en deux actes, qui a obtenu un immense succès. Aussi a-t-il fallu que comme le costume, la formule du serment eût un air troubadour et c'est : « Je jure d'être fidèle à l'honneur et au roi en bon et fidèle chevalier ». Est-on chevalier sans avoir des armoiries ? Chacun en recevra et c'est là, pour Jérôme, quoiqu'il ait déjà fait bien des comtes et des barons et qu'il s'essaie même à faire des princes, le point de départ de la nouvelle noblesse westphalienne, à laquelle il donnera dans peu une organisation selon son rêve.

Un ordre de chevalerie n'est point solide s'il n'est pourvu d'argent : on en trouve dans les biens de l'abbaye de Quedlimbourg et de la prévôté de Magdeburg, ceux-là même que Jérôme avait jadis offerts à Lucien ; ils suffiront à payer trois pensions de 12 000 francs à trois grands-commandeurs, trente-sept de 2 000 à sept grands commandeurs et à trente commandeurs, trois cents de 150 francs à autant de chevaliers, et il y aura de plus un grand chancelier à 18 000 francs qui sera Furstenstein, un trésorier à 12 000, un administrateur à 6 000 : Les militaires décorés de la médaille d'or et d'argent instituée au début de la campagne de 1809, les veuves et les enfants des chevaliers se partageront le reste : comme ce reste est néant, il faut tout de suite ajouter à la dotation les biens, domaines et revenus appartenant ci-devant à l'Ordre de Malte, mais cela ne suffit pas pour que l'on puisse donner une apparence d'existence à la Maison royale d'éducation calquée sur les Maisons-Napoléon.

Ce sont ici les préliminaires nécessaires pour la cérémonie de la distribution des insignes. Il faut à présent en faire concorder l'époque avec quelque événement mémorable, et, à défaut du couronnement, à défaut de la publication du traité, on n'a que la remise du Hanovre. Aussi Jérôme n'a-t-il qu'un but, c'est qu'elle soit faite au plus tôt : vainement, ses conseillers allemands — peu empressés à partager les places de cour et d'administration avec les gentilshommes hanovriens — lui remontrent qu'en acceptant le traité tel quel, il mène le royaume à sa ruine, que certaines clauses sont inexécutables, d'autres odieuses pour les peuples : à peine si Jérôme présente à l'Empereur de timides observations en vue d'exempter de logements militaires la ville de Hanovre qui sera une de ses capitales. Il ne peut tenir de la joie d'avoir un grand royaume et de devenir un grand monarque. Dès le retour de Furstenstein, il a, de son chef, informé le gouverneur général et l'intendant de Hanovre de l'imminence de la réunion ; le 4 février, à l'arrivée des ratifications, il a renouvelé cet avis ; aussitôt une députation lui a été adressée pour le féliciter, mais, quelque désir qu'il ait de recevoir les hommages de ses nouveaux sujets, il n'ose pas leur donner audience ; le traité n'étant pas public, ce n'est que de la remise qu'il tiendra ses droits ; « je ne veux rien faire qui puisse contrarier les intentions et les mesures de Votre Majesté, » écrit-il à l'Empereur, en lui annonçant que les Hanovriens sont depuis quelques jours à Cassel et qu'ils meurent d'envie de saluer leur souverain. Cette fois, il a gain de cause ; l'Empereur consent ; il fait expédier à son ministre Reinhard les pleins pouvoirs nécessaires ; ce sera donc pour le 1er mars, toutefois, après que l'intendant du Domaine extraordinaire aura pris connaissance de tous les détails qui le concernent, après que Reinhard aura reçu et encaissé les 160 bons de 100 000 francs chacun pour le montant arriéré des contributions de guerre, après que le même Reinhard aura déclaré que les 18 500 hommes de troupes françaises seront entretenus par le royaume à dater du 1er mars — ce qui gagne un mois — et que par le mot *entretenir* il faut entendre solder, habiller, nourrir et fournir de tout ces troupes « comme le Trésor de France solde, nourrit et entretient les troupes françaises qui sont en Allemagne ». Seulement, quand c'est le Trésor de France qui paie, la ration est fixée par les règlements ; quand ce sera le trésor de Westphalie, ce sera par l'arbitraire du commandant du corps d'armée du nord de l'Allemagne — et c'est Davout, ennemi constant de Jérôme. D'une seule modification qu'il décrète résulte une dépense supplémentaire de deux millions.

Ce n'est pas tout encore ce que dira Reinhard : il annoncera que tous les magasins, matériel d'artillerie etc., etc., appartiennent à l'Empereur ; il exigera que les biens donnés par l'Empereur et ceux restés à sa disposition soient nominalement désignés ; enfin il exceptera de la remise le duché de Saxe-Lauenbourg, « non comme étant le territoire que Sa Majesté s'est réservé, mais comme devant rester provisoirement en sa possession jusqu'à ce qu'elle ait désigné ce territoire ».

Jérôme s'est trop avancé pour reculer ; sans doute, dans son conseil, on lui fait observer qu'il ne touchera rien des domaines dont l'Empereur lui promettait 800 000 francs ; qu'au lieu de 15 000 sujets retenus par le traité, l'Empereur lui en prend 33000 ; que si, par le traité, il est chargé de 18500 hommes, l'Empereur en envoie trois ou quatre mille de plus ; que la dette du Hanovre n'est pas de un million, comme l'Empereur l'a annoncé, mais de quatorze millions ; que l'exemption de tout impôt accordée aux donataires produira un effet déplorable dans un pays où l'on a eu tant de peine à supprimer les privilèges anciens, et rétablira, en dépit de la constitution et des lois, une classe nouvelle de privilégiés, d'autant plus odieux qu'ils sont étrangers. Autour de lui, « on prétend n'accepter le Hanovre que sous bénéfice d'inventaire ou, en d'autres mots, y faire une banqueroute partielle » ; on projette de le laisser sous une administration séparée, afin de ne pas confondre les dettes et les charges du Hanovre avec celles de la Westphalie et de sauvegarder, là du moins, le principe essentiel de l'égalité devant l'impôt ; mais le roi va se rendre à Paris pour les noces de l'Empereur et « il est tellement impatient de jouir de sa possession nouvelle et de recevoir la députation hanovrienne » qu'il passe outre à toutes les représentations. Le procès-verbal de remise est signé le 11 mars : les commissaires westphaliens obtiennent seulement que Reinhard y laisse insérer deux restrictions ; d'abord que les prestations et fournitures seront faites « conformément aux lois, ordonnances et règlements français » ; ensuite que l'article 9 du traité de Berlin du 12 avril 1808 sera applicable aux donataires, c'est-à-dire que, au cas où leurs revenus se trouveraient diminués soit par des impôts, soit par toute autre cause incombant à l'Etat, cette diminution pourra être compensée par une indemnité payée par le trésor westphalien.

Avant même que l'acte de remise fût signé, Jérôme a décrété l'érection dans sa bonne ville de Cassel, sur la Place Royale, devenue Place Napoléon, d'une statue de l'Empereur, coulée en bronze, uniquement avec le métal des mines du Harz. Cette statue devra être terminée et placée le 15 novembre 1812, anniversaire du jour où la constitution du Royaume a été signée par l'Empereur[1].

A la fin, Nitot ayant reçu un à-compte, expédie un nombre suffisant de croix de commandeur et de chevalier. Jérôme, avant son départ, peut donc procéder à une distribution solennelle, avec discours, serments sur l'Evangile et étrenne des nouveaux costumes. La députation hanovrienne y assiste, et cela fait une cérémonie fort majestueuse.

* * *

Ensuite, ayant trouvé à emprunter 300 000 francs

[1] Elle doit porter cette inscription :

LA WESTPHALIE RECONNAISSANTE
A ÉRIGÉ CE MONUMENT
EN 1812
A SON FONDATEUR
NAPOLÉON PREMIER
EMPEREUR DES FRANÇAIS
ROI D'ITALIE
PROTECTEUR DE LA CONFÉDÉRATION DU RHIN
MÉDIATEUR DE LA CONFÉDÉRATION SUISSE.

pour ses dépenses de poche, le roi rejoint la reine, partie quelques jours auparavant, et il arrive à Paris le 16 mars. La suite est imposante : rien que de la maison d'honneur, dix dames, cinq grands officiers, trois aides de camp, douze chambellans, écuyers et préfets du Palais, puis des valets à l'infini : l'hôtel Marbeuf qui a été désigné pour le roi de Westphalie ne peut contenir tout ce monde qui s'égrène à grands frais dans le faubourg Saint-Honoré. Mais l'Empereur, qui aime qu'on représente, accueille son frère à merveille; seulement, il ne faut pas lui parler affaires, car il n'a l'esprit qu'à son mariage prochain. Jérôme doit renfoncer ses déplaisirs, et il n'en a pas que du Hanovre, mais aussi du grand-duché de Francfort, car, comme l'écrit Catherine à son père : « Vous sentez que nous ne pouvons être contents de voir donnée à d'autres une portion si fort à notre convenance ».

A Compiègne, c'est bien pis : d'abord l'Empereur signifie qu'il n'admet aucune des réserves que Reinhard a laissé insérer dans l'acte de remise. Ce n'est pas selon les règlements français du temps de paix que ses soldats doivent être entretenus en Westphalie, mais selon les habitudes du temps de guerre telles que les établiront les commandants de corps ; ce n'est pas une indemnité représentative de leurs contributions que recevront les donataires, c'est l'exemption totale de tout impôt. Par une note au ministre de Westphalie, il abolit donc toutes les modifications apportées au traité du 14 janvier et, laissant en suspens l'approbation de l'acte du 11 mars, il remet en question la cession même du Hanovre; seulement la forme qu'il adopte pour cette notification est telle que Jérôme y voit une chicane, rien de plus, et, ne s'en inquiétant pas autrement, s'imagine que les choses ne manqueront pas de s'arranger.

Il est peut-être plus touché lorsque, paraissant pour la première fois à la Cour avec la décoration de son Ordre, l'Empereur lui dit « qu'il le trouve fort laid et qu'il y a bien des bêtes dans cet ordre-là ». Jérôme n'a d'autre ressource que de faire exécuter par Biennais un nouveau modèle moins voyant[1], de faire rentrer, pour les fondre, tous les insignes qu'il a distribués et d'en donner d'autre.

Enfin, car il y a des contrariétés de tous ordres, l'Empereur chasse tous les jours, quel que soit le temps et Catherine en est excédée.

Il y a bien mieux quand l'Impératrice est arrivée : l'Empereur se rend invisible pour toute la Famille, sauf pour la reine de Naples. Jérôme, qui voudrait obtenir quelque réponse au sujet du Hanovre, se présente trois fois pour être reçu; à chaque coup, il

[1] A partir du 25 avril, c'est une couronne à huit fleurons d'or, sans absides, posée sur un bandeau émaillé bleu, sur lequel sont inscrites la devise de l'ordre et la date de sa fondation. Sur le fond de la couronne et au milieu, posent un aigle et un lion adossés et couronnés d'une même couronne; à droite du lion est le cheval de Westphalie, à gauche, le lion de Cassel; le tout est surmonté de l'aigle impériale couronnée et portée sur son foudre; sur le foudre est écrit : « Je les unis ». L'anneau qui suspend la décoration au ruban est formé par un serpent se mordant la queue. Cela fait autant de bêtes, même une ou deux de plus, mais l'arrangement est gracieux.

est refusé. Prend-il le parti d'écrire pour demander à racheter tous les domaines en Hanovre, « car, il est impossible que le Hanovre soit gouverné par les lois westphaliennes si les propriétaires sont exempts de tout impôt et s'ils sont autant de petits souverains dans le royaume ; » pas de réponse. Et, au mariage, au Louvre, il y a pour Catherine l'humiliation de porter devant tout Paris le manteau de la nouvelle Impératrice ; et le lendemain, aux *révérences*, il y a l'affront, pour les rois et pour les reines, de les tenir debout, quatre heures durant, autour du trône, tandis que défilent et saluent toutes les autorités de l'Empire ; et, de retour à Compiègne, il y a la terrible scène que l'Empereur fait à Morio de Lisle, le grand écuyer de Westphalie, ministre de la Guerre, général de division, capitaine des gardes, quoi encore ! Morio parti de Cassel pour commander le contingent westphalien en Espagne, s'est dit malade au siège de Girone, s'est fait transporter à Perpignan, de là à Montpellier, et, de Montpellier, s'est rendu tout frais, brillant, doré et décoré à Compiègne. L'Empereur, sortant de la salle du concert, s'arrête subitement devant lui et l'interpelle. « Que faites-vous ici ? — J'ai accompagné le roi. — Qu'êtes-vous ? — Grand écuyer. — Grand écuyer, ministre, général, lieutenant général ! Qui vous a donné ces étoiles ? Où avez-vous gagné ces étoiles ?... Vous déshonorez l'épaulette... Quittez ces épaulettes !... Vous êtes un lâche. » Et revenant sur lui, il lui crie encore : « Quittez l'uniforme !... Vous le déshonorez !... Vous êtes un lâche !... » Et ces cris d'une violence indignée cinglent plus encore Jérôme que son favori ; car c'est Jérôme qui a fait Morio général de division, lui qui, contre les ordres de Saint-Cyr qui commandait sous Girone, l'a autorisé à quitter son poste, lui qui l'a appelé à Compiègne pour grossir sa cour.

Aussi, excédé de ce voyage où il n'embourse que des rebuffades, où, comme l'écrit Catherine, « il s'ensuit par les alentours des milliers de désagréments et même des impertinences, » Jérôme « ne cherche qu'un prétexte honnête pour retourner chez lui et sans avoir l'air de l'humeur ». Dès le 12 avril, il prend ses mesures et écrit au maître de sa garde-robe : « vous préviendrez les différentes personnes de ma maison qui sont encore à Paris que mon départ pour Cassel étant prochain, elles doivent autant que possible se mettre en route pour m'y précéder. »

*
* *

Tout à coup : « Nous restons ici après les fêtes, écrit Catherine ; ce changement subit est la suite des bontés que l'Empereur nous a témoignées au moment de notre départ. Le roi, et moi surtout, nous y avons retrouvé un père et tous les nuages qui ont obscurci notre séjour ici se sont dissipés ». En fait, l'Empereur a eu besoin de donner une compagne à Marie-Louise pour le voyage d'Anvers et il a pensé que, de toutes les femmes de la Famille, c'est Catherine qui fera le mieux. Il se rend donc tout à fait aimable pour elle, et en apparence, singulièrement facile pour les réclamations de Jérôme. « Je n'ai pas de renseignements assez détaillés sur l'arriéré du Hanovre, lui écrit-il le 26 avril, avant-veille du départ ; je m'en vais m'en faire faire le rapport. Je crois qu'on demande quatorze millions ; je saurai si cette somme est régulièrement due et dans tous les cas, je suis disposé à la réduire et à traiter favorablement votre pays. J'ai accordé sur les revenus domaniaux en Hanovre la déduction de tous les produits qui étaient étrangers aux domaines. J'ai réduit les dotations assignées sur ces revenus de manière à faire disparaître le déficit. Enfin, j'ai autorisé l'intendant général de mon Domaine extraordinaire à entrer en arrangement avec votre ministre des Finances pour la vente des domaines qui m'appartiennent encore ou qui appartiendraient à des individus ayant des dotations de 4000 francs et au-dessous. Quant aux biens qui sont actuellement en la possession des donataires, je n'y puis plus rien. J'ai donc fait en cela ce que vous désirez. »

Ainsi rassérène-t-il les mines renfrognées qu'il pourrait craindre et s'assure-t-il le plus aimable et le plus gai des compagnons, jeune, alerte, brillant, d'un esprit vif qui saisit d'un coup d'œil et rend d'un trait le ridicule des êtres, d'une galanterie recherchée vis-à-vis des femmes, d'une éducation qui ne laisse rien à souhaiter, d'une magnificence bonne à montrer aux peuples et qui, si elle est onéreuse aux créanciers, ne coûte rien à l'Empereur.

A Jérôme, pour ce voyage, il faut ses trois services : au premier, deux voitures à six chevaux et un bidet de coureur, au deuxième où il va, sa voiture à huit chevaux pour la reine et lui, une calèche à quatre pour les gens, trois bidets pour les coureurs; au troisième, une voiture à six chevaux, une à quatre et un bidet. Encore n'a-t-il emmené, dit-il, que peu de monde et mange-t-il avec l'Empereur. De ses mains, coulent les jérômes, les tabatières à portrait, les tabatières à chiffre, les croix surtout, dont chaque estafette apporte un paquet arraché au fabricant. A Bruxelles, chez J. T'Kindt, il achète pour 32 122 francs de dentelles, et puis des voitures, car elles y sont en réputation, et puis des chevaux, car il y en a qui ont du sang anglais, et puis le reste — si bien que, de Gand, tout à fait démuni, il expédie Marinville à Cassel pour vérifier toutes les caisses et, où qu'il sera, lui « rapporter en lettres de change sur Paris les sommes provenant des économies réalisées sur les différents budgets jusqu'au 1er juin. » Et cela presse au point « qu'il est défendu au maître de la garde-robe de séjourner plus de trois fois vingt-quatre heures à Cassel ».

Au retour à Paris, Jérôme est logé cette fois à l'hôtel du prince Eugène, rue de Lille. La maison est agréable et magnifique, et il en a l'étrenne. Chaque soir, c'est l'étourdissement des fêtes, où seul il porte l'air de s'amuser, où il paraît le plus empressé, le plus leste, le moins empêtré de sa dignité ; ainsi, à l'Hôtel de Ville, quand, avec Catherine, s'évadant par un escalier dérobé, il saute les marches de quatre en quatre comme un écolier, et, dans ses habits de satin blanc, couverts de dentelles, de perles et de diamants, sous la toque de velours noir endiamantée où ondoient des plumes blanches, il laisse la falote impression d'une princesse en travesti. Au bal Schvarzenberg, lorsque, dans la panique de l'incendie, les hommes perdent la tête plus que les femmes, il vient à la reine, l'entraîne par le jardin, lui fait escalader un mur, l'emballe dans la première voiture venue et la mène chez la grande-duchesse de Toscane. Il a de l'action, de l'entrain, autant de légèreté et de suffisance, mais il a vingt-six ans, et, depuis dix ans, quelle fortune à tourner l'esprit aux plus sages !

Depuis dix ans, sept, huit fois au moins, il a fait de ces fautes qui, à tout autre, auraient coûté au moins la liberté et sans doute la vie. A lui, elles ont rapporté un trône. Un dieu, à chaque occasion où il allait se perdre, est descendu pour le sauver. Il en a pris l'habitude et s'étonne lorsque le dieu se fait attendre. En ce moment il trouve qu'il tarde ; non qu'il s'inquiète des dettes nouvelles qu'il vient, pour son compte, de faire à Paris et qui, rien que pour les échéances de 1811, montent à 1 606 328 fr. 32 centimes ; mais, de son royaume, il a de si fâcheuses nouvelles, et si pressantes, et si positives, qu'il doit bien s'alarmer, car la banqueroute lui est annoncée comme imminente. Au dire de son ministre des Finances, l'entretien des troupes françaises, auquel on ne peut parer que par des ressources extraordinaires, a absorbé la plus grande partie des fonds provenant de la vente des biens ecclésiastiques, dont il ne restait plus, à la fin de mai, que pour 70 000 francs environ ; en juin, on parviendra encore à y pourvoir par un emprunt de 500 000 francs, mais on n'a aucune ressource pour juillet et les mois suivants. L'Empereur, d'autre part, depuis la contestation au sujet de la remise, garde en entier les revenus du Hanovre, où, néanmoins, il a mis en subsistance, outre les 6 000 cuirassiers, des troupes qui s'accroissent chaque jour et dont il exige l'entretien. Les ministres, par tous les courriers, supplient donc le roi d'intervenir. Ainsi pressé, Jérôme sollicite très humblement que l'Empereur retire du Hanovre la grosse cavalerie et de Magdeburg une partie des troupes, mais Napoléon n'entend pas et ne veut pas entendre. « Je n'ai pas besoin de vous écrire sur les affaires de Westphalie, mande-t-il à Champigny, vous connaissez mes intentions. » Et c'est de n'admettre nulle autre transaction sur le traité que le rachat des dotations en Hanovre, moyennant seize millions de bons pour des biens non encore distribués et l'attribution à chaque donataire de 4000 francs de rente, qui consentira à l'échange d'un bon de 80 000 francs. Quant au reste, Jérôme peut, quand il voudra « se rendre à Saint-Cloud pour parler de ses affaires » l'Empereur ne lui en laissera jamais l'occasion. Il peut demander le retour de sa division employée en Espagne et l'évacuation de son royaume par les troupes françaises, il n'obtiendra rien, car, dans les deux cas, il se heurte aux pierres angulaires du système : Faire la guerre le plus possible au moyen des auxiliaires alliés ; entretenir le plus possible les soldats français sur les royaumes alliés.

Mécontent d'un voyage qui, en somme, ne lui a valu que des déboires, et n'emportant pas même des promesses, Jérôme part de Paris dans les premiers jours de juillet, sitôt les derniers lampions éteints, et prend sa route par Bruxelles, Aix-la-Chapelle, Cologne, Limbourg, Weilbourg et Giesen, afin de voir au passage, à Aix-la-Chapelle, Madame et Pauline qui y prennent les eaux. Le 11 juillet à sept heures du soir il est à Napoléonshöhe. Rien qu'en frais de poste, il a encore, au retour, mangé 30 000 francs.

*
* *

La situation du royaume est bien telle que ses ministres la lui ont dépeinte, et les caisses sont encore plus creuses qu'il ne pouvait le penser ; mais, avec sa légèreté native et la facilité qu'il porte à se distraire, il ne peut s'en inquiéter longtemps et sa cour moins encore. Dans cette cour où chacun doit aux tailleurs Legendre et Migeon les beaux habits qu'il a sur le corps[1], ce qui fait l'objet des conversations et des

[1] Les tailleurs ont présenté leur facture et le roi y a vu figurer le grand maréchal Meyronnet, le prince de Salm, le baron de Hammerstein, le baron de Boucheporn, le baron de Marinville, le comte de Holme, le comte de Furstenstein, M. de Surelle, le baron de Gayl, M. Filleul, le colonel Gautier, mais il n'a payé que pour lui-même (7 116 francs) et pour Marinville (11 125 francs). N'était-ce pas Marinville qui, au compliment de Jérôme sur ses beaux habits, avait répondu : « Sire, cela se doit ». Le mot vaut bien 11 000 francs.

intrigues, ce sont les représentations diverses que va donner à Cassel Thérèse Bourgoin, de la Comédie-française ; ce sont les vers anonymes — l'*Epitre à Blanche* — qui mystérieusement ont été déposés à toutes les portes. Blanche, c'est la Blanche Carréga qui, dès Gênes et l'an XIII, fut la maîtresse de Jérôme et qui, mariée à Laflèche, intendant de la liste civile, et baron de Keudelstein, l'est restée par intervalles ; mais elle savait utiliser ses loisirs et, dans le nombre de ses amants, comment découvrir le satiriste d'occasion ? Est-ce Maubreuil, ancien écuyer de la reine, devenu chef d'escadrons aux Chevau-légers westphaliens et repassé ensuite au service de France ? Est-ce le chambellan Norvins, ou l'ex-aide des cérémonies Boquest ? N'importe l'auteur ; Blanche est dame du Palais de la reine, le roi l'affectionne et, l'attaquer ainsi, c'est presque crime de lèse-majesté. Et puis, on a les couches de Mlle Delaître, du Théâtre de Cassel, et de Mlle Jacgerman, du théâtre de Weimar, et l'on recherche des traits augustes sur les poupons de ces demoiselles. Quand on veut être sérieux, on cause de la fuite de Louis, où le ministre de France soupçonne la complicité de Jérôme, tandis que la reine tremble qu'on puisse penser qu'il en ait su quelque chose.

Au reste, on demeure à Napoléonshöhe vingt jours à peine : le 31, en vue d'affirmer sa souveraineté sur le Hanovre et de suppléer par une prise de possession personnelle à la mise en possession toujours pendante, Jérôme part, avec la reine et toute la Cour, pour faire son entrée solennelle dans sa seconde capitale et parcourir ses nouveaux États. Ainsi comptet-il forcer la main à l'Empereur et le placer devant le fait accompli. Il établit son quartier général à Herrenhausen qui est à demi-lieue de Hanovre. La maison, construite en bois, tombe en ruines, mais elle est commodément distribuée, et puis, il y a la belle allée qui y conduit et qui fait une des plus belles avenues au monde, les jardins dans le goût de Versailles, l'orangerie remplie d'arbres rares et le jardin des plantes. La reine y passe seule une semaine agréable tandis que le roi parcourt ses côtes, visite ses villes, reçoit les hommages de ses peuples, et, pour prouver à ses sujets qu'il commande partout où il se trouve, passe en revue la division de cuirassiers de son auguste frère. « J'ai été reçu par ces braves gens avec enthousiasme, écrit-il à l'Empereur. Je les ai fait manœuvrer. » Il les souhaiterait pourtant moins nombreux et, tout en développant les projets que lui a suggérés sa rapide inspection — ainsi un canal pour rejoindre l'Elbe et le Weser, idée que reprendra Napoléon, — il glisse la demande qu'on diminue des charges qui épuisent le pays et l'empêchent de rien fournir à ses propres dépenses.

Cette lettre est du 16 août. Or, le 18, l'Empereur lui écrit : « Je viens d'ordonner que mes troupes occupent tout le pays depuis le Holstein jusqu'à la Hollande et, dans cette mesure, se trouve compris le pays situé entre Bremen et Wilhemburg; je vous prie d'en retirer vos troupes. Les embouchures de l'Elbe, du Weser et de la Jahde sont en ce moment l'objet de mes méditations les plus importantes : une division de mes chaloupes canonnières hollandaises va se rendre sur cette côte ; il est nécessaire que le pays soit entre les mains des généraux français. »

Ainsi, à peine touchées, ces côtes tant désirées échappent à Jérôme, et celui qui s'en empare, le général des généraux français, c'est Davout, son ennemi, l'exécuteur le plus impitoyable des ordres de l'Empereur, d'autant plus à craindre qu'il est plus intègre, et que uniquement occupé de contenter ses troupes, de les tenir en stricte discipline et en belle condition, il exige tout ce qui leur est dû, même plus s'il faut, et ne fait nulle attention à ce que pense, dit et écrit un roi tel que Jérôme. Et, outre Davout qui va prendre son quartier général à Hanovre, il y a Daubignose, nommé par l'Empereur commissaire impérial directeur du Domaine extraordinaire de la Couronne en Hanovre, et le premier acte de Daubignose est de révoquer de son chef les décrets que Jérôme a pris au sujet des dotations et de la chambre des domaines.

De là, des querelles incessantes, qui, de la part du roi, motivent de continuelles plaintes : à chaque fois l'Empereur lui donne tort, et selon la lettre du traité, Jérôme a tort en effet, mais les procédés des subalternes n'en sont pas moins si offensants que sa colère s'explique.

De son côté, Napoléon s'irrite devant une résistance qui le contrarie; de plus, la solde est en retard, et c'est ce qu'il ne tolère pas, lorsque ce sont les autres qui la paient. Le 22 août, il se plaint que ses troupes en Westphalie n'aient rien reçu pour juin, juillet et août; le 29, il ordonne à son ministre à Cassel d'exiger par une note que la solde soit mise à jour. « Cette manière est inconvenante, dit-il, et ce n'est pas ainsi qu'on tient ses traités. » Jérôme a beau répondre que son trésor est vide, que les impôts ne rentrent pas, que le royaume est épuisé; pourquoi dépense-t-il de l'argent par tous les bouts? pourquoi a-t-il une cour si fastueuse? pourquoi veut-il avoir une telle armée? Jadis, l'Empereur l'a invité à l'augmenter, mais il a changé d'idée, au moins en ce moment et parce qu'il lui plaît mieux. Au reste, c'est une chicane qu'il cherche et quand, le 11 septembre, il écrit à Jérôme : « De toutes les troupes alliées, les vôtres sont celles dont je dois me méfier le plus; non seulement elles ont déserté par bandes, en Espagne, mais elles se sont battues contre moi, » ce réquisitoire n'a pour objet que d'amener cette phrase : « Quant au Hanovre, je n'ai pas ratifié l'acte de cession... Je suis prêt à le reprendre et à regarder le traité comme nul puisqu'il vous paraît onéreux. »

***

Tel est le fond de sa pensée depuis le mois de mars. En ne ratifiant pas l'acte de cession, il a gardé prétexte pour reprendre le Hanovre qu'il se repent d'avoir donné. Seulement, il lui faut une occasion et il la cherche. Dès lors, à tout ce que pourra faire et dire Jérôme, il trouvera à critiquer, à reprendre, à s'indigner au besoin, de façon à créer des griefs dont il tire parti.

Ainsi Jérôme, revenu le 20 août à Napoléonshohe, a cru, sur les bruits qui sont répandus d'un grand mouvement de troupes dans le nord de l'Allemagne, faire un coup de partie en convoquant, près de Cassel, un camp de manœuvre de 10000 hommes, en arrêtant tous les semestres, en poussant l'instruction de façon à présenter, au mois d'octobre, indépendamment de sa division d'Espagne, 20000 fantassins, 3000 cavaliers et un beau régiment d'artillerie. Le camp, c'est jouer aux soldats comme un enfant : arrêter les semestres, c'est alarmer sans raison l'Europe et quant à l'armée elle n'est bonne à rien. Jérôme répond qu'il va dissoudre le camp, qu'il va renvoyer les semestriers, mais, pour l'effectif de l'armée, il n'a fait que se conformer aux ordres de l'Empereur et il lui remet sous les yeux cette phrase d'une lettre du 30 janvier 1808 : « Au lieu de vingt mille hommes que vous devez à la Confédération, ayez-en trente mille. »

N'importe, c'est lui qui a tort. Pourtant, l'Empereur peut-il attendre plus de soumission et d'obéissance? Il lui a convenu d'occuper Hanovre : Jérôme a donné immédiatement des ordres conformes au préfet et au général westphaliens. « Heureux, a-t-il écrit, si je puis faire tout ce qui peut vous convenir! » Il plaît au prince d'Eckmühl, sans notification préalable, d'établir des postes français depuis les frontières de Saxe jusqu'à Cuxhaven et, dans la ville même de Magdeburg, de faire inventorier toutes les marchandises et les denrées coloniales, Jérôme souffre tout, il laisse tout faire et, écrit-il, « pour montrer ma soumission entière à Votre Majesté, je me borne à me plaindre à elle seule de tous les désagréments qu'on me fait essuyer, soit dans mon caractère comme roi, soit dans mon amour-propre comme prince français et frère de Votre Majesté. » On veut que ses troupes évacuent le Hanovre, c'est fait. L'Empereur blâme ses dépenses particulières ? Peut-il le blâmer d'alimenter ainsi le commerce et l'industrie et doit-il ajouter foi aux calomnies qui poursuivent son frère ? Les donataires en Westphalie se plaignent des contributions qu'on leur demande? Mais ils ne sont pas taxés au delà du huitième de leur revenu, tandis que la constitution et les traités permettraient de leur demander le cinquième : d'ailleurs, qu'on lui laisse la régie des domaines, et il versera par quartier, sous réserve d'un dixième pour frais d'administration et de change, 4 500 000 francs pour le Hanovre et six millions pour la Westphalie. L'Empereur prétend-il étendre à la Westphalie le tarif spécial dont il a frappé les marchandises coloniales qui se trouvent ou qui entreront dans le grand-duché de Berg, le Mecklembourg, le Lauenbourg et les Villes anséatiques? Jérôme quoiqu'il y perde 1 200 000 francs de revenu, alors que l'Empereur lui dit que « cela lui donnera un produit considérable », « ne balance pas à signer le décret nécessaire pour montrer à l'Empereur son soin constant de se conformer dans toutes les circonstances à ses intentions et à ses désirs », et cela va à des objets infimes, aux titres de colonels généraux que Jérôme a donnés aux commandants de sa garde : l'Empereur ne veut plus au dehors d'un titre qu'il emploie en France : soit; en Westphalie ils s'appelleront désormais capitaines-généraux : seulement, voici la lettre par laquelle l'Empereur le 5 janvier 1808, enjoignait à son frère « de nommer des colonels généraux ».

Rien ne sert de le mettre ainsi en contradiction, il ne désarme pas et tout lui est occasion de quereller : au camp de Cassel, les rivalités de d'Albignac, ministre de la Guerre, avec Morio, capitaine général, commandant les manœuvres, et la démission de d'Albignac suivant de si près celle d'Eblé; puis, les fêtes données à Bernadotte prince royal de Suède, puis celles offertes au prince royal de Wurtemberg, ses aventures avec Blanche Laflèche, qui se l'attache de façon à lui faire refuser tout mariage de son rang, ses discussions avec son père où Jérôme et Catherine prennent parti pour lui, les scandales d'une cour où il semble que l'unique occupation soit l'amour. Toutefois, malgré qu'il soit instruit au long de chaque anecdote — et cela fait des volumes de correspondance — il n'en tire pas grief; il s'en affermit dans ses dispositions défavorables, mais il ne prend argument que de l'entretien des troupes et des biens des donataires. « Ses troupes sont très mal en Westphalie ; elles sont sans solde, sans aucune douceur chez les habitants et on leur fait une diminution considérable dans les rations. » C'est bien pis lorsque les ministres de Jérôme s'avisent de vouloir constater si ces soldats que le roi entretient sont présents. « Vos ministres ne voient rien en grand », répond-il au roi, et, lorsque Malchus, le ministre des Finances, ose proposer, vu l'état du trésor et les quinze millions et demi que coûtent par an les troupes françaises, de payer avec des bons la solde et les masses qui montent à 460 000 francs par mois. Cette proposition est « révoltante », dit-il, et il fait écrire par Champagny : « Sa Majesté, n'admet pas l'excuse tirée de la pénurie des finances. Le cabinet de Cassel doit être convaincu qu'on ne prend pas avec l'Empereur des engagements en vain. Un traité existe. Il doit être exécuté à la lettre. Ne pas l'exécuter, ce serait s'en affranchir. Or, la Westphalie doit sentir que son intérêt n'est pas de mettre la France dans le cas de considérer les traités qui la lient à elle comme rompus. »

Cette note est du 19 octobre : le 20, l'Empereur écrit à Champagny : « Présentez-moi un projet de note au ministre de Westphalie portant que, tant par les raisons contenues dans votre rapport que parce que la solde n'est pas payée, je déclare non avenu le traité si avantageux pour la Westphalie par lequel je lui donnais le Hanovre... Vous ajouterez que le roi pourra continuer à administrer le Hanovre, mais que je ne me tiens pas pour engagé. »

A cela, que répond Jérôme? « Je prie Votre Majesté de se rappeler ce que je lui ai dit et écrit dans des temps plus heureux pour moi, que, dans toutes les circonstances, il n'y aurait aucun sacrifice qui me coutât lorsqu'il s'agirait de faire ce qui pourrait lui convenir le mieux. Ces paroles, dans la bouche d'un homme de mon caractère, ne sauraient être douteuses. S'il convient à Votre Majesté de reprendre non seulement le Hanovre, mais une partie des autres Etats qu'elle m'a donnés, quelque pénible que cela fût pour moi, elle peut être assurée que, par chaque sacrifice que je serais assez heureux de faire à Votre Majesté, j'acquitterais une partie de la dette sacrée que ses bontés m'ont imposée et que mon cœur, ni ma tête ne me feront jamais oublier. »

Est-ce assez et, en acceptant ainsi sa déchéance, en se courbant devant toutes les volontés de son frère, Jérôme peut-il au moins espérer de reconquérir ses bonnes grâces? Il a paru en roi dans le Hanovre, il y a formé les départements, organisé les administrations, il a nommé à tous les emplois, il a appelé à sa cour les gentilshommes hanovriens, il s'est chargé de tous les frais du gouvernement et de plus il entretient, depuis huit mois, six mille cuirassiers français, quoiqu'il soit privé de tous les revenus et qu'il ne jouisse même pas des domaines; et, du jour au lendemain, il va être destitué des Etats qu'il a ambitionnés, qu'il a reçus, qu'il a cru siens. Quel échec pour son amour-propre et quelle position devant l'Europe! Pourtant, sur tous les autres sentiments, le respect et l'affection l'emportent. Il s'incline et, devant ce geste qui a de la dignité et de la noblesse, on n'a point à chercher s'il a ou non reconnu quelle charge est le Hanovre aux conditions que l'Empereur a imposées et si les ministres allemands, fort peu empressés dès le début à partager le pouvoir avec les Hanovriens, ne l'ont pas à la fin, par leurs avis et leurs calculs, ramené à une juste appréciation des faits.

Ces ministres en effet, parallèlement aux Français qui visent au grand, qui partent d'idées générales et s'occupent de civilisation et de progrès, vont au petit et, terre à terre, s'efforcent qu'il n'en coûte pas trop cher. Avec leur tempérament, leur éducation et leurs habitudes bureaucratiques, ils étudient les textes, recherchent les économies, et tiennent strictement leurs comptes. Cela ne plaît pas à l'Empereur lorsqu'il s'agit d'argent qu'il réclame, et la querelle qu'il a faite déjà en septembre sur la prétention qu'ils ont eue de vérifier les effectifs, devient bien plus vive en novembre, lorsque les ministres s'avisent de passer une inspection et d'envoyer dans chaque cantonnement un inspecteur aux revues westphalien. C'est une offense, une insulte : « La Westphalie ne cherche que de mauvaises chicanes ; c'est ainsi qu'on gâte les affaires ». Mais Napoléon ne s'attarde pas sur ce terrain peu solide, tout de suite il cherche une diversion et c'est au roi qu'il s'en prend. Il ne veut pas que le roi ait des régiments de cuirassiers : cette arme est trop dispendieuse ; les chevaux du pays n'y sont pas propres ; d'ailleurs, et cela suffit, il lui convient à lui, l'Empereur, que le roi ait des lanciers, de la cavalerie légère et point de cuirassiers ; il daube sur les Westphaliens qui sont en Catalogne et qui ne servent à rien qu'à recruter les bandes ennemies ; il n'a nul besoin qu'il y ait une armée westphalienne, sur qui il ne saurait compter : « au reste, dit-il, je ne prends aucun intérêt à cela pourvu qu'on tienne les engagements pris avec moi et que la solde soit payée à mes troupes, tant le présent que l'arriéré. »

Puis un silence : Nulle réponse aux plaintes contre les généraux de Davout qui traitent la Westphalie en pays conquis, séquestrent les marchandises anglaises, dernière ressource du royaume pour payer la solde et l'entretien des troupes françaises.

Tout à coup le 10 décembre, sans avis préalable, Jérôme reçoit de son ministre à Paris une carte où l'Empereur a tracé ce qu'il lui convient de retrancher de la Westphalie et du Hanovre. A la Westphalie, il prend en entier le département du Weser, formé du pays d'Osnabrück, des principautés de Minden et de Kaunitz-Riettberg, des comtés de Ravensberg et Schaumbourg et du bailliage de Tedinghausen : le territoire le plus populeux et le plus riche du royaume ; au Hanovre, il prend la moitié du département de l'Aller, le département du Nord et la plus grande partie du département de l'Elbe inférieur :

c'est-à-dire les embouchures des deux fleuves qui, lors du rétablissement de la paix devraient naturellement rendre le roi maître du commerce de toute l'Allemagne.

Pour empêcher toute discussion et arrêter toute contestation, lorsque Jérôme reçoit cette carte, le fait est accompli. Le 13 décembre, le Sénat a adopté un sénatus-consulte en vertu duquel la Hollande, les Villes anséatiques et les pays situés entre la mer du Nord et une ligne tirée depuis le confluent de la Lippe dans le Rhin jusqu'à Halteren, de Halteren à l'Ems au-dessus de Telget, de l'Ems au confluent de la Werra dans le Weser, et de Stolzenau sur le Weser à l'Elbe au-dessus du confluent de la Steckenitz, feront partie intégrante de l'Empire français. C'est le lendemain de la séance du Sénat que Champagny fait savoir à Jérôme que « Sa Majesté Impériale, étant décidée à réunir à l'Empire les Villes anséatiques, cette réunion a nécessité celle des parties du Hanovre et de la Westphalie qui doivent contribuer à rendre le territoire de ces villes contigu à l'Empire : Le Lauenbourg, les duchés de Verden et de Bremen, une partie des comtés de Hoya et de Lunebourg, l'Évêché d'Osnabrück, la portion de la principauté de Minden située à la rive gauche de la Werra et une petite partie de Ravensberg sont comprises dans les réunions ordonnées par Sa Majesté ».

Comme « le gouvernement westphalien n'a point exécuté les stipulations du traité relatif à la cession du Hanovre, Sa Majesté ne le regarde plus comme obligatoire pour elle ». Donc, en réunissant les parties du Hanovre ci-dessus désignées « l'Empereur n'a disposé que de ce qui lui appartenait ». Quant aux portions de l'ancien territoire westphalien, « elles sont plus que compensées par celles du Hanovre qui resteront au roi ».

Sur ces deux points, Napoléon est intraitable, Champagny ayant proposé de donner quelque compensation à la Westphalie, il lui répond : « Vous raisonnez toujours comme si le Hanovre appartenait au roi de Westphalie. Le Hanovre n'appartient pas au roi. Ce prince n'ayant pas exécuté le traité qu'il a fait avec moi, j'ai considéré ce traité comme non avenu. Je me regarde donc comme encore en possession du Hanovre » et c'est le Hanovre seul qui doit fournir les éléments d'échange.

A ne voir que les chiffres, le raisonnement est spécieux : par le traité du 14 janvier, l'Empereur a donné à Jérôme, déduction faite des 15 000 âmes qu'il s'est réservées, 594 223 sujets : il en reprend 517 656, dont 291 000 du Hanovre et 226 656 de la Westphalie. Le roi bénéficie donc encore de 76 567 habitants. Il est vrai que ces Hanovriens ne valent à aucun point de vue les Westphaliens, mais l'Empereur ne prend pas uniquement la population pour base ; il consentira à envisager le revenu, les impôts et les domaines, et à reviser le traité du 14 janvier au point de vue des obligations imposées à la Westphalie, dette du Hanovre, contributions arriérées et entretien de six mille cavaliers ; c'est là d'ailleurs le maximum de ses concessions et sa résolution est fermement arrêtée de ne pas aller au delà.

La nouvelle du démembrement imminent de ses Etats a frappé Jérôme comme un coup de foudre. Tout de suite, il a écrit pour solliciter en dédommagement « les petits territoires étrangers enclavés dans ses Etats, tels que les souverainetés de la Lippe, d'Anhalt, les duchés de Saxe, le grand-duché de Francfort » ; sans doute, « il n'en sera pas moins réduit à une grande nullité », car en perdant les embouchures des rivières, il perd « la seule chose qui pouvait donner de l'importance à son royaume » ; mais, au moins, les apparences seront sauvées. « Votre Majesté, dit-il, ne voudra pas m'humilier aux yeux de l'Europe entière jusqu'à me retirer ses bienfaits sans m'en dédommager d'une manière honorable en me rapprochant d'elle vers le Rhin et en me donnant ainsi quelques moyens d'existence politique et une limite naturelle ». Mais écrire, il le sent, ne servira de rien, parler vaudra mieux ; et il prétend courir à Paris, pour prévenir la catastrophe ou, s'il ne le peut, obtenir des agrandissements vers la Saxe et le Rhin. Vainement Catherine et Le Camus s'y opposent et prêchent la résignation ; il va monter en voiture quand arrive à Cassel le *Moniteur* du 15 contenant le sénatus-consulte. Dès lors, il n'y a qu'à s'incliner ; mais cette annexion rappelle trop exactement celle du Brabant et de la Zélande, pour que Jérôme ne doive pas penser qu'elle est le préliminaire de sa destitution : il en pose donc nettement la question à l'Empereur. « S'il convient, dit-il, aux desseins politiques de Votre Majesté de réunir la Westphalie à l'Empire comme la Hollande, je ne forme qu'un désir, c'est d'en être prévenu de suite pour ne point être exposé sans cesse à contrarier ses vues avec la meilleure volonté de m'y conformer toujours ». Si, au contraire, l'Empereur entend maintenir le royaume de Westphalie, il doit rassurer le pays où la nouvelle de l'annexion a produit « une impression terrible » et a entièrement détruit le crédit. En ce cas, Jérôme demande des compensations, car la partie du Hanovre qui lui est abandonnée se compose aux deux tiers des stériles bruyères du Lunebourg, et les six cent mille habitants qu'on lui prend font la portion la plus riche et la plus belle de son peuple. Il réclame donc, comme il a déjà fait à la première nouvelle, tous les pays enclavés ou voisins : même quelques-uns de plus : les principautés de la Lippe, d'Anhalt, de Waldeck, de Schwartzbourg, les duchés de Saxe, le territoire d'Erfurt et le grand-duché de Francfort : c'est la confédération du Rhin à dissoudre, et quatorze princes à déposséder : deux en Lippe trois en Anhalt, un à Waldeck, deux en Schwartzbourg, cinq en Saxe, un — même deux — à Francfort; mais Jérôme ne doute de rien et, dans cet abîme où il est tombé, il croit encore que l'Empereur le rendra maître de l'Allemagne, alors qu'il n'entend même pas exécuter le traité en ce qui concerne Magdeburg, que « son intention est de le garder avec l'artillerie, les magasins et ce qui existe et de n'en pas mettre en possession la Westphalie ».

Le Camus a vainement cherché à empêcher cette démarche compromettante et inutile et, autant qu'il peut, il essaie de la réparer : lorsque Reinhard vient lui communiquer officiellement la nouvelle de l'annexion et lui fait part de la mission qu'il a reçue d'entrer en arrangement au sujet de la revision du traité du 14 janvier, il répond « que le roi, sans croire avoir mérité le reproche d'avoir manqué à ses engagements, se soumettra avec résignation à tout ce que Sa Majesté Impériale jugera nécessaire pour le grand ensemble de ses conceptions politiques et que, sans faire aucune demande, il s'en remettra entièrement à l'amitié et à la sagesse de son auguste frère, quant aux arrangements et indemnités que le nouvel état de choses rendrait nécessaires et désirables ». Mais le ministre des Relations extérieures a beau dire, Catherine et Siméon ont beau s'employer pour calmer Jérôme et l'empêcher de se compromettre, tantôt il veut aller coûte que coûte à Paris pour plaider sa cause, tantôt il parle, tantôt il écrit, et partout son désespoir le sert mal.

Le 25 décembre, il apprend, encore par le *Moniteur*, que l'organisation provisoire des nouveaux départements français commencera le 1er janvier : il s'en indigne, surtout parce que l'Empereur va prendre possession avant que lui-même « ait donné à ses sujets les instructions nécessaires et les ait dégagés de leur serment de fidélité ». C'est là pour lui comme ce fut pour Louis, et ce rapport unique entre deux hommes si différents de tempérament, de formation intellectuelle et de santé mentale, montre assez qu'à la possession royale pas plus qu'à l'impression princière, nul cerveau ne résiste. Jérôme se croit roi et il tient bon, valable, définitif le serment qu'il s'est fait prêter. Le serment par qui les sujets étaient liés à leurs anciens maîtres ne compte pas ; mais celui qu'il a exigé d'eux, lorsque, par la contrainte, il est devenu leur roi, ne saurait impunément être enfreint. Lui seul a droit de le remettre. Il fait donc venir Reinhard ; il lui dit que, jusqu'à ce moment, il a cru de sa dignité de faire croire que tout ce qui se faisait actuellement était concerté et cependant il n'y a eu de la part de l'Empereur aucune parole pour une indemnité, pas même un avis. Sans doute, même s'il avait 400 000 hommes à ses ordres, il ne s'opposerait jamais à ce qui plairait à son auguste frère. Il l'aime et il est aimé de lui : mais, s'il se résigne, il ne peut au moins donner son consentement sans un traité, sans une indemnité, sans quelque chose qui le justifie et à l'égard de sa conscience, et à l'égard de ses sujets. Les pays désignés sont déjà occupés, il est vrai, par les troupes françaises, mais, si, sans traité ni indemnité, ils sont séparés de la Westphalie, il n'a plus qu'à se rendre à Paris et à se mettre à la disposition de l'Empereur. Comme prince français il aura un état plus heureux que comme roi, n'ayant aucune sûreté du lendemain, étant à la merci de tous les événements, ignorant si les maximes qu'il suit dans le gouvernement, si les efforts qu'il fait pour créer un esprit public en Westphalie, sont conformes aux vues de l'Empereur; si, pour les mêmes raisons qu'on lui enlève aujourd'hui le département du Weser, on ne lui enlèvera pas demain Magdeburg ou la Westphalie entière. Il veut savoir à quoi s'en tenir et, puisqu'il ne peut se rendre en personne à Paris sans l'agrément de l'Empereur, au moins y enverra-t-il un homme de confiance, son ministre de l'Intérieur, le comte de Bulow, qui, d'accord avec Wintzingerode et Malchus, tirera au clair ce qu'on veut lui donner. Ensuite il verra ce qu'il aura à faire.

Là-dessus, comme il boude et entend le marquer, comme, en de telles circonstances, les cérémonies du jour de l'an et les compliments obligatoires lui seraient insupportables, il quitte Cassel et, avec ses intimes, une vingtaine de personnes, il va se terrer à Catharinenthal, château construit par le landgrave Frédéric, où l'on a si froid que, dans la journée, on joue au volant pour se réchauffer et où le soir, les divertissements consistent « à chercher avec sa bouche une bague dans un grand plat de farine ».

Cette retraite et ces plaisirs simples le calment un peu. D'ailleurs, de Paris, les nouvelles ne sont pas mauvaises. L'Empereur répond fort aimablement à la lettre qu'il lui a écrite pour la nouvelle année et lui souhaite d'avoir un garçon, disant que « c'est le meilleur souhait qu'il puisse lui faire ». De tous les côtés, on a des échos de ce que l'Empereur répète à tout venant : « que ce n'est pas par mécontentement qu'il a enlevé au roi le quart de son royaume, mais que sa politique l'y a obligé. » Madame et Pauline prêchent la patience, disent que tout s'arrangera, surtout qu'il ne faut pas venir à Paris à moins que l'Empereur n'y consente. Furstenstein qui n'est point sot, Catherine qu'éclaire sur les vrais intérêts de son mari l'amour qu'elle lui porte, Siméon qui est d'un sens rassis et droit, tout le monde s'emploie à convaincre Jérôme qui, déjà apaisé, comprend à merveille qu'en se butant, en protestant, en faisant des phrases belliqueuses, il n'obtiendra rien, que c'est assez de fausses démarches, et qu'il faut changer de conduite et manœuvrer par la douceur.

Dès lors, avec une habileté réelle, il saisit toutes les occasions qui se présentent, même de fautes nouvelles qu'il commet, pour affirmer sa soumission, faire éclater son dévouement, et chercher à se rendre utile. Ainsi, certains Westphaliens ont pensé qu'après les dégoûts qu'il a subis, il pourrait entrer dans leurs desseins ; un d'eux « qui jouit d'une grande considération », lui demande une audience particulière et lui dit « qu'il existe un moyen de réprimer les usurpations de la France par une ligue entre les cabinets qui se garantiraient réciproquement l'intégrité de leurs possessions ; » aux objections de Jérôme, il répond en donnant à entendre d'abord que cette ligue est formée, ensuite, que la réussite est certaine « puisque des puissances de première ligne s'en mêleraient » : Jérôme écoute, joue l'irrésolu, presse son interlocuteur de questions et, aussitôt après l'avoir congédié, écrit à l'Empereur et demande des ordres. C'est peut-être un conte, mais Napoléon le prend au sérieux et ordonne de suivre l'intrigue : seulement, du récit qu'a fait Jérôme, il tire une déduction inattendue. « En général, lui écrit-il, ce n'est pas la première fois que je sais, par Berlin et par d'autres villes d'Allemagne, qu'on croit que vous suivez une autre direction que celle que je vous donne, ce qui nuit à votre crédit et à vos affaires. »

Ayant échoué de ce côté pour rentrer en confidence, Jérôme, par ailleurs, essaie de se reprendre : dès le retour de Catharinenthal, les bals ont recommencé : bals parés, bals masqués, bal paré à la Cour avec trois cents invités, bal masqué chez Furstenstein où le roi et la reine figurent dans un quadrille tiré des Bayadères et où le roi danse en solo un pas tyrolien avec Mme Pothau. Or, à l'un de ces bals, le Premier chambellan exige que les dames restent debout jusqu'à ce que M. le comte de Furstenstein leur ait dit de s'asseoir. On croit à un excès de zèle, mais, au bal suivant, le roi, officiellement, lui accorde le privilège d'être seul assis devant lui, disant que ayant le collier de l'Ordre, comme Grand chancelier, M. de Furstenstein est son cousin et doit être assimilé aux grands dignitaires. Comme, quelques jours auparavant, le 24 décembre, l'Empereur lui a fait savoir qu'il lui interdisait de créer des princes et des ducs, c'est une manière d'éluder la difficulté et, sans donner le titre à Le Camus, de lui en conférer les privilèges. L'Empereur tonne là-dessus contre ce petit créole que Jérôme a recruté dans son voyage d'outre-mer et pour qui il ne trouve jamais de distinctions assez voyantes; puis, comme il est en proie à la manie d'étiquette, il fournit sur la question une consultation magistrale : « Il n'y a pas d'objection, écrit-il à Champagny, à ce que le roi exige que les femmes se tiennent debout quand il danse. En général, un roi ne doit pas danser, si ce n'est en très petit comité; cependant cet usage ne choque aucune convenance. Mais vous devez écrire à mon ministre de s'opposer à ce que le comte de Furstenstein soit appelé *mon cousin* et qu'il s'assoie devant le corps diplomatique et les grands de l'État. Cette prérogative ne peut appartenir à qui que ce soit en Westphalie, parce qu'elle est contraire à toute idée reçue et que je ne veux pas qu'elle existe. Personne en France ne s'assoit hormis les princes du sang. Les maréchaux ne s'assoient pas. Pour les grands dignitaires, cela tient au décorum de l'Empire. Et quels sont les grands dignitaires? Le roi d'Espagne, le roi de Naples, le vice-roi d'Italie qui sont revêtus de ces dignités s'asseyent : il est juste que les premiers du plus grand empire du monde qui leur sont assimilés, s'asseyent : mais il est absurde de donner ce privilège dans une petite monarchie. Cela est contre l'opinion de l'Europe. Il y a dans cette conduite un peu de folie. » Non content d'avoir fait déclarer par son ministre « qu'il ne souffrira point ces innovations », il en écrit sévèrement lui-même à Jérôme, et celui-ci, loin de soutenir son dire comme il eût fait le mois passé, surtout s'agissant du bien-aimé Furstenstein, rejette tout sur ses préfets et ses chambellans, affirme que « cela ne s'est jamais fait et ne se fera plus », qu'il n'a donné du cousin à Furstenstein que dans une lettre de chancellerie de l'Ordre ; que « jamais il n'a eu assez peu de sens ni d'esprit pour ne pas sentir que, s'il eût fait comme on a dit à l'Empereur, il aurait mérité les petites maisons » ; mais, de cette justification embarrassée, où les dénégations portent autant d'aveux, il passe tout de suite à une apologie d'où il espère tirer parti pour rentrer en grâce : « Je le répète, Sire, je ne fais jamais un pas sans avoir Votre Majesté en vue, sans désirer de lui plaire et surtout sans ambitionner qu'elle puisse dire : jamais mon frère Jérôme ne m'a donné de chagrin. C'est bien là le fond de ma pensée, Sire, et si je me trompe, un conseil paternel de Votre Majesté est plus que suffisant, non seulement pour me faire changer, mais pour me convaincre que j'avais tort. Pourquoi donc Votre Majesté est-elle si avare de ses conseils et pourquoi suis-je le seul qui lui inspire assez peu d'intérêt pour qu'elle ne veuille pas m'écrire ce qui peut lui déplaire ? Dans les circonstances critiques où je me trouve, Votre Majesté n'a pas même daigné me dire : faites ce que je désire, cela me sera agréable. C'est par le *Moniteur* que j'apprends que je perds le quart de mes États, et le tiers de mes revenus, et le débouché de mes rivières, sans qu'un seul mot de Votre Majesté vienne me rassurer et me dire : c'est telle ou telle conduite que vous devez tenir. Avouez, Sire, que Votre Majesté est bien sévère pour moi qui n'ai jamais désiré et ne désirerai jamais que contribuer à son contentement. »

Par une telle soumission, et si humble, obtient-il au moins que, par une indemnité à peu près proportionnée, l'Empereur donne un air d'échange à ce rapt d'une province? Point. Même sur d'infimes détails il est refusé. Il a insinué qu'on pourrait compenser les 1 500 000 francs qu'il doit au Domaine extraordinaire par les 1 474 608 francs de capitaux et de domaines particuliers qu'il possède dans la partie de la Westphalie réunie à l'Empire : point de réponse ; l'Empereur se contente de dire « qu'il faut finir les affaires, tant pour la solde et les services de l'armée que pour les autres arrangements »; il annonce qu'un traité « va avoir lieu », mais il n'en fixe pas les bases; il ne formule aucune indication, comme s'il entendait profiter de cette situation pour tirer du pays tout ce qu'il peut, ou comme s'il voulait pousser à bout le roi lui-même. « Il doit y avoir en Westphalie, écrit-il à Lacuée, plus de 18 500 hommes qui doivent y être nourris. La solde sera perçue et soldée. » Ainsi, bien qu'il ait pris le quart du royaume, il maintient, dans ce qu'il laisse à son frère et il exige qu'il y entretienne, non seulement les 12 500 hommes des traités antérieurs, mais les 6 000 cuirassiers du traité de janvier 1810 et, lorsqu'il écrit : « Il doit y avoir *plus de* 18 500 hommes », à quel chiffre mène ce « *plus de* » ?

Ce n'est que le 9 mars, — si peu avant le terme de l'Impératrice — qu'il fait connaître à Champagny les conditions qu'il impose. Il ne peut rien changer, dit-il, aux limites portées dans le sénatus-consulte ; il faudrait un nouveau sénatus-consulte qu'il ne veut pas faire : « ce serait jeter une défaveur d'instabilité sur ces acquisitions. » D'ailleurs, en cédant le Hanovre à la Westphalie, il donne bien plus qu'il ne prend : trois cents et quelques mille âmes, et deux cent mille milles carrés contre deux cent vingt-quatre mille âmes et soixante-seize mille milles carrés, « c'est une différence énorme en faveur de la Westphalie et qui compense entièrement celle qu'il peut y avoir dans les revenus ». Cependant, « pour donner une nouvelle preuve de tout le bien qu'il désire au royaume de Westphalie », il consent à céder ce qui lui reste de domaines dont il n'a pas encore disposé : on dit que cela fait 224 000 francs de revenu, peut-être : mais il faut déduire les réclamations des donataires contre le roi, les domaines dans les pays détachés, les domaines de 4 000 francs et ceux de 2 000 francs de revenu non encore attribués, mais affectés, les domaines vacants par reversibilité... ce qui reste, il le donne. De plus, il se charge de la dette *propre* des provinces entièrement réunies à l'Empire, moyennant un partage proportionnel et une réduction de capital; quant à la dette générale de l'Etat, il n'y entre point; il fait don au roi de la contribution arriérée du Hanovre, mais, par compensation, l'administration de l'armée impériale sera déchargée de toutes les dettes de tous ordres qu'elles a contractées vis-à-vis du Hanovre : or l'armée doit le triple de cette contribution. Il ne consent à aucun changement pour les seize millions de bons, « ils ne sont plus entre ses mains » ; il ne peut se dessaisir de Magdeburg ; « c'est une place d'une trop grande importance » ; tout ce qu'il concède c'est de réduire les troupes françaises à 12 500 hommes et c'est que le roi rembourse les donataires de 4 000 francs en 5 p. 100 français : excellent placement, car au lieu de verser à chaque donataire 80 000 francs, il ne versera, pour chacun, au trésor français, que 64 000. Et cela soutiendra la rente qui en janvier était à 81,85 et qui est tombée à 78,25.

Telles sont les preuves de « sa constante protection » que l'Empereur donne à ce royaume qu'il a fondé et encore entend-il qu'on en montre de la reconnaissance. Jérôme, cependant, ne trouve dans ce traité rien dont il puisse parer sa défaite, rien qu'il puisse présenter comme un avantage ou une compensation : le temps le presse ; il prétend au moins avertir de leur sort les sujets qu'on lui arrache ; et, pour sauver la face, il lance une proclamation aux « habitants du territoire westphalien réunis à l'Empire ». Il leur dit que « les circonstances politiques l'ayant déterminé à les céder à l'empereur des Français, il les dégage du serment de fidélité qu'ils lui ont prêté ; il les engage « à porter à l'Empereur et à la France le même amour, le même dévouement et la même fidélité dont ils lui ont si souvent donné des preuves et particulièrement dans les circonstances critiques des dernières années. » Cela peut être maladroit, mais cela vaut-il les critiques exaspérées qui viennent de Paris. « On ne cède pas des hommes comme on cède un troupeau de moutons, ou du moins on ne le leur dit pas, » ... « Cette phrase : ayez pour l'Empereur l'amour que vous avez pour moi semble présomptueuse », et l'Empereur a lieu de se formaliser « du rapprochement entre lui et le roi ». On veut savoir qui a rédigé la proclamation ; on prétend en tirer des satisfactions. Lorsque, tout à l'heure, Jérôme aura imaginé de donner à ses aides de camp en mission le pouvoir de commander partout où il n'est pas et de préférence à toute autorité existante, c'est une nouvelle querelle qu'on lui cherche.

***

Puis, tout à coup, les choses se calment : est-ce la soumission déférente du roi qui, à la fin, a porté ses fruits ? Est-ce la naissance du Roi de Rome qui adoucit l'Empereur ? N'est-ce pas plutôt la certitude désormais acquise d'une guerre prochaine avec la Russie, qui à présent fait trouver fort bonne l'armée westphalienne et suggère à l'Empereur de nouveaux desseins sur son frère ? Quant à Jérôme, par cette dernière éventualité, de tels horizons d'ambition s'ouvrent devant lui que la Westphalie passe à un rang fort secondaire dans ses préoccupations. Il n'a jamais considéré son royaume comme l'établissement définitif où il est fixé pour la vie et la mort; il n'a jamais adopté son peuple, qui au fait n'est pas un peuple, de façon qu'il vive en chacun de ses sujets, que chacun de ses sujets vive en lui, que s'accomplisse ainsi cette *transsubstantiation monarchique*, miracle de l'orgueil et de la fidélité, par qui les souverains et les nations ont parfois communié dans un rêve de gloire ou dans une réalité de désastre. S'il est offensé du démembrement qui lui a été imposé, c'est par rapport à lui-même. Il eût cédé telle ou telle province contre une qui fût d'un meilleur rapport; c'est le revenu qu'il regrette, l'espèce d'hommes, la valeur des domaines, non l'âme des choses, cela qui est impondérable et divin et que tout l'or du monde ne saurait payer. Il a pu s'attacher à quelques individus qu'il a trouvés agréables ou utiles — encore qui nommer? — pas un instant au sol, ni au peuple. Ce qui le touche dans son royaume, c'est l'argent qu'il en tire et qui fournit à son goût de dépenses; c'est l'armée qu'il y recrute, où il voit un moyen pour acquérir de la gloire, un royaume plus vaste et encore plus de luxe et de splendeur.

Tout à ces espérances que l'Empereur lui donne lieu de former, puisque, dès le 18 mars, la protestation de l'empereur de Russie contre l'occupation du duché d'Oldenbourg venant à être connue, il lui a demandé un de ses régiments pour renforcer la garnison de Dantzick, Jérôme accepte les faits accomplis et il passe sa mauvaise humeur sur le négociateur du traité, le comte de Bulow, à qui il cherche querelle et enlève son portefeuille. Cela permet de dire que Bulow a excédé ses pouvoirs ou qu'il en a mésusé, alors que, sans la moindre arme pour combattre, il a dû subir la contrainte de l'Empereur.

Resterait à chercher si, dans sa conduite vis-à-vis de Jérôme, Napoléon a obéi à quelque autre mobile, s'il a eu une arrière-pensée et si, comme l'ont cru Catherine, Jérôme lui-même et tous les hommes en place, il s'est proposé de reprendre la Westphalie entière et, après Louis, d'acculer Jérôme à une abdication. Il ne semble pas. L'Empereur a retiré le Hanovre à son frère sous le premier prétexte venu, parce qu'il avait besoin du Hanovre ; il a pris de la Westphalie ce qui lui convenait parce qu'ayant donné ce royaume, il tient qu'il en est toujours le maître ; il n'a point averti Jérôme parce qu'il a voulu s'épargner des doléances qui l'ennuient et auxquelles il pourrait céder. Il n'a consenti à aucun dédommagement, parce que, dans l'Allemagne telle qu'il l'a faite, il n'en a, pour le moment, aucun à donner. Pour masquer, peut-être à ses propres yeux, ce que sa conduite a de dur et de despotique, il a créé des griefs ou s'est emparé en les grossissant de ceux que Jérôme lui fournissait ; mais il n'a point eu l'idée de forcer Jérôme à abdiquer, car il n'a que faire du surplus de ses États. S'il en avait besoin, il l'eût pris. Dans sa lutte actuelle contre l'Angleterre, il a voulu toutes les côtes de l'Europe ; pour sa lutte prochaine contre la Russie, il veut ces territoires où il va concentrer la plus grande partie de ses troupes et qui constitueront une base d'opérations plus rapprochée du théâtre de la guerre. Chaque département français qu'il jette ainsi en avant, Ems Supérieur, Bouches-du-Weser, Bouches-de-l'Elbe, c'est l'Empire en marche : de Munster à Lauenbourg, il gagne soixante lieues à vol d'oiseau, dix, douze étapes. Ce serait mieux sans doute si la Prusse, soumise sans doute, presque occupée, fournissait une occasian de l'annexer ; mais elle n'a garde.

Donc l'Empereur subordonne tout en ce moment à la campagne qu'il prépare ; et, comme il veut faire remuer ses pions à sa fantaisie sur les cases de son échiquier, il rend libres à son profit celles dont il a besoin, mais rien ne dit que, dans les conquêtes prochaines, dans le remaniement général de l'Europe orientale dont il envisage dès à présent la nécessité, il ne réserve pas à Jérôme une part qui le dédommagera amplement. Par la soumission déférente qu'il a montrée, Jérôme s'est acquis des droits à sa bienveillance et s'est mis sur le tableau d'avancement. C'est ainsi que l'Empereur entend le rôle des rois ses frères. De même qu'il les élève sans leur avis, il doit pouvoir les abaisser sans qu'ils y trouvent à redire. Entre ses mains, il les pétrit et les façonne sans qu'ils aient d'autre volonté que la sienne, tels des cadavres. Ce sont des instruments passifs qui n'ont le droit de déployer vis-à-vis de lui aucune initiative, ni d'opposer aucune résistance. Moyennant quoi, il leur fait encore la part belle.

II

LE ROYAUME D'ESPAGNE

(Juin 1809. — Mars 1810.)

Pendant que Napoléon menait cette campagne d'Autriche où, pour la première fois, les balles ne l'ont point respecté, à Madrid, on a posé certaines hypothèses et l'on a agité des projets. Si l'Empereur est tué, Joseph est l'héritier présomptif et, comme en 1805, « sans exprimer aucun vœu coupable, » Joseph se tient très attentif aux événements; ses entours plus encore, s'il est possible, et tous envisagent avec une assurance tranquille l'éventualité d'une telle succession. Leur objecte-t-on la pesanteur du fardeau que le roi assumera, les compétitions que provoquera l'ouverture d'un semblable héritage, ils répondent : « Le roi est estimé en France et très aimé dans le Sénat auquel on se rallierait. Son esprit éminemment pacifique lui offrirait la plus belle des chances. La France est lasse de la guerre et même de la plupart des conquêtes. On proclamerait la paix générale et l'affranchissement de plusieurs pays réunis à contre-cœur. Par là, on se concilierait le dedans et le dehors, l'Angleterre elle-même.

« L'armée actuelle, ajoute-t-on, ne ressemble pas aux autres armées. Aujourd'hui, ce sont presque tous fils de propriétaires et d'artisans, dont plus de la moitié, même parmi les officiers, ne demande pas mieux que de retourner à leurs foyers, dans leurs familles. Ce qui resterait volontairement sous les drapeaux suffirait pour composer une bonne armée. On pourrait ainsi, pendant de longues années, suspendre la conscription, parce que l'armée se recruterait sans peine de ceux qui, rentrés chez eux, n'y auraient pas trouvé des ressources à leur goût et selon leur attente.

« On diminuerait les impôts en renonçant à la guerre et on populariserait le nouveau gouvernement en rétablissant le commerce.

« Quelques généraux feraient les mécontents et chercheraient à soulever les esprits. La France, qui veut le repos, ne les écouterait pas. On disperserait les plus turbulents sur les frontières et dans les départements, sans les laisser se réunir à Paris, d'où part toujours tout signal de brouilles, et, si quelqu'un de ces militaires levait la tête, on la ferait tomber aux applaudissements publics, pour en imposer aux autres.

« Le prince Eugène conserverait sans opposition le royaume d'Italie où il est vu de bon œil et ne songerait pas à la France.

« Murat aurait assez à faire de se soutenir à Naples où il a fait une si indigne censure de l'administration de son prédécesseur. Ce serait cependant celui sur lequel il faudrait avoir le plus l'œil, parce qu'il hait le roi Joseph et qu'il a des prétentions contraires à ses droits. Mais qui le seconderait? Il a peu de réputation réelle dans l'armée et n'aurait, dans le civil, de parti que parmi quelques roués de Paris qu'il amasse autour de lui.

« La masse des militaires qu'on n'inquiéterait ni dans leur fortune, ni dans leurs honneurs, pourvu qu'ils restassent tranquilles, aimeraient encore mieux être gouvernés par un prince pacifique que par un de leurs camarades qui, une fois porté à la tête des affaires, s'imaginerait avoir sur eux la même supériorité et les mêmes droits que l'Empereur. »

Tels étaient les discours que l'on tenait ouvertement dans l'entourage français du roi d'Espagne. Dans un but analogue, en vue de lui faire une réputation d'homme de guerre, ses prôneurs n'avaient pas manqué d'exalter la prétendue victoire de Talavera au point que les batailles de l'Empereur sur le Danube semblaient peu de chose en comparaison.

Napoléon, bien qu'il n'eût encore aucune notion de ces propos, se trouva surpris par les contradictions que lui présentaient les divers récits de la bataille de Talavera et s'acharna à les éclaircir. Il sentait là une intrigue et, ne pouvant s'en prendre directement à Joseph, il s'en prit à son faiseur militaire, Jourdan, qui avait signé des rapports mensongers. De longue date il avait peu d'estime pour Jourdan — « un assez pauvre général qui manque toujours de résolution, » disait-il à Rewbell en l'an X. — Il ne lui avait confié aucun commandement actif et c'était presque malgré lui, pour donner satisfaction au parti dont avait été Jourdan aux Cinq-Cents, et pour plaire aux vétérans de Sambre-et-Meuse, qu'il lui avait donné le bâton. En le rappelant d'Espagne, il a infligé d'abord un exemple nécessaire; puis il a arrêté l'intrigue, car, disait Rœderer, « Jourdan fait croire à Joseph qu'il est homme de guerre et Joseph fait croire à Jourdan qu'il est homme d'esprit ». Par là, le génie militaire de Joseph se trouve étouffé dans son germe. Aussi, le roi d'Espagne en est-il fort marri et cherche-t-il tous les moyens de retarder un départ que, jusqu'au dernier moment, il a cru empêcher. C'est seulement le 6 novembre qu'à la fin, Soult prend l'emploi de major général.

Aussitôt, plaintes aigres de Joseph : on lui retire l'homme qui lui convient par-dessus tout, « il n'a jamais éprouvé une seconde de malaise avec lui, quoiqu'il ait vécu dans la plus étroite intimité depuis plusieurs années et qu'il se soit trouvé avec lui dans des circonstances qui ne sont pas ordinaires. Jourdan est, avec Rœderer, le seul homme dont le tact parfait ne se soit jamais démenti. » Il le regrette d'autant plus amèrement que, de la part de son successeur, il n'attend ni les mêmes complaisances, ni la même facilité : Jourdan était un homme à lui; Soult est l'homme de l'Empereur; Jourdan, major général des armées françaises, les employait selon les ordres de Joseph, pour la gloire du roi d'Espagne et l'accomplissement de ses projets espagnols; Soult ne va-t-il pas les employer selon les ordres de l'Empereur, pour sa gloire à lui-même et pour l'accomplissement des projets français ?

C'est assez pour que, sans mettre en balance avec cet échec les discours qu'il a tenus ci-devant, et des mensonges de Talavera, Joseph écrive à sa femme : « Le métier que je fais est intolérable tel qu'il est aujourd'hui. Si les rapports de l'Empereur avec moi ne doivent pas changer, il faut que ma position change ; si sa conduite a eu pour objet de me dégoûter de l'Espagne, son but est rempli... L'humiliante posture qu'on voudrait me faire tenir sur le trône d'une grande nation ne me convient pas. Je veux savoir ce qu'on veut de moi et me retirer si ce qu'on veut de moi répugne à ma fierté. Je ne veux pas être sous la tutelle de mes inférieurs ; je ne veux pas voir mes provinces administrées par des hommes qui n'ont pas ma confiance ; je ne veux pas être un enfant couronné parce que je n'ai pas besoin de couronne pour être homme et que je me sens assez grand par moi-même pour ne pas vouloir monter sur des échasses. » Si donc l'Empereur n'a plus d'affection pour lui, s'il ne lui montre pas une confiance entière, il ne veut plus d'une situation politique qu'il lui faut acheter par d'amers dégoûts, comme s'il était le plus déhonté et le plus ambitieux des intrigants, lui qui estime la vie privée avant tout et sa conscience plus que toutes les gloires passées et futures. Une campagne au fond d'une province, loin des routes fréquentées, des fleurs, des livres, ses enfants, c'est tout son rêve et tout son vœu. La retraite ou la plénitude du pouvoir, tel est l'ultimatum qu'il pose; sa femme a mission de le redire à l'Empereur et il ne doute que, devant la menace de sa retraite, en y joignant que l'affection et la confiance de son frère sont les seules choses auxquelles il tienne, l'Empereur ne cède comme il a toujours cédé, ne lui rende Jourdan, rétabli sur la liste des maréchaux d'Empire et honoré d'un duché comme les autres maréchaux, surtout ne lui attribue à lui-même, sur tous les commandants de corps, une autorité absolue.

Aussi, après la bataille d'Ocaña à laquelle il a assisté et que Soult a remportée sur l'armée de Venegas et d'Arizaga — la même que, trois mois auparavant, Joseph et Jourdan se vantaient d'avoir anéantie, ainsi que l'armée anglaise, à Talavera et à Almonacid — il écrit à l'Empereur (19 novembre) : « Il y a longtemps, Sire, que je n'ai des nouvelles de Votre Majesté. La paix même ne m'a été annoncée que par les gazettes. Toutes les grandeurs où elle m'a porté me deviennent à charge sans son affection habituelle. Si j'ai perdu votre amitié, trouvez bon que je me retire dans la plus obscure retraite; si non, je trouverai une mort glorieuse dans les hasards où le nom que je porte et les troupes que je commande ne m'ont fait jusqu'ici trouver que la victoire. Dans tout état de cause, rappelez vous bien que vous n'avez jamais eu d'ami plus digne de vous ni de frère plus tendre que moi et craignez de vous en souvenir trop tard. »

Toutefois, devant cette victoire où 34000 Français ont eu raison de 55000 Espagnols, en ont tué 4000 et pris 26000, avec 3000 chevaux et quarante-six pièces de canon, le désir de ravoir tout de suite Jourdan s'affaiblit et s'estompe. Joseph gagne des batailles avec Soult comme il en gagnait avec Jourdan, c'est bien la preuve de son génie militaire. On peut changer son chef d'état-major ; il n'en triomphe pas moins partout où il commande. Même, son impulsion suffit, car à Alba-de-Tormès où il ne s'est point trouvé, Kellerman fils, avec huit régiments de dragons, a anéanti l'armée du duc del Parque. Il a donc désormais conquis l'Espagne et il l'écrit à son frère ; qu'on le laisse seulement exercer son gouvernement libéral et régénérateur et tout ira à merveille. « Les comptes que l'on débite sur mon sort futur et sur celui de l'Espagne retardent seuls, dit-il, le rapprochement de tous les esprits et empêchent la pacification intérieure. »

*
* *

Pour achever la conquête physique et morale de tous ses sujets, Joseph n'a plus qu'à prendre possession de cette Andalousie où, après chaque défaite, rentrent les bandes dispersées et d'où, quelques mois plus tard, sort une armée nouvelle formée des déserteurs de Joseph, équipée et habillée tout à neuf par ses soins. Une fois l'Andalousie soumise et la junte de Séville ralliée — ce qui ne peut manquer — les armes tomberont des mains des guerilleros.

Cette forme de penser est chez Joseph toute simple. L'Empereur qui est un soldat, ne voit en Espagne de redoutable que l'armée anglaise et veut diriger contre elle tout l'effort. Joseph, qui joue au roi, prend un médiocre souci des Anglais refoulés en Portugal : ce sont là des ennemis tels qu'il convient à un roi d'en avoir, contre lesquels il soutient une guerre étrangère où il ne faut pas mettre d'importance; par contre, tout son effort, il le dirige sur la soumission des Espagnols, l'abolition de leur résistance en armées organisées : dès que les populations ne sont plus comprimées par la terreur que leur imposent quelques Bourbonniens, elles n'aspirent, dit-il, qu'à se jeter à ses pieds. Quant aux soldats espagnols, ils n'attendent qu'une occasion pour se ranger sous ses drapeaux : ainsi, à Ocaña, sa seule présence a suffi pour que 26 000 Espagnols missent bas les armes. Aussi s'en est-il emparé tout aussitôt pour en faire des soldats à sa cocarde. Il les a habillés et équipés aux frais du trésor français, les a armés des meilleurs fusils français et les a rendus aptes à rendre d'excellents services... dans les armées de la Junte ou dans les guerillas.

Ce système qu'il a adopté, il le suit imperturbablement : par un décret du 24 décembre, il accorde amnistie pleine et entière aux déserteurs de ses armées, même à ceux qui ont été faits prisonniers par les troupes françaises et il promet à ceux qui déserteront de l'ennemi 500 réaulx s'ils amènent un cheval, soixante s'ils apportent un fusil, vingt-cinq si c'est un pistolet. Bien mieux, par un ordre du jour du 14 janvier 1810, « en vue, dit-il, d'accélérer l'époque de la pacification générale du royaume, » il déclare que tout militaire appartenant aux armées insurgées pourra se retirer librement dans ses foyers : s'il s'en trouve qui veuillent continuer à servir, ils seront admis dans les troupes royales avec le grade qu'ils avaient chez les insurgés, et on prend avec eux l'engagement formel qu'ils ne seront jamais appelés à servir à l'étranger.

Ces mesures, dont on pourrait multiplier à l'infini les exemples, désignent assez le but que poursuivent Joseph et ses conseillers. « Ses ministres et son entourage lui ont persuadé qu'il n'avait qu'à se montrer pour tout voir tomber à ses pieds et que le peuple, en dépit de la fureur de ses chefs, était prêt à se repentir. » Ces ministres sont-ils sincères? On peut le croire. Avant tout, ils sont philosophes — on dirait anti-cléricaux — et persuadés que la régénération de l'Espagne ne peut s'accomplir que par l'abolition des ordres monastiques. Ils appartiennent à cette infime portion de la bourgeoisie et de la petite noblesse qui a lu Voltaire et les Encyclopédistes et a fourni leurs premiers adhérents aux loges maçonniques. Par là, leurs idées se rattachent à certains points du programme de Napoléon; mais « ils détestent autant toute idée de prépondérance française que la junte même de Séville ». En vue de détacher Joseph de l'Empereur et de la France « ils s'emparent de ses moindres mouvements d'humeur pour le peindre à ses propres yeux comme un esclave ». De même que la junte de Séville, ce qu'ils veulent, « c'est un roi quel qu'il soit, qui n'aura rien de commun avec la France et qui se prêtera ici à tout ce qu'on lui fera vouloir ». « Tel est le secret de tant de négociations avec les meneurs du parti contraire et si, en prêtant de telles intentions au roi, ils n'ont pas réussi, c'est qu'ils n'ont pas pu parvenir à persuader aux chefs de Séville qu'ils eussent le moyen d'exécuter ce qu'ils promettaient[1]. »

Dès ce moment, ils ne sont séparés des insurgés que sur la question de personnes : quant aux idées, elles sont presque semblables, avec, chez eux, des nuances de libéralisme, pour le moment plus accusées, tout à l'heure plus faibles, mais avec le même idéal de gouvernement civil. Dans ces conditions, « loin de voir les coupables là où ils sont et de provoquer contre eux les punitions nécessaires, les ministres de Joseph ne songent qu'à les excuser, sous prétexte que ce sont leurs compatriotes ; ils sont, à en juger par leurs propos et leur conduite, tentés de se croire eux-mêmes plus coupables que les chefs de rebelles et obligés, à force de concessions pour d'anciens collègues, d'anciens amis, de se faire pardonner l'abandon de ce qu'ils appellent les droits de l'Espagne. »

[1] Ces vues, fournies par Lagarde, commissaire général de police de l'armée de Portugal résidant à Madrid, donnent la clef des événements qui, par la suite, ont agité l'Espagne depuis la proclamation par les Cortès de Cadix de la Constitution de 1812, jusqu'à l'intervention de 1824.

En même temps, ils travaillent de toutes leurs forces à l'application de leurs idées et si les décrets qu'ils font signer à Joseph étaient le moins du monde appliqués, ils auraient une influence décisive sur la régénération de leurs concitoyens. Ils légifèrent à l'infini et sur tous les sujets : décret établissant à Madrid un muséum général de la peinture espagnole ; décret abolissant les juridictions ecclésiastiques ; décret instituant un dépôt général des cartes ; décrets proclamant la liberté du commerce de la boucherie, la liberté de l'exploitation des mines ; décret réservant aux archevêques et évêques le droit exclusif d'accorder toutes dispenses matrimoniales ; décret instituant dans chaque province du royaume une maison laïque d'éducation pour les jeunes filles, c'est le travail de quelques jours et il montre assez leurs tendances. Et autant de décrets pour la capitale ; ceux-ci, lorsqu'ils s'appliquent au percement d'une rue ou à la démolition de quelques maisons sont peut-être exécutés, mais, pour les autres, la machine aux lois tourne à vide, car, dans les provinces où les insurgés sont les maîtres, il n'en est naturellement pas question et guère davantage dans les provinces qu'occupe l'armée impériale et où commandent les généraux français.

De là, chez Joseph, une irritation qu'entretiennent avec soin ses ministres et qui amène des chocs constants. Car Joseph n'est pas roi seulement : il est lieutenant-général de l'Empereur et, constamment, il entend user, contre l'Empereur même et au profit des idées espagnoles, des pouvoirs que l'Empereur lui a confiés.

Le roi est violent dans ses discours contre son frère ; les « ci-devant Français » de sa Cour le sont plus encore. L'Empereur est « l'objet personnel des haines et des sarcasmes de la plupart des entours du roi », et les choses vont au point « que le général Sébastiani a dû exiger qu'au moins devant lui on fût plus réservé. » C'est que, outre les griefs de leur souverain, ces « ci-devant Français » en ont de personnels. Ils ont trouvé une revanche à Madrid, où leur mérite est apprécié fort différemment de ce qu'il l'était à Paris : leur vanité s'en est exaltée et ils en ont pris une très haute idée d'eux-mêmes. Hier, au service de l'Empereur, « ils languissaient dans les derniers rangs des troupes et les voilà tous à présent colonels ou généraux, avec des maisons, des terres, des croix, des cordons et maintenant des titres de noblesse... Les plus jeunes d'entre eux ont deux croix et plusieurs trois. Le chirurgien Paroisse lui-même en a trois. Lucotte est nommé marquis et grand cordon à la fois ; le chef d'escadron Jamin, gendre de M. Miot, est marquis avec 20 000 livres de rente ; le général Bigarré de même. » Déguisés en Espagnols, parés des titres qui vaquent par la révolte des légitimes possesseurs, les officiers attachés à la fortune de Joseph deviennent méconnaissables et, dans les gazettes, où on les cite, ils font l'illusion de Castillans d'ancienne lignée. Cela se paye : Joseph, en une fois, leur distribue cent millions de réaulx en rescriptions, qui sont des espèces d'assignats, perdant 85 p. 100 dans le public, mais échangeables pour leur valeur nominale contre des biens nationaux, mobiliers et immobiliers. Ceux qui sont adroits prennent des meubles et les envoient en France. De tous ces ci-devant Français, Miot, comte de Melito dans le royaume de Naples, est « le premier en crédit » et se montre « l'ennemi très peu dissimulé de l'Empereur et de ses vues sur l'Espagne ». On prétend que, comme intendant général de la maison du roi, il se garnit les poches, que, avec un nommé Quillé, il trafique des tableaux de la couronne, envoyant les originaux en Angleterre et y substituant des copies.

Quant aux Français qui restent Français et se battent pour le roi d'Espagne sous la cocarde tricolore, rien pour eux, pas même la solde, mais des humiliations chaque jour. « Le ruban du nouvel ordre d'Espagne, déjà si prodigué aux hommes les plus insignifiants est de la même couleur que celui de la Légion d'honneur... Il n'y a pas un verre d'eau-de-vie à l'armée à Madrid ; les rations en viande se font mal et manquent la plupart du temps ; les officiers qui n'ont en Espagne aucune sorte d'avantage, se ruinent au prix excessif où tout y est. » Aussi le mécontentement est général. « Nos troupes haïssent les Espagnols, surtout ceux ralliés à Joseph comme autant d'ennemis personnels. » Si c'est ainsi à Madrid, c'est pis dans les provinces où l'anarchie est complète : Les généraux français sont nommés par l'Empereur, mais, en même temps que les ordres du ministre de la Guerre de France, ils reçoivent ceux du lieutenant de l'Empereur qui est Joseph, et, ne sachant auquel entendre, ils n'obéissent à personne et font à leur tête. Pour entretenir leurs troupes ou pour se ménager une fortune, ils réquisitionnent et pillent. Entre eux, ils se jalousent et rivalisent ; ils brutalisent les Espagnols que Joseph envoie pour administrer, et ne tiennent compte ni de leurs fonctions, ni de leurs plaintes. Ayant conquis le pays, ils y vivent en conquérants, chacun pour soi.

*
* *

A un tel état, il n'est qu'un remède, c'est l'Empereur prenant en personne le commandement de ses armées. Tel a été le projet de Napoléon depuis le mois d'août 1809. Il pensait se rendre en Espagne dès qu'il aurait fini avec l'Autriche. La preuve en est que, sur ses ordres expédiés de Schœnbrünn, ses équipages de campagne — soixante-trois chevaux d'attelage et soixante-neuf chevaux de selle, sont partis, le 29 août, de Paris pour Bayonne. Ils y ont retrouvé l'équipage de mulets constitué spécialement pour l'Espagne, après la campagne de 1808-1809, et, depuis le 26 septembre, le piqueur Jardin, qui accompagne l'Empereur dans toutes ses guerres, a pris le commandement et attend son maître.

De Schœnbrünn, le 7 octobre, l'Empereur écrit à Clarke : « Mon intention est de réunir pour le commencement de décembre, 80 000 hommes d'infanterie et 15 à 16 000 chevaux pour entrer en Espagne avec ces renforts. » Le bruit de son arrivée immédiate est dès ce moment assez répandu pour que, le 15 octobre, Joseph envoie à la frontière, pour le recevoir, le marquis de Monte-Hermoso, son premier chambellan, le général Strolz, son premier écuyer, et le marquis de Casa-Palacio, son aide de camp. La nouvelle d'ailleurs ne paraît guère lui agréer, car il ajoute seulement : « Dès que je pourrai connaître les dispositions qui pourront convenir à Votre Majesté, je m'empresserai de concourir de tous points à leur exécution. »

C'est une fausse alerte : trop d'intérêts retiennent à Vienne l'Empereur qui a besoin de toucher barre à Paris. Mais son retour n'a pas modifié ses projets, car, par un décret du 28 novembre, il ordonne que, à dater du 1er décembre, le prince de Neuchâtel prenne le titre et les fonctions de major général de l'armée d'Espagne. C'est là l'annonce d'un départ très prochain et Berthier ne marche pas sans l'Empereur. Au reste, l'ordre est positif : « Prenez vos dispositions, lui écrit l'Empereur, pour organiser votre état-major et vos bureaux ; mettez en marche pour Bayonne vos équipages et vos aides de camp. » Le 13 décembre, malgré le divorce imminent, il écrit : « Dans peu, je serai en Espagne ». Le 12 janvier, les équipages du major général sont arrivés à Bayonne, et, le 26, sous l'escorte du bataillon de Neuchâtel et de la compagnie d'élite du Grand quartier général, les équipages de l'Empereur — selle, attelage et transport — ceux de Berthier et ceux de Duroc repartent pour Burgos. Depuis le 1er, tout est préparé au château de Marrac pour recevoir l'Empereur. Jamais départ n'a été plus formellement résolu et annoncé aussi publiquement.

Napoléon, en effet, bien qu'il ne sache pas encore tout ce qu'il devrait savoir, est au moins instruit des mesures que Joseph prend officiellement, de l'esprit qui règne dans ses conseils et à sa cour, de la vanité qu'on lui inspire et du système qu'il a adopté pour tirer parti au profit des Espagnols des succès que remportent les Français. Ocaña et Alba-de-Tormes sont des victoires françaises. L'Empereur entend donc que tous les drapeaux qu'on a pris soient envoyés en France « pour lui être présentés et servir à orner les monuments français ». Il consent que, sur les prisonniers, Joseph retire « les Allemands, les Suisses et les Français », pour les placer dans ses régiments, mais il veut qu'on envoie à Bayonne tous les officiers espagnols qui, ayant été amnistiés, ont repris du service contre le roi, même tous les Espagnols « qui tous, dit-il, se font un jeu de trahir. » Cela est bon, mais il n'y a plus de prisonniers. Joseph, qui, dès le mois de juillet, avait fait réclamer par son ambassadeur à Paris, le duc de Frias, les officiers espagnols détenus en France qui avaient consenti à lui prêter serment, a profité de son titre de lieutenant de l'Empereur pour s'emparer des prisonniers d'Ocaña et les faire entrer dans son armée, d'où ils n'ont pas manqué de déserter pour rejoindre les guérillas. « Quand je vois une pareille conduite, écrit Napoléon à Berthier, je me demande : Est-ce trahison ou imbécillité? N'y a-t-il donc que le sang français qui doive couler sans regret et sans vengeance en Espagne? »

Il est temps, et plus que temps que Napoléon arrive.

Jamais situation aussi embrouillée et aussi difficile n'a sollicité son attention; jamais problème plus ardu ne s'est posé devant lui. Depuis que, par suite des événements de Bayonne et pour venger l'échec de Baylen, il s'est engagé dans le guêpier, il ne voit ni les moyens de le détruire, ni les moyens de s'en tirer. Il hésite et tergiverse, placé qu'il est entre l'éventualité d'une reculade qui coûte à son orgueil, les résistances d'un frère auquel il est habitué d'enfance à tout céder, la nécessité de faire front aux Anglais sur le premier champ de bataille où ils se présentent à ses coups, l'effroyable dépense d'hommes et d'argent, l'indiscipline qui des chefs se répand aux soldats, le dégoût d'une guerre sans gloire et où, après chaque succès, tout est constamment remis en question. Il est dégoûté, écœuré; pour la première fois, son esprit ne s'attache point à ses affaires, il se détourne de ces choses d'Espagne, ouvre à regret les dépêches, et au lieu de les lire lui-même, il se fait faire des rapports. Mais, d'autre part, il sent que si lui-même il n'est point sur place, il ne se rendra pas compte, il ne trouvera pas la solution. Il se détermine donc, et, sa décision est prise.

*
* *

De cette venue si prochaine, il n'a pourtant pas écrit un mot à Joseph ; mais Joseph sait se renseigner : ce n'est pas pour rien qu'il envoie à tout instant des aides de camp. Un d'eux, Henri Tascher, qui bientôt va épouser la nièce de Julie, Marcelle Clary, quitte Fontainebleau le 11 novembre et il arrive le 19 décembre à Madrid, avec la nouvelle. Tout de suite, Joseph décide d'aller en Andalousie : ainsi sera-t-il à Cadix quand l'Empereur viendra à Burgos.

Est-ce là une supposition hasardée ? Qu'on prenne les dates et les faits : Le 11 novembre, l'Empereur remet à Tascher une lettre pour Joseph où il écrit : « On ne reçoit plus de nouvelles de ce qui se fait en Espagne. Cependant avec une armée aussi nombreuse et avec des ennemis aussi peu redoutables devant soi comment est-il possible qu'on n'avance pas plus les affaires ? » La bataille d'Ocaña est du 19 novembre ; le combat d'Alba-de-Tormès du 28. Tascher arrive à Madrid le 19 décembre ; la lettre qu'il apporte est sans objet à présent, car l'armée française a suffisamment prouvé sa vitalité. Mais Tascher a connu les préparatifs de départ ; il a croisé en route les équipages de l'Empereur. Joseph saisit donc à la volée ce reproche d'inaction : « Je suis fâché, répond-il, que Votre Majesté puisse croire que l'armée devrait être plus avancée ; on n'a cependant pas perdu un jour depuis les événements d'Ocaña et d'Alba ; j'ai pressé tant qu'il a été possible les mouvements. Soria, Cuença, la Sierra Morena ont à la fois vu les troupes de Votre Majesté. Le gouvernement de Séville est aux abois, le moment presse et j'en profiterai. Tous les ordres sont donnés ; il ne dépendra pas de moi que les affaires ne soient bientôt décidées en Andalousie. Tout est disposé pour cela. Les Anglais se retirent en Portugal. »

Ainsi, c'est de son chef, que Joseph décide l'expédition d'Andalousie : L'Empereur ne l'a pas ordonnée ; il n'a pas même été consulté. La première nouvelle, non point formelle, mais encore dubitative et vague, lui parviendra vers le 25 janvier. Au commencement de décembre, Joseph n'était rien moins que disposé à entrer en campagne. Tout, à Madrid, se préparait par ses ordres pour un joyeux hiver, bals et concerts à la Cour, chez les ministres et les personnes tenant au gouvernement, nominations d'officiers civils, décrets à surveiller, travaux à exécuter ; les Français de la Cour et de l'Etat-Major avaient été invités à faire venir leurs femmes. Au 19 décembre, tout change. Pourquoi ?

C'est que d'abord Joseph ne veut pas paraître dans sa capitale en vassal de l'Empereur. En 1808, il a dû marcher avec les bagages pour garder à ses yeux figure de roi ; en 1810, il ne veut pas recevoir l'Empereur à Madrid, comme le libérateur, le bienfaiteur, le fondateur de la monarchie. Puis, il entend se réserver à lui-même la gloire d'une conquête que ses ministres lui disent presque pacifique. Il se fera roi lui seul — à la vérité à l'aide de quelques baïonnettes françaises, mais puisqu'il commande cette armée, et qu'il y joint l'ombre de régiments à cocarde rouge, elle est espagnole, tout le moins hispano-française. L'étranger, qui est l'Empereur, n'intervient pas. La junte de Séville une fois chassée, ou ralliée, il ne restera plus de gouvernement en face du sien : l'unité politique sera rétablie et, durant que l'Empereur livrera aux Anglais, en Portugal, d'obscurs et difficiles combats, Joseph, roi des Espagnes par le consentement des peuples, jouira des honneurs et des joies du triomphe.

S'il avait su que l'Empereur, retenu décidément à Paris par les négociations du mariage autrichien, confierait à Masséna le commandement de l'armée destinée à agir contre les Anglais, peut-être eût-il ajourné son expédition : et s'il eût joint alors aux 80 000 hommes que l'Empereur destine à l'armée de Portugal, les 60 000 hommes qu'il va employer en Andalousie, c'eût été Wellington écrasé, la conquête de l'Espagne assurée, l'histoire changée : mais, dans ces affaires, tout tourne mal ; l'absence de confiance, d'une part comme de l'autre, produit à chaque instant des contradictions et des confusions ; les buts étant divers, les efforts s'annihilent et la France qui paie pour tout le monde n'en tire pas plus de profit que l'Espagne.

Pour constituer les 60 000 hommes que Joseph veut emmener en Andalousie, Soult a dû réunir le 1er corps (Victor), le 4e (Sébastiani), le 5e (Mortier) et la division de réserve que commande Dessoles, à laquelle sont attachées la garde royale espagnole, uniquement composée de Français, et une brigade espagnole formée de régiments allemands et suisses. Joseph eût encore voulu y joindre le 2e corps (Reynier), mais, lorsque Soult a appris que l'objectif adopté était non pas le Portugal, mais l'Andalousie, il a exigé qu'au moins Reynier restât sur le Tage, vers Alcantara, pour surveiller les Anglais. Soult d'ailleurs ne marche que sur un ordre formel et écrit de Joseph et il prend soin de se couvrir, vis-à-vis de l'Empereur, en transmettant à Berthier les copies de cette injonction et des ordres particuliers que le roi a donnés pour chacun des commandants de corps.

C'est le 1er janvier 1810 : ce jour-là même, Joseph envoie à l'Empereur, par le chef d'escadron Cassano, son écuyer, une lettre où il demande des ordres pour la suite des opérations : en faisant toute diligence, Cassano, ne peut être à Paris avant le 14; la réponse de l'Empereur, quelle qu'elle soit, ne peut parvenir à Madrid avant le 30. Or, le 8, Joseph est rendu au quartier général du 1er corps à Almagro; il a soin d'écrire encore à l'Empereur que, là « il connaîtra plus positivement la direction des forces ennemies, les projets des Anglais, ceux des insurgés et qu'il se conduira en conséquence »; mais il est sur l'heure démenti par Soult qui, de son côté, écrit d'Almagro :

« Sa Majesté catholique donnera ses ordres pour que les troupes se portent en avant et passent la Sierra Morena. »

Ce n'est pas pourtant que Soult en ce moment résiste à ce roi qui le comble d'agréments, qui lui a facilité une certaine affaire de 1150 balles de coton et qui vient de donner à son protégé et associé, un sieur Barillon, en banqueroute ouverte à Paris, la fourniture générale de la viande et de l'eau-de-vie pour l'armée, affaire de 17 à 18 millions; mais il se souvient d'Oporto et, tout en ménageant le roi, qui ayant les pouvoirs de lieutenant de l'Empereur, est le chef de l'armée, il se garde vis-à-vis de l'Empereur en lui rendant compte comme major général.

Aux 60 000 Français qui lui feront escorte, Joseph joint sa cour entière et son gouvernement presque entier : quatre ministres l'accompagnent, douze conseillers d'État, des employés de tous les bureaux, des écrivains, des prédicateurs, des savants, des imprimeurs, puis les chambellans, les écuyers, les aumôniers, et les pages; cela fait une colonie que transporte un immense convoi de voitures, et l'on n'a eu garde d'y oublier « les objets destinés à une représentation royale ». Que Napoléon arrive à Madrid, comme la nouvelle en semble certaine, il n'y trouvera personne pour le recevoir — seulement quelques ministres intérimaires, car il a bien fallu que Joseph, s'absentant pour plusieurs mois, laissât une apparence d'administration. Il en résulte sans doute qu'il y a, pour chaque partie, deux ministres, ayant des pouvoirs pareils, donnant chacun des ordres, signant chacun des arrêtés et ordonnançant chacun des mandats, l'un à la suite du roi, l'autre à Madrid : mais ce qui domine tout, c'est la venue de l'Empereur.

Joseph est pressé de partir au point que, la veille du départ, n'ayant point d'argent comptant pour ses frais de voyage, il fait courir chez tous les banquiers de Madrid pour emprunter cinq cent mille francs en numéraire. Il offre vainement un gage de un million en objets précieux et un intérêt de deux pour cent par mois. Partout il est refusé : ce ne sera que onze jours plus tard qu'on pourra lui envoyer à son quartier général 120 000 francs comptant qu'on se sera procuré à des conditions plus dures encore.

*
* *

Pendant quelques jours, vis-à-vis de l'Empereur, silence absolu : puis, tout à coup, un chant de triomphe. De Baylen, le 22 : « La division de droite de l'armée ennemie vient d'être faite prisonnière. Elle a posé les armes devant les troupes du 4e corps... Nous avons déjà 6 000 prisonniers et vingt-cinq pièces de canon. » Le même jour : « La junte ne sera pas longtemps à Séville ; j'attends les rapports des 4e et 1er corps pour continuer ma marche. Les troupes de Votre Majesté observent une bonne police et ramènent par là les habitants à leurs sentiments naturels. »

Le 25, d'Andujar : « Cordoue et Jaën ont ouvert leurs portes et m'envoient des députés; Azanza est parti pour Grenade qui fera de même. Le maréchal Victor est en route pour Ecija, demain je serai à Cordoue et sous peu de jours à Séville. Il est inconcevable combien les calomnies grossières des ennemis nous ont été avantageuses; les peuples sont dans la joie; les troupes se conduisent bien. » Le 27, de Cordoue : « L'Andalousie sera bientôt pacifiée. Toutes les villes m'envoient des députés : Séville suit cet exemple. La junte est retirée à l'Ile de Léon. Je m'occupe d'entrer à Cadix sans coup férir. L'esprit du peuple est bon ; j'espère que sous peu Votre Majesté sera charmée des progrès que nous faisons ici parce que le triomphe de nos ennemis était fondé sur les plus absurdes et les plus basses calomnies qui se dissipent et font autant de bien que les ennemis en avaient espéré de mal. »

Dans tout cela quoi de vrai? Tout, sur les succès de cette promenade militaire où 60 000 Français aguerris ne rencontrent devant eux que des recrues mal commandées, démoralisées par leurs récentes défaites, incapables de tenir en ligne. Rien, au témoignage de témoins oculaires, bons Français et non suspects, sur la discipline gardée par les troupes; partout pillages, viols, incendies. Peu de chose sur les apparences de pacification : « elles sont destinées à dégoûter l'Empereur de venir en Espagne, car il n'approuverait pas toutes les concessions qu'on se sent le courage de faire pour se donner les honneurs de l'Espagne pacifiée sans sa présence,... à tromper le roi lui-même en l'affermissant dans l'illusion que sa clémence sera plus efficace que les victoires même de l'Empereur et que, traverser des provinces, c'est les soumettre. »

Mais Joseph n'a pas besoin de ses ministres pour être dupe : Il n'en faut pour preuve que l'article expédié de son cabinet particulier et inséré dans la *Gazette de Madrid* du 22 janvier, où le système qu'il a adopté se trouve officiellement exposé : « Les ennemis de notre bon roi, y est-il dit, ne respiraient qu'une haine éternelle et une vengeance sans limites pendant que le roi leur offrait son pardon, s'efforçait de les convaincre et répondait à chaque insulte par un acte de bienfaisance ou par un décret paternel. Il était impossible qu'une conduite si prudente ne produisît pas à la fin l'effet souhaité. Un peuple, si ignorant qu'il soit, si fanatisé qu'on le suppose, ne peut résister toujours à la vérité, ni demeurer insensible aux bienfaits. Aussi voyons-nous que chaque jour s'augmente le nombre des partisans de la bonne cause et diminue la fureur de ceux de l'opposition. Les bravades et les vaines fanfaronnades de la junte de Séville comprimaient les sentiments de beaucoup de gens de bien et décevaient les timides et les ignorants. Il fut un temps où l'on craignait d'être abandonné par le roi et exposé à la fureur atroce des tyrans. La bataille d'Ocaña a été, pour ainsi parler, le dénouement de cette longue tragédie. Depuis lors, se sont dissipées les craintes qui retenaient les uns et se sont évanouies les espérances insensées qui soutenaient les autres... Nous nous plaisons à annoncer au public et à l'Europe entière de si agréables nouvelles pour mêler nos voix à l'applaudissement et à l'allégresse générales. »

Dans ce programme pacifique, où le nom de l'Empereur n'est pas même prononcé, quels sont « ces tyrans à la fureur atroce desquels on fût demeuré exposé si le roi avait quitté son trône »? La junte de Séville ou les généraux français? Vis-à-vis de la junte, on prodigue les avances; on la provoque à tout instant à des polémiques courtoises. Les généraux français, au contraire, certains au moins, sont l'objet des plaintes continuelles de Joseph, qui, à ce moment même, écrit à l'Empereur : « Au nom du sang français et du sang espagnol, rappelez Loison, Kellermann, Thiébaut! Ces hommes nous coûtent bien cher! »

Joseph est donc dans cet état d'esprit lorsque, arrivé à Carmona, le 30 janvier, il doit décider si l'armée marchera sur Cadix ou sur Séville. En allant droit sur Cadix, où la junte est réfugiée, mais où n'ont pu se jeter encore les 12000 hommes qu'amène le duc d'Albuquerque, c'est Cadix pris, la junte dispersée, l'Espagne vaincue. Pas un instant à perdre, car d'Albuquerque a une marche d'avance et il faut le prévenir; mais l'Espagne ainsi conquise ne se sera pas donnée, et, ce que rêve Joseph, ce que prétendent ses ministres, c'est que la junte se soumette, qu'elle s'incorpore dans le gouvernement, qu'ainsi l'unité morale de l'Espagne soit accomplie par les Français, et contre eux. Pour négocier avec la junte, pour obtenir son adhésion, c'est à Séville qu'il faut aller. A la vérité, au point de vue militaire, la prise de Séville n'est d'aucun résultat; mais au point de vue moral, c'est tout, car Séville est l'ancienne capitale de la junte, donc, la capitale de l'Espagne de l'*Opposition*, et cette opposition qui n'attend qu'un prétexte pour se rallier, ne peut manquer de le faire si, privée de sa capitale, elle reçoit en même temps des assurances qui lui montreront dans le roi, non un vainqueur à la française, mais un régénérateur à l'espagnole.

Pour attester que tel est le plan de Joseph, il suffirait de l'ordre du jour qu'il a lancé le 14 janvier, garantissant aux déserteurs des armées de la junte une entière amnistie et leurs grades s'ils veulent continuer à servir, mais c'est mieux encore la proclamation qu'il adresse à ses peuples le 21 janvier : Le nom de l'Empereur n'y est pas prononcé. Joseph y déclare qu'il y tient son investiture des Grands d'Espagne, des généraux, des principaux personnages de la nation dont il a reçu le serment *à Madrid*, il parle légèrement de Baylen, et il termine ainsi : « Si la paix intérieure n'est pas rétablie promptement, qui peut prévoir les conséquences d'une aussi criminelle obstination ? La France est intéressée à conserver l'intégrité et l'indépendance de l'Espagne si celle-ci veut lui être une amie et une alliée. Si elle préfère lui être ennemie, la France l'affaiblira, la démembrera et même la détruira. En vous parlant ce langage, Dieu, qui lit dans les cœurs des mortels, sait quels intérêts m'animent. Espagnols, le destin immuable a prononcé. Ne permettez pas que les passions excitées par l'ennemi commun vous séduisent plus longtemps ; usez de votre propre raison. Elle vous montrera dans les soldats français des amis dévoués et des défenseurs. Il en est temps : Réunissez-vous tous autour de moi et que, de ce jour, commence pour l'Espagne une nouvelle ère de félicité et de gloire. »

Après de telles déclarations, ce n'est pas à Cadix qu'il faut aller pour emporter la ville de vive force, c'est à Séville où l'on n'a à craindre aucune résistance et où l'on attendra l'effet des intelligences que le ministre de la guerre, O' Farill, a pratiquées dans Cadix. L'armée tout entière y marche donc[1], alors qu'un détachement suffirait et que le gros pourrait gagner Cadix, et comme il y a une escarmouche avec les troupes de la junte, au lieu de partir le 31 janvier, on ne part que le 1er février.

Il est vrai qu'à Séville, où l'on entre après un vague simulacre de défense, c'est un accueil à ravir le roi : Il y trouve des députations de toutes les villes d'An-

[1] On a prétendu que Joseph avait voulu la marche sur Cadix et que Soult avait fait prévaloir la marche sur Séville, en disant : « Répondez-moi de Séville et je vous réponds de Cadix », A défaut du procès-verbal du conseil de guerre tenu à Carmona, toutes les présomptions morales et un ensemble de témoignages indépendants permettent de repousser cette allégation.

dalousie; « les prêtres et les moines viennent au baise-main et disent au roi qu'il est l'envoyé de Dieu; » les nobles Andalous s'ingénient à lui offrir, les uns des taureaux de combat, les autres des chevaux magnifiquement harnachés; « plusieurs mettent à la disposition de Sa Majesté leurs femmes, leurs filles et leurs maisons »; Te Deum, pluie de fleurs, acclamations, enthousiasme! Le premier acte de Joseph a été de proclamer une amnistie pleine et entière pour les auteurs, les fauteurs et les agents des troubles qui ont agité les royaumes de Cordoue, Jaën, Grenade et Séville; le second de créer une garde civique dans les quatre royaumes d'Andalousie; et après, décrets sur décrets pour montrer quelle reconnaissance attend les opposants qui se soumettront.

Quant à l'armée française, il lui suffira de cette proclamation : « Soldats, la guerre que l'Empereur vient de terminer avec l'Autriche avait ranimé l'espoir du cabinet anglais. Ses armées débarquées en Espagne, devaient faire la conquête de Madrid et y opérer une puissante diversion, mais, instruites à Talavera, elles ne se hasardèrent plus à se représenter.

« Abandonnées par leurs prétendus alliés, les troupes de l'insurrection tentèrent un dernier effort au moment de la pacification de Vienne. Ocaña confondit leurs projets insensés. Soldats! vous ne vîtes dans elles que des frères égarés par un ennemi commun; vous voulûtes les sauver et je les reçus comme des enfants.

« Français ! ce souvenir ne s'effacera jamais de ma mémoire. Je régnerai en Espagne, mais la France ne s'effacera jamais de ma mémoire....

« Soldats de Talavera, d'Almonacid, de l'Arzobispo, d'Ocaña, de la Sierra Morena, comment vous exprimer tout ce que je vous dois ! Je vous rappelle à vous-mêmes votre propre conduite. L'Empereur la connaîtra.

« Le roi d'Espagne veut qu'entre les colonnes d'Hercule, s'élève une troisième colonne qui consacre à la postérité et aux navigateurs des deux mondes la mémoire des chefs et des corps français qui ont repoussé les Anglais, sauvé 30 000 Espagnols, pacifié l'antique Bétique et reconquis à la France ses alliés naturels. »

C'est là le style impérial ; mais la grandiloquence Napoléonienne exige des actes à la taille des mots, et les victoires que s'attribue Joseph, les seules qu'il cite parce qu'il croit y avoir commandé, n'en sont guère dignes. Le nom de l'Empereur est cette fois attesté ; Joseph n'a pas osé l'omettre en parlant à ses soldats, mais c'est toute la gratitude qu'il leur témoigne et, pour les récompenser, il estime que c'est assez d'une fantomatique colonne entre ces chimériques colonnes d'Hercule. Est-ce le lieu et l'occasion de plaisanter, ou bien Joseph croit-il vraiment qu'il existe quelque part, aux environs de Cadix, des colonnes pareilles à celles qui, au revers des piastres espagnoles, encadrent les armes royales ? Mais ces colonnes même des *colonnati*, les soldats les connaissent à peine, car, depuis combien de temps, leur solde est arriérée! Pourtant, ils se battent pour autre chose que l'honneur. En pays conquis, l'Empereur les a habitués à recevoir des dotations et ils y ont pris goût. Or, de Joseph ils n'ont rien à espérer, car, en toute occasion, il répète que les biens nationaux sont uniquement réservés aux Espagnols qui le servent, que les Français « ne veulent attenter en rien ni à leur indépendance, ni à l'intégrité de leur territoire européen ou de leurs possessions dans les deux Indes » et qu'ils ne sauraient en aucun cas posséder en Espagne des terres à titres gratuit.

Vis-à-vis de l'Empereur, l'hymne de triomphe continue : « L'Andalousie est pacifiée; l'ordre se rétablit; la junte est dissoute; ses membres sont ou embarqués pour l'Angleterre, ou cachés, ou à Gibraltar; quelques-uns à l'île de Léon... » « La situation des affaires est très bonne; j'espère que Cadix ouvrira ses portes... » Par comble de maladresse, comme si, à lui seul, il avait vengé le désastre qui a le plus ému l'Empereur, il lui envoie, par un officier général, les aigles et les drapeaux perdus à Baylen, qui décoraient la cathédrale de Séville et dont l'Evêque et le Chapitre lui ont fait la remise.

Après une excursion à Italica, où naquirent Trajan, Adrien et Théodose, le 12 février, sous prétexte d'explorer l'Andalousie, il part pour recevoir la soumission de Cadix que ses ministres lui ont promise.

Sans doute, la ville a repoussé, le 6 février, la sommation de Victor, le 10, celle de Soult, mais c'étaient des Français et sans doute attend-elle le roi espagnol. Les ministres semblent ignorer que, après avoir convoqué les Cortès à l'île de Léon pour le 1er mars, la junte s'est dissoute et a fait place à une régence de cinq membres, tous des plus décidés à la résistance. Joseph, arrivé le 14, à Puerto-Santa-Maria, en face de Cadix, débute donc par envoyer des parlementaires qui sont reçus et écoutés lorsqu'ils parlent des faits strictement militaires, éconduits et repoussés lorsqu'ils tentent d'ouvrir des négociations politiques. Sans s'arrêter à ce premier échec, le 16, il adresse à des membres influents de la junte — car il la croit toujours en exercice — une lettre dont il attend un grand effet : Il reçoit pour réponse que : « La ville de Cadix, fidèle à ses principes, ne reconnaît d'autre roi que Ferdinand VII ». Il ne se décourage pas encore et le 21, il expédie à Cadix, sur un bâtiment parlementaire, une députation des principaux habitants de Séville qui doivent convaincre leurs compatriotes des bienfaits de la soumission. On leur refuse l'entrée.

Joseph attend quatre jours encore; le 25, il se décide à revenir à Xérès, et il parcourt ensuite l'Andalousie, recevant, d'ordinaire, les acclamations des peuples, parfois, comme à Ronda, les coups de fusil des guerilleros. Il préside aux combats de taureaux, il assiste à des Te-Deum, il ne manque pas une fonction, il rédige en chaque ville des décrets qui attestent la pacification[1]; il réclame Rœderer pour doter l'Espagne d'une constitution financière définitive; bref, malgré Cadix dont il ne désespère pas encore, il ne doute plus qu'il ne soit le roi bienfaisant et libéral et qu'il n'ait trouvé le peuple qui le comprenne — car, au passage, il est acclamé.

*
* *

Pendant ce temps que pense l'Empereur ? S'il a renoncé pour le moment à venir prendre en personne le commandement des armées d'Espagne, ce n'est pas qu'il ait changé d'avis sur la manière dont gouverne son frère et sur les moyens à employer pour pacifier le royaume ; seulement, de Burgos ou des frontières du Portugal, il aurait quelque embarras à mener la double négociation avec la Russie et avec l'Autriche, à répondre à toutes les demandes et à déjouer toutes les intrigues. L'affaire du mariage est passée au premier plan et la pensée du mariage en entraîne d'autres.

[1] Il faut citer le décret du 11 février par lequel il a continué dans leurs emplois civils en Andalousie tous ceux qui, dans les trois jours, auront prêté serment à sa personne royale, à la Constitution et aux lois; le décret du 27 février sur la milice civique ; le décret du 5 mars sur les maistrances; le décret du 17 mars ordonnant l'armement des milices civiques au moyen de fusils qu'on achètera des déserteurs; le décret du 18 mars par lequel il est compté aux déserteurs de la junte, comme temps de service dans les armées royales, le temps passé sous ses drapeaux, par lequel les grades sont garantis aux sergents et caporaux désertant individuellement, par lequel il est assuré un grade, deux grades, même trois grades à ceux qui se présenteront avec cinq, dix ou trente hommes. Quant aux décrets d'intérêt local, ils ne se peuvent compter.

Il n'a pas cru que, sans ses ordres ou son aveu, Joseph se lancerait en Andalousie : On lui en a parlé vaguement, comme d'un dessein à peine formé, et il a fait répondre par Berthier : « Sa Majesté n'a pas été satisfaite des projets qui lui ont été soumis. Ils ne présentent pas de fortes combinaisons. Il n'y a de dangereux en Espagne que les Anglais. Le reste n'est que des partisans qui ne peuvent jamais tenir la campagne ». Or, Joseph est parti; il a emmené l'armée entière à l'extrémité de la Péninsule alors qu'elle devait être employée à seconder la nouvelle armée de Portugal.

D'autre part, à défaut d'informations précises données par l'ambassadeur Laforêt qui a eu part aux cédules hypothécaires et qui a payé en cette monnaie « beaucoup de meubles des maisons confisquées », il a, par d'autres agents, des renseignements positifs sur les prodigalités de Joseph. Il n'entend pas être pris pour dupe : Irrité contre son frère par tout ce qui lui est rapporté et par l'acte formel de désobéissance que Joseph vient de commettre, il voit, par ailleurs, que ses armées d'Allemagne ne pourront continuer indéfiniment à vivre ni sur l'Autriche, surtout après le mariage autrichien désormais probable, ni sur la Confédération du Rhin à peu près épuisée, et qu'elles vont retomber à sa charge : il cherche donc les moyens que ses armées d'Espagne lui coûtent peu ou point. Pourquoi se gênerait-il pour Joseph : « Le roi a comblé de bienfaits de tous côtés des gens de sa suite qui n'ont rien fait, ce qui suppose une surabondance de moyens ».

Le 28 Janvier — la date est remarquable, car il faut de quinze à dix-huit jours à l'estafette ; l'Empereur vient donc de recevoir des lettres de Madrid du 8 qui annoncent le départ de Joseph pour Almagro —, l'Empereur ordonne à son ambassadeur de remontrer que « les provinces administrées pour le compte de l'armée fourniraient abondamment à son entretien et à sa solde » ; que « les ressources de l'Espagne sont perdues par de fausses mesures et par une administration faible » ; « que « l'Empereur est dans l'impossibilité de suffire aux énormes dépenses de l'Espagne : il y a déjà envoyé plus de trois cents millions : des envois si considérables d'argent épuisent la France ; il est donc indispensable que le génie, l'artillerie et les administrations soient payés par le trésor d'Espagne ; tout ce que l'Empereur peut faire, c'est donner un supplément de deux millions par mois pour la solde. Si cette proposition n'est pas agréée, il ne lui restera qu'à faire administrer pour son compte les provinces d'Espagne. »

Il n'impose pas encore sa volonté ; il met la chose en négociation ; il charge expressément Laforêt de la faire réussir ; il se cherche des excuses ; il fait écrire, par Berthier à Joseph, que ses finances se dérangent ; il admet déjà des tempéraments et, à part lui, que l'Espagne fournisse seulement la moitié de la solde. « Nul, dit-il, n'est tenu à l'impossible », et « la situation de ses finances ne lui permet plus de continuer de si grands sacrifices. »

Il rassemble, d'ailleurs, les ressources qu'il peut

déjà trouver en Espagne, et, soit pour récompenser les soldats de l'Armée du Portugal dont il compte encore prendre quelque jour le commandement, car il continue à y achéminer les corps de la Garde, soit simplement pour en faire emploi pour les besoins courants, il demande le compte intégral de son domaine extraordinaire d'Espagne, composé des biens des douze maisons des Grands qui, par un décret de 1808, ont été déclarés traîtres. De ces biens, il y en a en France, en Italie et à Naples, mais, en Espagne seulement, pour cent cinquante à deux cents millions. Ce décret contre lequel Joseph a toujours protesté, n'a pas reçu d'exécution : l'Empereur ordonne qu'il soit strictement appliqué.

Dans les premiers jours de février — peut-être seulement le 8, car le service des postes est des plus irréguliers et, le roi ayant quitté Madrid, l'estafette n'en part plus qu'à de longs intervalles — l'Empereur reçoit des lettres où ses agents lui rendent compte de l'état d'esprit du roi et des ministres et de l'ordre du jour du 14 janvier[1]. Son irritation redouble : « Il y a là, écrit-il à Berthier, faiblesse et défaut de politique, puisque c'est donner à la fausse monnaie de la junte une valeur réelle et annoncer que les grades donnés par la junte seront les mêmes que s'ils étaient donnés par le roi ; il y a de l'inconvenance à donner des grades supérieurs à des déserteurs, hommes sans honneur et enfin à des coryphées

[1] L'ordre du jour du 14 janvier a été transformé en décret par Joseph le 18 mars.

de parti ; cette mesure est impolitique et je la désapprouve ; je ne saurais voir dans les armées espagnoles et servant avec nos troupes des hommes couverts de leur sang. » Il annule donc ce décret, défend qu'il soit exécuté, et que les troupes impériales le reconnaissent et ordonne à Berthier d'envoyer à Soult copie de sa lettre.

Le même jour, sans attendre l'effet des négociations qu'il a confiées à Laforêt, il remplit sa menace — celle-là même que, depuis son entrée à Madrid, il tient suspendue sur la tête des Espagnols. Par un simple décret, il prend possession d'un quart de l'Espagne. Les considérants sont fort simples et paraissent inoffensifs : « Considérant, dit-il, que les sommes énormes que nous coûte notre armée d'Espagne appauvrissent notre trésor et obligent nos peuples à des sacrifices qu'ils ne peuvent plus supporter ; considérant d'ailleurs que l'administration espagnole est sans énergie et nulle dans plusieurs provinces, ce qui empêche de tirer parti des ressources du pays et les laisse au contraire au profit des insurgés »... Ces motifs sont entièrement calqués sur les termes de sa lettre du 28 janvier ; on doit donc s'attendre que, ainsi qu'il l'écrit à Berthier, il décidera seulement « que l'administration des pays conquis sera entre les mains des généraux qui commandent les provinces » ; et d'autant plus, puisqu'il ne retire pas sa promesse de subside et qu'il annonce à Berthier « qu'il enverra deux millions par mois pour la solde des troupes qui sont autour de Madrid et qui forment le fond de l'armée ; » mais c'est bien autre chose qu'il a en vue. Il institue quatre gouvernements : Catalogne, Aragon, Navarre et Biscaye, comprenant l'ensemble des provinces espagnoles en deçà de l'Ebre ; dans chacune, un gouverneur réunira tous les pouvoirs civils et militaires, assumera l'administration de la police, de la justice et des finances, nommera à tous les emplois en faisant tous les règlements nécessaires ; tous les revenus de chaque province, toutes les impositions ordinaires et extraordinaires seront versées dans la caisse de l'armée afin de subvenir aux dépenses de la solde et de l'entretien de l'armée : sous une autre forme, c'est le système appliqué aujourd'hui en Brabant et en Zélande, demain en Hanovre ; l'administration militaire préludant à l'annexion territoriale ; seulement ici, c'est un projet caressé depuis longtemps que réalise l'Empereur, le même qu'il agitait en 1807 avec Charles IV, en 1808 avec le prince des Asturies, en 1809 avec quelque combinaison de souverains. Annexion formelle ou système de Marches renouvelé des temps carolingiens ? En tous cas, le démembrement de l'Espagne.

En dehors de ces quatre gouvernements, les provinces de Salamanque, Toro et Zara, de Santander et des Asturies, de Burgos, de Valladolid et Palencia, forment autant d'arrondissements séparés où le général commandant, s'il n'exerce pas le gouvernement, perçoit toutes les impositions. Encore, par la suite, sera-t-il érigé un cinquième gouvernement pour Burgos, un sixième pour Valladolid, Toro et Valencia avec toutes les prérogatives des quatre premiers. Tous les officiers généraux dont Joseph s'est plaint davantage — tels Ney, Bonnet, Thiébaut, Kellerman — sont maintenus et avancés. Il leur est dit « qu'ils ne doivent pas compter sur le trésor de France qui est épuisé par les énormes envois d'argent qu'il est obligé de faire, qu'une quantité prodigieuse de numéraire s'engloutit en Espagne et produit l'appauvrissement de la France[1]. »

Joseph apprendra la décision de l'Empereur, officieusement si l'on peut dire par Berthier, officiellement

[1] Toutes les mesures que prend Napoléon à dater du 8 février, concordent à ce point avec la réception des rapports de Lagarde, qu'il est impossible de ne pas penser qu'elles sont ainsi suggérées par ces dépêches dont il reproduit dans ses lettres et ses décrets les idées, des mots et même des membres de phrase. Ainsi cette lettre aux commandants d'arrondissement en date du 8 est inspirée d'une lettre reçue, ce jour même, de Lagarde et partie de Madrid le 19 janvier, où il est amplement traité de cette question et où il est dit, entre autres détails, qu'il y a beaucoup d'argent en Espagne, qu'il en est venu beaucoup des Amériques en quinze mois; qu'il y entre par mois plus de trois millions pour la solde de l'armée et que les paysans changent la monnaie d'argent contre de l'or qu'ils enfouissent. Il semble que la preuve soit ainsi bien faite de l'influence que ce Lagarde a exercée sur les événements : C'est Pierre-François-Denis de Lagarde, dont j'ai esquissé la carrière diplomatique dans mon livre *le Département des Affaires Étrangères pendant la Révolution*, p. 340 et 341, qui, successivement professeur de rhétorique, employé au Comité de Salut public, rédacteur du *Journal de Perlet*, proscrit en fructidor, fut, après brumaire, avocat au Conseil des prises, nommé intendant à l'île de France, puis adjoint au général Moncey pour la direction civile de la gendarmerie, directeur de la librairie et de la presse périodique, directeur de la police du royaume d'Italie, intendant général de la police du Portugal d'abord avec Junot, puis avec Soult; il attend en ce moment à Madrid le moment d'y retourner soit avec l'Empereur, soit avec Masséna. A la fin de 1811, il fut nommé directeur général de la police en Toscane, où on le retrouvera.

par Laforêt. Berthier dorera pour le roi la pilule que Laforêt fera avaler sans préparation aux ministres: « Il est chargé de leur déclarer que telle est la volonté de l'Empereur, que l'Espagne offre des ressources suffisantes pour faire face à ces dépenses et que l'Empereur n'en peut douter, voyant les folles dépenses qu'on fait ». Laforêt d'ailleurs sera mis au courant des desseins ultérieurs de l'Empereur; Champagny lui fera connaître par une lettre en chiffres que l'intention de Sa Majesté est de réunir à la France la rive gauche de l'Ebre, peut-être même le pays jusqu'au Douro : Il devra veiller à ce qu'on ne touche à aucun des biens appartenant aux familles condamnées et qu'on ne permette la rentrée d'aucun de ces individus; s'il en était question dans quelque traité ou capitulation, il s'y opposerait et protesterait, l'Empereur n'entendant pas ratifier la grâce qui serait accordée à aucun d'eux, et, partout où les troupes les saisiront, elles les passeront par les armes. Enfin, l'ambassadeur devra se mêler davantage aux affaires, parler aux ministres, faire observer qu'on a donné des récompenses à des Français qui n'ont d'autre mérite que de servir le roi; que que ces ressources sont perdues pour l'intérêt commun, que la guerre d'Espagne coûte à l'Empereur plusieurs centaines de millions et que l'Empereur, au lieu de se trouver indemnisé des énormes dépenses qu'il a faites, voit avec peine prodiguer les ressources de l'Espagne à des favoris ».

Tels sont les moyens, tels les prétextes, tel le but :

tout y concourt à présent et il suffira d'un geste parti des Tuileries pour que de l'Ebre aux Pyrénées, l'Espagne soit annexée au Grand-Empire; mais tout d'abord, c'est sur la Catalogne que devra se porter l'effort. Augereau, qui y commande, « établira dans le pays une administration provisoire; il fera arborer, à la place de l'étendard espagnol, l'étendard français et l'étendard catalan; il ne souffrira aucune communication entre le roi et les habitants : Le roi ni ses ministres n'ont rien à voir en Catalogne; cette province étant en état de siège, on n'y doit recevoir que les ordres du duc de Castiglione qui lui-même ne doit en recevoir que du ministre de la Guerre français. » A Suchet qui, d'après l'ordre du 11 janvier, devait se concerter avec Augereau pour les opérations en Catalogne, est expédié le 12 février, l'ordre, réitéré le 17, d'assiéger Lérida et Mequinenza. « J'ai spécialement à cœur, écrit Napoléon, de venir à bout de la Catalogne. Le duc de Castiglione est allé jusqu'à Barcelone et Suchet doit se mettre en communications avec lui. S'il recevait de Madrid des ordres contradictoires à ceux de l'Empereur, il les regarderait comme non avenus. »

Ainsi c'est la Catalogne qu'il faut d'abord conquérir et pacifier : il faut y développer un esprit national et préparer ainsi, par un semblant d'indépendance et d'autonomie, l'entrée dans le Grand-Empire. Le terrain est bien choisi : Historiquement, la Catalogne est aussi française qu'elle est espagnole; c'est à Louis, roi d'Aquitaine, qu'elle dut sa première organisation politique et militaire; durant quatre siècles, elle eut des comtes de race française et elle reconnut au moins nominalement la suzeraineté des rois de France. Si Philippe le Hardi renonça à l'exercer, en 1641, la Catalogne se donna d'elle-même à Louis XIII et, par son libre choix, fut française durant dix années. Les jalousies et les haines y étaient jadis excitées bien moins contre la France que contre le gouvernement de Madrid, quel qu'en fût le titulaire. C'est sur ces données d'histoire que l'Empereur se fonde, sans voir que, depuis quinze ans, les Français ont largement rattrapé le temps perdu.

Ailleurs, le travail est moins apparent; l'Empereur ne confie pas son secret à tous les commandants d'armées et à tous les gouverneurs généraux : certains, comme Suchet, qui a épousé une nièce de Julie, pourraient hésiter ou se dérober. Il prend ses précautions pour que ses projets demeurent cachés au moins quelque temps et qu'on n'en soit informé ni à Paris, ni à Madrid : « Je vous prie désormais, écrit-il le 21 au directeur général des Postes, de ne plus donner cours à aucune lettre venant d'Espagne sans l'avoir ouverte. Vous en excepterez les lettres ministérielles. Vous me remettrez ces lettres sous les yeux, hormis celles qui ne contiendraient pas de nouvelles ou qui ne parleraient que d'affaires particulières. » C'est l'Espagne en interdit : mais il ne suffit pas que rien n'en vienne, il faut que rien n'y arrive. La personne qui fournit à Joseph les plus sûres et les plus copieuses informations sur ce qui se passe à la

Cour et dans les ministères, c'est Julie. Elle ne sort guère du petit Luxembourg ou de Mortefontaine que pour aller aux eaux; mais, par cet essaim de nièces, de neveux et de cousins, tous bien placés, en position d'avoir des nouvelles, elle est au courant de tout. Donc elle gêne à Paris : de plus, dans les prochaines cérémonies du mariage, elle figurera mal; lors du Sacre, elle a fait des difficultés pour porter le manteau de Joséphine; ne va-t-elle pas les renouveler? Le mieux, à tous les points de vue, est qu'elle parte : « Les affaires d'Espagne se pacifient, lui écrit l'Empereur. Je pense qu'il est convenable que dans les premiers jours du mois, vous partiez pour aller, avec vos enfants, rejoindre le roi. »

Le champ ainsi sera libre et tout s'accomplira sans esclandre : reste à trouver un prétexte de légalité pour motiver le décret, et l'Empereur ordonne à Champagny « de lui remettre sous les yeux son traité avec l'Espagne afin qu'il voie les mesures à prendre pour mettre ses relations avec ce pays sur un bon pied. » Par ce qui s'est passé en Hollande, on peut pressentir ce qu'est ce « bon pied ».

Est-ce là l'unique rapprochement qu'on puisse établir de Louis à Joseph? Napoléon ne souhaite-t-il pas formellement l'abdication de Joseph, comme il a souhaité, comme il prépare celle de Louis? Il a renoncé dès lors au système familial qui ne lui a donné que des déboires; il est décidé à assumer lui-même l'entier gouvernement du Grand Empire; il est peu satisfait de ses frères, trop naturalisés dans les États qu'il leur a donné à régir, et, comme en Hollande, il veut — au moins sans cela sa conduite serait inexplicable — faire place nette du roi, pour accomplir l'annexion des territoires sur lesquels il a porté son ambition, ou pour se ménager, avec un autre gouvernement qui se rendra plus facile, des transactions rémunératrices. Nulle contradiction dans le voyage qu'il prétend imposer à Julie : En 1808, à la veille d'appeler Joseph à Bayonne, il l'a ainsi expédiée à Naples.

Il a un esprit trop précis pour se dissimuler que l'Espagne qui, de 1800 à 1808, lui a procuré des centaines de millions, beaucoup de vaisseaux et des soldats, lui a coûté, de 1808 à 1810, trois cents millions et trois cent mille hommes ; il y emploie encore deux cent soixante dix-mille soldats ; il y use ses meilleurs généraux, et la conquête, opérée sous le nom et pour le compte de son frère, ne lui rapportera rien dans l'avenir, pas même les frais qu'il y a faits. Car l'Espagne en soi est épuisée pour vingt ans et la source principale, presque unique de sa richesse, l'Amérique espagnole, lui a échappé et lui échappera tant que durera l'intervention française, tant que Joseph régnera à Madrid.

La seule compensation possible — satisfaction d'orgueil plutôt qu'accroissement utile — est l'annexion de quelques provinces : mais Joseph ne consentira jamais à un démembrement de son royaume et trouvera, pour s'y opposer ou s'y soustraire, des moyens à l'infini. A ce démembrement, Charles IV avait consenti tout de suite sur l'espoir d'obtenir le Portugal. Nul doute que, pour sortir de Valençay,

Ferdinand ne se montre aussi facile. Par Ferdinand, on remet la main, au moins dans la mesure où les Anglais le toléreront, sur les trésors des deux Amériques ; on trouve des subsides là où l'on épuise ses ressources ; on économise, outre l'argent, cent mille hommes par an ; on rend disponible une armée admirable qu'on pourra porter partout où il en sera besoin ; en conservant les provinces au delà de l'Ebre, on couvre l'échec d'une retraite, on s'assure des biens immenses qui serviront à récompenser toute l'armée d'Espagne ; on garde une série de *marches* où abondent des places fortes, qui, moyennant des garnisons restreintes, pourront, durant des années, arrêter une agression espagnole au cas qu'elle se produise. Encore cette agression est-elle peu vraisemblable si l'on s'en rapporte au caractère de Ferdinand, aux difficultés intérieures qu'il rencontrera à son retour, aux protestations de tous genres dont il accable l'Empereur. On le sait facile à dominer par la femme pourvu qu'elle soit une épouse. Or il en demande, il en mendie une de la main de l'Empereur. Napoléon ne peut-il céder à ses prières, le marier à une de ses nièces, l'agréger ainsi à sa famille et l'adopter, ce qui couvrirait la reculade véritable que marqueraient la destitution de Joseph et le rétablissement pur et simple du prince des Asturies, même moyennant les provinces de l'Ebre ?

A cette hypothèse qu'on superpose les faits : le 3 février, l'Empereur appelle à Paris Lolotte, la fille de Lucien ; Lolotte arrive le 8 mars ; elle ne part que le 4 juin. Du 3 février au milieu de mai, c'est la crise d'Espagne. Ce n'est pas tout : entre ces mêmes dates, se place l'affaire inexpliquée et jusqu'ici inexplicable du baron de Kolli; non pas la prétendue tentative d'un escroc pour enlever les princes d'Espagne, mais l'envoi à Valençay, par la police impériale, d'un faux Kolli, muni de tous les papiers authentiques de l'aventurier et ayant pour mission de s'assurer si, dans les protestations dont il est si prodigue, Ferdinand est sincère. C'est du 3 au 7 avril que se place la comédie si maladroitement jouée par l'espion Richard. Est-il possible d'après ces dates de ne pas relier la pensée qui a dicté ce scenario, d'une part à la présence de Lolotte à Paris, d'autre part aux événements qui se préparent en Espagne ?

L'Empereur a donc arrêté un plan d'ensemble qui, s'il paraît compliqué, s'éclaire à la lueur des projets antérieurs, car chacun des éléments dont il se compose a été agité ci-devant, mûrement étudié et a fait l'objet de méditations profondes : le démembrement des provinces au delà de l'Ebre, en 1807 et en 1809; la retraite de Joseph et le retour de Ferdinand en janvier 1809; le mariage de Lolotte avec Ferdinand en décembre 1807 : Tout concorde dès lors et s'enchaîne et, sous cet aspect nouveau, tout prend sa raison d'être, sans que le moindre détail y contredise.

*
* *

Joseph enivré de l'accueil qu'il reçoit de ses sujets d'Andalousie est si loin de s'attendre au coup qui va le frapper que, non content du commandement qu'il exerce sur les troupes dont Soult est major général, il prend au sérieux son rôle de généralissime et entend conduire à la fois toutes les opérations militaires dans la péninsule entière : de Cordoue, le 27 janvier, il a expédié à Suchet l'ordre de marcher en deux colonnes sur Valence qui ne saurait manquer d'ouvrir ses portes, et à Ney de porter ses forces sur Ciudad-Rodrigo où on l'attend. Tous deux ont, de l'Empereur, des ordres nettement contraires; l'un doit faire le siège de Lerida et de Mequinenza, l'autre doit se tenir à Salamanque et lancer de fortes patrouilles vers le Portugal pour annoncer l'arrivée de l'Armée française. Dans l'incertitude où ils sont du commandant en chef, ils obéissent à Joseph ; ils trouvent une résistance acharnée là où il leur avait promis une prompte soumission ; ils n'ont, pour une attaque sérieuse, ni préparation suffisante, ni canons de siège, ni moyens quelconques ; tous deux échouent et c'est une chance si leur échec ne tourne pas en désastre.

En même temps qu'il commande aux uns, Joseph prend le ton de maître vis-à-vis des autres : le général Loison, commandant supérieur en Galice et Léon, ayant, par ordre de l'Empereur, levé une contribution de 1 500 000 francs pour les besoins de sa troupe, Joseph lui écrit que « nulle autorité n'a le droit de percevoir des impôts en Espagne sans le commandement du roi et qu'il ne souffrira point qu'on attente ni à ses droits ni à ceux de ses sujets ». Cette lettre est colportée à Madrid « avec une grande affectation et une joie triomphale » par les ministres qui se félicitent de voir « le joug brisé » puisque le roi parle ainsi de son frère. Joseph d'ailleurs en a écrit à Berthier d'un ton comminatoire : « Tous mes efforts, a-t-il dit, échoueraient contre des vexations pareilles que se permettraient des généraux particuliers... L'ordre est impossible si des généraux de division font ce que je ne me permettrais pas de faire et Sa Majesté Impériale est trop juste pour le vouloir. »

Il est donc dans cette exaltation de son pouvoir, dans cet enivrement d'être roi, dans ce vertige d'ordonner à tous, dans cette conviction que les soldats français lui appartiennent et n'ont qu'à exécuter ses desseins espagnols, lorsque, à Santa-Maria, le 18 février, il reçoit, comme premier avertissement, cette lettre du 28 janvier où l'Empereur, alléguant l'impossibilité de subvenir aux besoins de l'armée, annonce qu'il convient que l'Espagne fournisse au moins à la solde, et où il propose de négocier à cet effet. Joseph prend la chose légèrement, comme une menace dont il se soucie peu et telle qu'il en a tant conjuré. Il répond d'un ton dégagé : « Je ne suis pas en état, Sire, de rien donner pour la solde en ce moment; je suis encore dans la plus grande gêne. Si Votre Majesté peut continuer comme par le passé, il me paraît que, la tranquillité rétablie, je pourrai suffire à tout et répondre aux vœux de Votre Majesté; il faut pour cela me laisser administrer et continuer de payer ou prêter les fonds encore deux mois; il est à croire que, d'ici à cette époque, Cadix pris, Valence soumise, l'Espagne entière le sera. Alors, Votre Majesté pourra disposer pour le Portugal de 50 000 hommes qui aujourd'hui sont en Espagne, et je conçois que, conservant 50 à 60 000 Français, il me sera possible de les payer entièrement, si l'ordre est observé, si on établit les mêmes règles ici qu'en Italie, de manière que le trésor espagnol compte une somme déterminée à la caisse de l'armée française qui sera administrée par les administrateurs français. Votre Majesté peut par là concilier les intérêts de son empire avec ceux du bien de ce vaste pays qui serait bientôt ruiné si on n'adopte pas des bases fixes et telles que la bonté en a été consacrée par l'expérience du royaume d'Italie. »

A ces promesses déjà si vagues, subordonnées à tant d'hypothèses et présentées pourtant avec une sorte d'arrogance et du ton d'un créancier qui réclame son dû, Joseph ajoute cette phrase où le droit de l'aîné se fait sentir : « Je dois penser que Votre Majesté doit aussi désirer me mettre dans une position convenable vis-à-vis de tout le monde ; elle ne peut pas vouloir que son frère soit à chaque instant humilié par les ordres que lui transmettent des généraux qui lèvent des impôts, font des proclamations, émettent des lois et me rendent ridicule aux yeux de mes nouveaux sujets. » Jamais, jusqu'ici, il n'a élevé si haut ses plaintes ; jamais il ne leur a donné cette tournure et, pour obtenir que l'Empereur lui fasse raison des Français, il ne s'est présenté comme personnellement insulté. C'est de l'orgueil familial qu'il se réclame, ne se doutant pas qu'à présent, c'est le pire argument.

Au reste tout plaidoyer est inutile puisque l'arrêt est rendu. A Ronda, le 2 mars, après cette attaque des guerilleros qu'ont repoussée les grenadiers et les voltigeurs de la garde royale et les hussards du 2e régiment — preuve sans réplique de la pacification de l'Andalousie — il reçoit la première signification du décret du 8 février : « Votre Majesté, écrit-il à l'Empereur, impose à ce pays un fardeau qu'il ne peut pas supporter. Il faut encore faire quelques avances que la pacification générale me mettra à même de rembourser. Kellermann, Ney, Thiébaut sont des gens qui ruineront le pays qu'ils doivent administrer, en pure perte. Je désire que Votre Majesté ordonne que ces pays soient administrés directement par ses intendants et ses ministres ».

Est-ce donc qu'il s'incline sans résistance, ou ne saisit-il pas encore les conséquences du décret? Toutefois il annonce une résolution qui ne peut manquer de surprendre si on ne la rattache pas à quelque projet : « J'écris à Julie, dit-il, de se rendre auprès de moi avec mes enfants ; la saison est favorable ; dans quelque temps, elle serait insupportable par l'excessive chaleur ». Ainsi, par des motifs bien différents, décide-t-il de lui-même, le 2 mars, le départ de la reine, ordonné par l'Empereur le 22 février : le moment est étrangement choisi, puisque son trône est ébranlé, puisque, deux jours après, à Malaga, où il a connaissance entière du décret, il délibère s'il ne va pas abdiquer, mais, de Malaga même, le 5, il y revient et il y insiste avec une singulière persistance.

Qu'il ait pour objet d'éviter à Julie les soucis de l'étiquette, qu'il ne veuille pas qu'elle paraisse aux fêtes du Mariage en un rang subordonné, qu'il renouvelle à propos de la nouvelle Impératrice la querelle du manteau, qu'il s'y attache d'autant plus qu'à présent il est roi d'Espagne, cela est naturel, et on comprend qu'il écrive : « Dans le cas où, malgré ta bonne santé, tu ne pourrais pas partir aussitôt que je le désire et qu'il convient, j'espère que tu ne souffriras pas que personne prenne ta place, le contre-coup serait trop sensible et préjudiciable ici. Cette nation qui aujourd'hui m'accueille avec un enthousiasme que tu ne conçois pas, est tellement fière qu'elle serait humiliée si nous ne restions pas à notre place. Sois plutôt malade et évite toute occasion, mais mieux (pars avant) que toute cette scène d'étiquette commence. » Cela s'entend, mais, où l'on hésite, c'est devant ces deux ordres de faits : d'une part, sous prétexte de féliciter l'Empereur à l'occasion de son mariage, en réalité pour obtenir que le décret sur les grands gouvernements soit rapporté, il a résolu d'envoyer à Paris, comme ambassadeur extraordinaire, son ministre Azanza, créé à cette occasion duc de Santa-Fé et chevalier de la Toison d'Or ; d'autre part, il entend que le départ de Julie soit un départ définitif. Il lui commande des précautions qui indiquent des projets d'avenir : « Porte avec toi, lui écrit-il, tout ce que nous possédons à Paris réalisé en effets sur l'étranger; tout papier est bon pour nous, à quelque échéance qu'il soit, n'importe sur quelle place d'Europe pourvu qu'il soit bon... Il faut des papiers au porteur, comme les papiers des banques de Paris, Londres, Vienne ou actions réalisables et qu'on peut garder à volonté. » C'est donc à une rupture avec l'Empire qu'il songe, car il donne des instructions précises sur la liquidation de sa fortune française, sur la façon de confier à tel ou tel ses archives personnelles. Dans quel but?

Ne peut-on penser que, si Azanza échoue dans sa négociation, Joseph envisage deux hypothèses? La première est l'abdication : Miot, l'y poussant, lui a dit : « C'est le seul parti que vous pouvez prendre et vous devez l'embrasser avec empressement. Il vous ouvre une route honorable pour sortir d'un pays sur lequel votre présence a attiré tant de calamités. Saisissez une occasion favorable de séparer, aux yeux de l'Europe, votre cause et de rejeter sur leur véritable auteur la responsabilité de ces malheurs. La fortune même semble vous avoir ménagé cette heureuse issue : une campagne brillante, l'accueil que vous recevez en Andalousie, la conduite humaine et modeste que vous y tenez, tout se réunit pour donner à votre retraite un caractère respectable de raison et de modération et peut-être quelques regrets ou du moins quelques vœux sincères honoreront votre départ. » Ces paroles, bien moins modérées sans doute en leur expression que l'auteur ne les rapporte dans ses mémoires, ont-elles tracé sur Joseph en lui ouvrant des horizons nouveaux, en lui montrant l'Europe attentive à ses actes, disposée, par la suite, à lui fournir quelque ample dédommagement? S'est-il plu à penser qu'il donnera ainsi à la France et au monde une grande leçon de philosophie et d'indépendance — qui sait?

La seconde hypothèse, c'est qu'il soit à ce point étourdi des acclamations qui l'accueillent qu'il se croie en mesure de régner sans l'intervention française, de se passer de son frère, au besoin de lutter contre lui, à la tête des Espagnols dont il sera devenu le roi national. Il écrit à sa femme : « La manière dont j'ai été reçu ici surpasse toute idée. Si on me laissait agir librement, ce pays serait bientôt heureux et tranquille ». Il cherche à engager de nouvelles négociations avec la Régence — peut-être avec d'autres. Contre les ordres réitérés de l'Empereur, il prend, à Grenade, le 17 mars, un décret pourvoyant à l'armement des gardes civiques, le 18 un décret promettant des grâces extraordinaires aux soldats, caporaux, sergents et officiers de l'Insurrection, donnant force de loi à l'ordre du jour du 14 janvier qui a motivé de la part de l'Empereur la lettre du 8 février que Soult a en mains; il s'occupe à former, avec les prisonniers faits par l'armée française, de nouveaux corps espagnols; enfin, le 19, recevant des députations à l'occasion de sa fête, « il exprime la ferme volonté de ne consentir à aucun démembrement de l'Espagne, de ne jamais rien sacrifier à l'indépendance du royaume ».

Chaque jour, la *Gazeta*, à laquelle toutes les justices du royaume sont tenues de s'abonner, contient quelque déclaration de ce genre, quelque polémique doucereuse ou éloquente sur la nécessité de l'union, sur l'aveuglement de la régence de Cadix qui méconnaît les véritables intérêts du peuple espagnol, d'enthousiastes correspondances d'Andalousie, des listes interminables de promotions dans l'Ordre royal et des mandements d'évêques prêchant la soumission et la fidélité : Joseph cherche en effet à se servir des séculiers contre les réguliers, et, s'il abolit ceux-ci qui ont la plupart pris parti pour Ferdinand, il comble ceux-là dont un assez bon nombre se sont ralliés : il s'est fait d'une dévotion exemplaire, entend chaque jour la messe, suit les processions, visite les sanctuaires célèbres, enrichit les madones réputées et, par les évêques d'Andalousie, se ménage des intelligences avec les évêques d'Aragon et d'ailleurs. Au surplus, il ne manque à rien de ce qui peut convaincre le peuple de son patriotisme : il affecte les habitudes, le langage, les plaisirs, la nourriture d'un Espagnol. Il l'est plus que les anciens rois, plus que les Espagnols même, et cela est parfois bien pénible pour son estomac.

On peut croire qu'à ce moment il hésite et balance entre les deux partis qu'il croit s'offrir à lui ; mais, plutôt que d'abdiquer, plutôt que de se confier uniquement aux Espagnols, il préférerait sans doute que la démarche qu'il va tenter par Azanza réussit ; que l'Empereur en agréant « les vœux de son premier ami à qui le cœur de Sa Majesté Impériale est plus connu qu'elle ne le pense », en recevant « l'hommage de la tendre amitié de son bon et affectionné frère », rapporte le décret et rétablisse les choses sur l'ancien pied ; si non, par le même ambassadeur, Julie recevra ses instructions. « Elle réalisera tout ce qu'ils possèdent en France en effets sans échéances fixes sur l'étranger », et elle arrivera à Madrid avec ses deux filles.

Mais Julie, à laquelle se trouve, en fait, remise la décision, car tous les projets d'indépendance se trouvent subordonnés à son départ, est autrement conciliante. Elle n'a nul désir, nulle idée de quitter la France ; comme elle a fait toujours, elle entend ne pas s'en éloigner et elle tient assez peu de compte de cette opinion de l'Espagne que Joseph l'a invitée à respecter. Elle n'a point cherché, en partant, à éviter les fêtes du mariage et les représentation d'étiquette. Sans doute, elle ne viendra pas à Compiègne au-devant de l'Impératrice, mais elle assistera au mariage civil à Saint-Cloud, au mariage religieux au Louvre, et, toute reine d'Espagne qu'elle est, elle portera avec ses belles-sœurs la queue du manteau de Marie-Louise ; elle s'assoira au banquet du mariage et elle assistera debout aux révérences. Cela lui semble encore préférable à quitter Paris. N'a-t-elle pas deux de ses nièces qu'elle s'occupe de marier : Marie-Caroline Lejéans qu'elle a fiancée au fils du sénateur Clément de Ris, et Marcelle Clary qu'elle a promise à Henri Tascher ? N'a-t-elle pas à débrouiller les affaires de son autre nièce, la duchesse de San-Germano, la veuve du général de Salligny, Mlle Anthoine de Saint-Joseph ? Est-elle si pressée de rencontrer la marquise de Monte-Hermoso qui joue à la princesse des Ursins et qui a la sottise de le dire ? Donc, outre qu'elle met en avant, comme d'ordinaire, sa santé et les ordonnances des médecins qui l'envoient à Plombières, elle discute sur les personnes qui devront l'accompagner, et, comme ce sont des parentes et des Françaises, la controverse peut être longue. Si Joseph n'en veut pas, elle, avec un doux entêtement, est décidée à ne point céder. Et cela la mène jusqu'après les fêtes du mariage, où, se dispensant d'aller à Compiègne en alléguant ses malaises, elle part pour les eaux.

Cela enlève à Joseph une de ses armes et la meilleure ; il ne peut songer aux partis violents tant que sa famille et sa fortune sont entre les mains de son frère : abdiquer, c'est bien, mais il faut vivre. D'ailleurs, les négociations avec la régence ont encore échoué ; Cadix se défend avec succès ; les guerillas sont de plus en plus audacieuses ; les villes dont on avait escompté la reddition n'ouvrent pas leurs portes. Il faut se résigner à être roi d'Espagne par les Français, mais au moins en leur commandant. Joseph revient donc à des idées plus modérées : Plus de fuite au dehors, plus de réalisation de fortune, plus de protestation devant l'Europe : « Si l'Empereur veut me dégoûter de l'Espagne, il faut y renoncer sur-le-champ, écrit-il à Julie de Cordoue où il est rentré le 12 avril. Je ne veux plus dans ce cas que me retirer. L'essai de deux royaumes suffit et je ne veux pas d'un troisième ; car je veux vivre tranquille, acquérir une terre en France, loin de Paris, ou bien être traité en roi et en frère. Si l'Empereur est aigri par des brouillons et les mêmes gens qui m'ont calomnié aux yeux du peuple espagnol et qui, par là même, ont préparé le succès que j'ai obtenu dès que j'ai été mieux connu ; si tu ne peux faire que mon frère voie la vérité, je le répète, il faut se retirer. Je désire donc que tu prépares les moyens pour que nous puissions vivre indépendants dans la retraite et pouvoir être justes envers ceux qui m'ont bien servi. »

Ce thème, qui, musicalement, est fort employé dans les opéras : *Il faut partir*, Joseph va le reprendre et le développer sans lassitude; on entend comme il l'utilise dès que sa pensée s'y est arrêtée, mais, où l'on cesse de comprendre, c'est si l'on prétend établir un rapport entre les écritures et les actes. Joseph veut-il que Napoléon le traite « en frère et en roi », révoque les décrets du 8 février, rétablisse les choses sur l'ancien pied ? Il doit, semble-t-il, s'efforcer de prouver qu'il marche d'accord avec lui, qu'il sert ses desseins, que, s'il conteste sur les moyens, il a le même but. Point du tout : chaque jour il marque son opposition, il accumule les décrets où il ne tient nul compte des décrets impériaux ; il inaugure une guerre nouvelle à coups de Bulletins des lois : Dès son retour à Séville, le 17 avril, décret en cinq titres établissant le gouvernement civil des peuples du royaume : partage du territoire en trente-huit départements; dans chaque département, préfet, conseil de préfecture, junte générale de préfecture; dans chaque arrondissement, sous-préfet et junte générale de sous-préfecture; dans chaque municipalité, corregidor et regidores, et junte municipale : C'est la traduction pure et simple de la loi française du 28 pluviôse an VIII, mais ce qui donne son piquant au décret, c'est que les quatre gouvernements institués par l'Empereur sont compris dans cette organisation et reçoivent eux aussi l'administration civile espagnole. Le 23, Joseph leur donne encore une administration militaire; il décrète que le territoire espagnol sera partagé entre quinze divisions, auxquelles il serait bien embarrassé de donner des titulaires; cela n'est qu'un jeu, mais, ce qui est plus grave, il ordonne l'armement général de la nation et la formation, dans le royaume entier, de milices civiques comprenant tous les hommes valides de dix-sept à soixante ans. Enfin, il décrète les mesures préparatoires à la réunion des Cortès qui doivent se tenir dans la présente année, et, par la voie de la *Gazeta*, il déclare que « tous les peuples de l'Espagne auront la faculté de choisir librement pour une si importante commission leurs concitoyens les plus illustres et les plus zélés, et Sa Majesté aura la grande satisfaction de procéder avec tous les renseignements nécessaires à cimenter la félicité de la nation sur les basses les plus solides. »

Par là, des protestations oiseuses, il passe aux

provocations factieuses; il compromet la sûreté des troupes françaises et la suite des opérations militaires. Cet immense armement des Espagnols est « une pratique insensée », écrit l'Empereur qui, en riposte, crée un cinquième gouvernement pour la province de Burgos, un sixième pour les provinces de Valladolid, Palencia et Toro. Mais la leçon n'est pas encore assez sévère. Joseph a abusé de son titre de lieutenant de l'Empereur pour adresser à Ney et à Suchet des ordres contredisant ceux de l'Empereur; à présent, il arme contre les Français l'Espagne entière, car c'est bien contre eux qu'opéreront les milices civiques; il faut donc qu'il perde tout commandement effectif et qu'il soit réduit à une nullité absolue. Pourtant Napoléon recule devant une destitution nominative : il profite de la formation de l'Armée de Portugal et du retour de Joseph à Madrid pour donner une organisation d'ensemble aux troupes françaises dans la Péninsule, et, en omettant son frère, il lui inflige par le dédain la plus sévère des leçons.

L'organisation des corps d'armée entraîne celle des gouvernements généraux : commandants et gouverneurs relevant directement de l'Empereur et correspondant avec le prince de Neuchâtel, major général des armées d'Espagne. Au 1er gouvernement, Macdonald, remplaçant Augereau, avec 36 500 hommes, formant le 7e corps, Armée de Catalogne; au 2e, Suchet avec 27 000 hommes, 3e corps, Armée d'Aragon; en Navarre, en Biscaye, à Burgos, à Valladolid, Palencia et Toro, gouverneurs généraux se partageant 43 500 hommes ; en Asturies et Santander, commandant, assimilé pour les finances à un gouverneur, avec 13 000 hommes; puis, l'Armée de Portugal sous Masséna, composée du 2e corps (Reynier), du 6e (Ney), du 8e (Junot) faisant un total de 64 000 hommes, et devant être rejointe par le 9e (d'Erlon), de 12 000 hommes, en marche sur Valladolid ; enfin l'Armée d'Andalousie, commandée par Soult, ayant les pouvoirs de gouverneur général, et formée du 1er corps (Victor), du 4e (Sébastiani) et du 5e (Mortier), présentant 55 000 hommes.

Pour arracher à Joseph l'Armée d'Andalousie à la tête de laquelle il croit avoir remporté ses victoires, Napoléon use de diplomatie : Il lui fait écrire par le major général (14 juillet) que, par suite de son retour et de son séjour à Madrid, l'armée n'a plus de chef immédiat, le maréchal duc de Dalmatie n'y ayant aucune autorité légale ; que personne ne se trouve y avoir la responsabilité des événements s'il en arrivait quelqu'un ou quelque cas d'insubordination de la part d'un des commandants des trois corps ; que l'Empereur a donc jugé à propos de former une Armée du Midi composée des 1er, 4e et 5e corps. « Le maréchal duc de Dalmatie, ayant eu le bonheur de mériter la confiance de Votre Majesté, pourrait être pourvu de ce commandement. » Et comme l'armée qui assiège Cadix est dans le plus grand dénûment, que la solde est arriérée depuis neuf mois et qu'il peut résulter de cet état de choses les plus grands inconvénients, toutes les ressources du pays doivent être employées pour nourrir, solder et habiller les troupes qui en font la conquête. « Séville, Cordoue, Malaga, tous ces beaux pays doivent fournir abondamment aux besoins des troupes dans le midi et tenir la solde à jour. »

Avec Soult, point de ces périphrases : Il est commandant en chef ; son territoire s'étend sur la gauche de la Sierra-Morena ; il prendra les mesures les plus efficaces pour pourvoir à la solde et aux besoins de son armée, vendra les marchandises anglaises, au besoin lèvera des contributions extraordinaires. Cette nomination ne change rien à la situation réelle puisqu'il commande de fait. Il suffira qu'il mette un mot à l'ordre de l'armée, « de façon que cette nouvelle disposition fasse le moins de sensation possible dans le pays ; » Berthier lui recommande seulement d'avoir des égards pour le roi, de marcher d'accord avec ses ministres, « quoique, dans la position actuelle, dit-il en terminant, vous soyez réellement le général en chef ».

Ces ménagements dont l'Empereur a cru devoir user vis-à-vis de Joseph ont pour résultat de lui rendre la blessure plus cruelle, de créer entre lui et Soult un conflit qui, s'aggravant peu à peu, aura dans l'avenir les plus graves conséquences. Soult a bien vécu avec Joseph et s'est fait son homme tant qu'il a pu penser que les événements d'Oporto n'étaient pas oubliés et que le roi, étant bien avec son frère, pouvait lui être utile ; il s'est laissé gorger d'argent, mais il n'a jamais pensé que l'argent pût l'engager; à présent, il se sent pardonné par l'Empereur et il voit la faveur se détourner de Joseph. On lui recommande d'avoir des égards, mais c'est là le dernier de ses soucis. Il se sent nécessaire et rien ne le détournera de son but. Général en chef, cela est bon, mais à condition que, sur le territoire de son armée, trop éloignée de France pour qu'il soit gêné par les ordres venus de Paris, il s'établisse en maître absolu, en dictateur irresponsable, soit qu'il prétende que, quelque jour, l'Andalousie lui appartienne de droit comme elle va lui appartenir de fait et qu'elle devienne son fief ou même son royaume, soit qu'il se contente d'en vouloir épuiser les ressources à son profit d'abord, et peut-être ensuite au profit de son armée.

Joseph de son côté tient que l'Andalousie s'est donnée à lui, qu'il l'a conquise et soumise; il croit être toujours le chef de l'armée, puisque Berthier lui a seulement écrit que Soult « pourrait être nommé commandant en chef », alors qu'il est nommé; puisqu'il lui a laissé croire que, si l'Empereur pensait à pourvoir au commandement de l'Armée du Midi, c'est que lui, Joseph, restait à Madrid. Joseph déclare donc à Soult qu'il va revenir en Andalousie. C'est ce que Soult veut d'abord éviter. « La présence du roi, écrit-il à Berthier, donnerait inévitablement lieu à l'établissement d'un régime d'administration différent de celui qui convient au pays jusqu'à l'entière pacification de l'Espagne, détournerait une partie des ressources dont l'armée ne peut se passer et ferait éclater avec ses ministres une opposition qu'il me serait impossible d'éviter. » Pour couper court, il attire à lui les troupes qui relient à Madrid l'Armée du Midi; une polémique s'engage alors entre le roi voulant retenir la division La Houssaye et la division Dessolles et Soult voulant les prendre sous ses ordres. Joseph en arrive à poser nettement la question à l'Empereur même. « Quelles sont, écrit-il le 25 août, les troupes destinées à la défense de la Castille nouvelle, Tolède, la Manche, etc. J'avais toujours cru que c'étaient la division Dessolles et la division La Houssaye. Le maréchal Soult prétend que non, que nous devons être ici à sa discrétion, défendus par les détachements qu'il voudra bien nous prêter ou livrés aux étrangers comme bon lui semblera, selon ma soumission plus ou moins grande à ses volontés. Je connais mal l'Empereur, ou un tel délire de la part du maréchal Soult doit lui faire connaître un homme aveuglé également à ce qu'il paraît, par les faveurs comme par les revers. »

N'est-ce pas là ce qu'attend Napoléon? Il a laissé hors de l'organisation des armées quelques troupes — et justement celles qui sont stationnées autour de Madrid : C'est là une amorce et nul ne s'y trompe, car Soult lui écrit le 29 août en ces termes qu'en tout autre temps il eût trouvés offensants pour son frère et presque criminels : « Il me paraît que le gouvernement de Madrid ne forme plus qu'un arrondissement : de cette manière, il y aura plus d'action et moins de contrariété; il en résultera un grand bien pour le service, même en faisant des économies, et chacun pourra se renfermer dans sa sphère de ses attributions. » Ce langage ne déplaît pas à l'Empereur; soit que son dessein soit arrêté et qu'il juge opportun de le découvrir, soit qu'il lui ait été suggéré par la lettre de Soult, le 29 septembre, il fait donner avis à Joseph qu'il forme une Armée du Centre, indépendante des autres, ayant pour territoire les provinces de Ségovie, Avila, Quadalajara, une partie de l'Estramadure, Cuença, et les petites provinces du côté de l'Aragon. Cette armée sera composée de la garde royale espagnole, de tous les Espagnols à pied et à cheval, du 26e régiment de Chasseurs français, des chasseurs Hanovriens, Hollandais, Westphaliens et de la division des dragons du général Lorge, ce qui fera près de 4000 hommes de cavalerie, puis de deux divisions d'infanterie; la division française du général Dessolles, de 6000 hommes environ, et la division des troupes de la Confédération du Rhin, également de 6000 hommes. Elle aura pour commandant en chef le roi, le général Belliard étant chef d'état-major et restant gouverneur de Madrid : cela est réglé et arrêté le 4 octobre, et, par là, Joseph, dans ce royaume dont il est souverain, se trouve réduit à la position d'un gouverneur de province et d'une des moindres, avec une des moindres armées, la moins bien composée, et qu'il ne peut faire vivre, car il ne se résigne point à lever sur ses sujets les impositions nécessaires.

Au milieu de cette grande Espagne qui ne veut pas

de lui, il s'accroche sur ce radeau de la Castille nouvelle, avec les rares Espagnols qui sont attachés à sa fortune, avec les quelques Français qui la partagent, et il y fait le roi, tandis que dans ses provinces, les opulentes comme les pauvres, les soumises et les rebelles, les généraux de l'Empereur, se rendant par degrés presque indépendants, font des lois, lèvent des impôts, disposent de la vie et des biens de ses sujets, méconnaissent entièrement son autorité, à peu près celle de l'Empereur et s'arrangent pour tirer de leur étonnante fortune tous les profits qu'elle comporte. Et il en est ainsi à tous les degrés de la hiérarchie, dès qu'une part de pouvoir est remise à un officier. Si quelques-uns, comme cédant à une vue d'avenir, obéissant à leurs instincts d'honnêtes gens et aux idées libérales de leur jeunesse, s'installent dans l'État qui leur est livré avec le désir de bien administrer leurs peuples, de pacifier leur territoire, d'y introduire même des institutions utiles, la plupart y portent le goût d'être tyrans, et, avec un dégoûtant amour de l'or, une sensualité qui ne s'effraye d'aucun crime, l'absolu mépris de la vie humaine, la haine aveugle et imbécile de tout ce qui n'est point de leur race, ils reculent à une barbarie farouche, tels des proconsuls de la vieille Rome chez les nations conquises, tels, dix-sept ans plus tôt, les conventionnels en mission dans les départements hors la loi. C'est, ces gens-là, le rebut de l'armée : chaque fois qu'un officier, renvoyé du service, rayé des cadres, mis en non-activité, demande à être employé, c'est en

Espagne qu'on l'envoie et c'est à de tels commandements qu'on l'occupe. Tel qui, par trois fois, a comploté l'assassinat du Premier consul et de l'Empereur, régit une province. Là, sans surveillance de la part des chefs, sans responsabilité devant les habitants, il est son maître. Durant ces années, l'Espagne retourne à une sorte de féodalité militaire où le lien de la discipline est aussi relâché que l'avait été le lien de la vassalité, où l'éloignement du pouvoir directeur et la difficulté de communiquer avec lui assurent l'indépendance à tous les degrés ; les Grandes compagnies revivent sous le nom de guerillas, et le roi, cantonné dans ces ridicules provinces où l'Empereur lui laisse un simulacre de souveraineté, fait la même figure qu'en France, jadis, les premiers Capétiens.

En lui enlevant le commandement général, en le réduisant à cette armée du Centre qui n'est point une armée, mais une garde, comme une escorte préparée pour le retour, l'Empereur — on doit le penser — a cru acculer Joseph à une abdication. Tout la rend, semble-t-il, inévitable : l'orgueil du roi, l'affront qu'il reçoit, la colère qu'il éprouve, les besoins même qu'il subit : mais rien n'y fait et Joseph n'abdique point. Par chaque courrier, il atteste à sa femme qu'il va se retirer, il proteste des devoirs de sa conscience, il s'indigne que l'Empereur ignore ou qu'on le trompe : à chaque fois, « la guerre serait bientôt finie, dit-il, et l'Espagne pacifiée, si on me laissait faire », mais il ne s'en va pas : on lui enlève son royaume province à province, on le destitue du commandement général, on lui arrache l'Armée d'Andalousie, on le réduit à un emploi de général de division et, non seulement il ne part pas, mais aux démarches qu'il fait, on peut juger qu'à moins d'y être contraint par la force, jamais il ne cèdera la place.

*
* *

On a vu que, dès le 6 mars, à Malaga, Joseph a décidé d'envoyer à Paris, en ambassade extraordinaire, M. Azanza ; mais, malgré son titre ducal et son collier de la Toison, Azanza a été admis à peine auprès de l'Empereur, n'a été reçu qu'en audience de cérémonie et n'a pu parler affaires.

Il en est pour lui à peu près comme pour le duc de Frias, ambassadeur ordinaire, qui, quoiqu'il ait reçu la faveur des grandes entrées et qu'il ne manque pas une occasion de faire sa cour, n'entend jamais un mot de politique. Le temps passe. Joseph est rentré à Madrid le 15 mai et, depuis lors, il reste sans nouvelles directes. Sans doute apprend-il quelque chose par ses aides de camp qui continuent à courir entre Madrid et Paris ; mais le plus employé, Tascher, n'est pas reçu par l'Empereur depuis qu'il a pris la cocarde rouge sans même en demander l'autorisation. Ce que Tascher apporte ce sont donc des lettres de Julie et des personnes de la Famille — même de Lucien où il annonce son départ. Enfin, dans les premiers jours d'août, Joseph reçoit la lettre où Berthier lui annonce à mots couverts que le commandement même de l'Armée d'Andalousie lui est enlevé et donné à Soult. Si ses négociateurs n'ont pu arriver à parer le coup, c'est faute de gens qui les avertissent et qui les renseignent : il doit donc envoyer un troisième ambassadeur, qui, ayant des facilités avec les Tuileries, puisse faire rapporter les décrets antérieurs, et surtout celui-ci ; qui, sur toutes les questions, arrive bien armé et soit prêt à toutes les manœuvres.

M. d'Hervas qu'il choisit, est le beau-père de Duroc ; jadis résident à Paris, où il était un des directeurs de la banque Saint-Charles, puis consul d'Espagne, même ministre, et titré marquis d'Almenara par Charles IV, il fut connu surtout par la banqueroute de quarante millions qu'il fit en 1805, mais il n'en fut pas moins, en 1806, envoyé ambassadeur de Sa Majesté Catholique à la Porte, et, lors de son retour, en 1808, il s'est attaché à Joseph qui l'a mis dans son conseil.

Parmi les Espagnols, c'est le meilleur qu'on puisse employer, car, sans doute, Napoléon ne tolérerait pas un Français ; mais, quel qu'il soit, peut-il réussir ? Dès que Joseph refuse de consentir au démembrement, qu'il n'abdique pas davantage et qu'il se refuse à comprendre ce que son frère attend de lui ; dès que, sans rien donner en échange, il prétend se maintenir en posture de roi d'Espagne, lui seul peut obtenir de l'Empereur que la France continue à s'épuiser d'hommes et d'argent pour lui garder son trône. Lui seul, par l'influence persistante et le pouvoir de l'aînesse, par ses colères, ses menaces, ce prestige qu'il a gardé de l'enfance, peut arracher à l'Empereur la révocation de ses décrets, la renonciation à un dessein longuement mûri. Son confident Miot le lui a dit tout net : « C'est un parti-pris de ne pas s'expliquer avec un tiers et je ne connais pour vous qu'un moyen d'amener votre frère à cette explication, c'est d'aller le trouver vous-même. Tôt ou tard, vous serez forcé à cette démarche et, plus vous différerez, plus vous aurez de peine à vous y résoudre et de difficultés à vaincre pour en tirer avantage ». Par une expérience de dix années, Miot connaît ce pouvoir incompréhensible, cette sorte de fascination que Joseph exerce sur son cadet; il sait que, chaque fois qu'ils se sont trouvés en désaccord et qu'une entrevue a eu lieu, l'Empereur a cédé : Si, de loin, Napoléon ne redoute pas Joseph, s'il tient peu de compte de ses écritures, de près et face à face, il a toujours accordé ce que Joseph a sérieusement et violemment exigé. Mais cette fois Joseph redoute la rencontre et ne se soucie pas de l'aller chercher, soit qu'il craigne qu'une fois en France son frère ne le laisse pas revenir en Espagne, soit qu'il se refuse à paraître en vassal à la cour de l'Empereur, soit aussi que, en dehors du goût qu'il porte à faire le roi, il ne puisse se détacher des habitudes qu'il a prises à Madrid et des liens qu'il y a formés. Quant à imaginer qu'il puisse, comme Louis, se laisser contraindre, il ne s'y arrête point.

Quoi qu'ait dit Miot, le 7 août, Hervas d'Almenara est envoyé à l'Empereur. Il est porteur d'une lettre qui peut passer pour un ultimatum : « Je ferai en sorte, écrit Joseph, que la réponse que j'attends de Votre Majesté me retrouve à Madrid, mais je la supplie de ne pas me la faire attendre longtemps, car les choses sont plus fortes que les hommes, et le jour où je serai entièrement abandonné par ma garde, par mon service, par tout ce qui constitue un gouvernement, je n'aurai plus d'autre parti que celui de me rendre en France, à la disposition de Votre Majesté, en la priant de trouver bon que je me réunisse à ma famille dont je suis séparé depuis dix années et que je retrouve, dans l'obscurité domestique, des affections et un calme que le trône m'a fait perdre sans m'avoir rien donné en échange, puisque ce n'est pour moi qu'un lieu de supplice d'où je contemple passivement la dévastation d'un pays que j'espérais rendre heureux. » Il ne pourra plus même chercher un refuge à l'armée ; si les bruits qui se répandent doivent se confirmer, si les indications données par le prince de Neuchatel se vérifient, l'Empereur lui a enlevé le commandement de l'Armée d'Andalousie. Que sera-t-il alors? « Le concierge des hôpitaux de Madrid, des dépôts de l'armée, le gardien des infirmiers !... » Et il pose ses conditions en quatre paragraphes : « 1° que l'armée française soit mise sous ses ordres ; 2° qu'il ait le droit de renvoyer les officiers qui se conduiront évidemment mal ; 3° qu'il soit autorisé à rassurer la nation sur les changements de gouvernement et les démembrements dont la menacent tous ceux qui arrivent de Paris; 4° que l'Empereur, ayant en lui la confiance qui lui est due, le laisse dire et écrire aux Espagnols ce qu'il croit convenable à leur position et à la sienne, sans prêter foi aux interprétations empoisonnées de la malveillance et de la médiocrité raisonneuse »; moyennant quoi, il prend l'engagement: « 1° que l'armée française ne coûtera pas un sou à la France au delà des deux millions (par mois) que l'Empereur affecte pour ce service; 2° que l'Espagne sera bientôt pacifiée comme le fût le royaume de Naples; 3° que l'Espagne sera sous peu aussi utile à la France qu'elle lui est aujourd'hui funeste ».

Ces propositions, qui montrent, en même temps qu'une suffisance délirante, une telle inconscience des moyens à employer et même du but à poursuivre, qui prouvent surtout à quel point Joseph est mal informé des idées de son frère, sont encadrées de souvenirs d'enfance, de regrets sur le dispersement de la Famille, de réflexions philosophiques et d'apostrophes émouvantes. « Si ma lettre, écrit-il à la fin, ne vous rappelle pas le tendre et digne ami de votre enfance, si elle ne vous dit pas que je suis pour vous ce que n'est aucun homme sur la terre, il ne me reste plus qu'à me retirer. »

Qu'il se retire donc, car, comme Napoléon le lui a durement écrit trois ans auparavant, l'Empereur des Français n'a que faire de telles amitiés, si obsédantes et si onéreuses; mais il n'a garde. Malgré les décrets qu'a pris l'Empereur sur les grands gouvernements, malgré celui sur la réorganisation de l'armée, malgré les ripostes que lui-même a faites, il est convaincu qu'il l'emportera, qu'il reprendra, malgré l'armée, les généraux, l'Empereur même, le commandement intégral et c'est là le moins qu'on puisse faire pour lui. Telle sa pensée apparaît dans la suite des lettres qu'il adresse à sa femme, quatrième plénipotentiaire : « Si l'on veut, lui écrit-il le 21 août, tenir à l'Espagne ce qu'on lui a promis, me donner toute autorité sur l'armée, avoir en moi la confiance qui m'est due, l'Espagne sera pacifiée, amie de la France avant un an ; si, au contraire, on persiste dans le système suivi depuis février, toute l'Espagne sera bientôt une ardente fournaise dont personne ne se tirera avec honneur. On ne connaît pas cette nation. C'est un lion que la raison conduira avec un fil de soie, qu'un million de soldats ne réduiront pas par la force militaire. Tout ici est soldat si on veut gouverner militairement ; tout sera ici ami si l'on veut parler de l'indépendance de l'Espagne, de la liberté de la nation, de sa constitution, de ses cortès. Voilà la vérité. Qu'on choisisse. Le temps prouvera ce que je dis. Conserve cette lettre : elle est prophétique. » Le 1er septembre, il écrit : « Il est de fait que, si l'Empereur continue à me traiter ainsi qu'il fait, c'est qu'il ne veut pas de moi au trône d'Espagne... Je dois donc me retirer le plus tôt possible, puisque je ne peux pas déployer les qualités que la nature a mises en moi et qui suffiraient pour faire le bonheur de cette grande nation. »

Le 7 septembre, il écrit : « Je ne puis rester ici qu'autant que je pourrai faire le bonheur de la nation espagnole en servant la politique de l'Empereur, mais toute entrave qui nuirait au but que doit se proposer un prince honnête homme me rend la place que j'occupe insoutenable. » Il varie à l'infini la forme, mais il ne change pas sur le fond : Il entend parler et agir comme il pense, en véritable roi d'Espagne. Et ces deux conditions qu'il a posées à l'Empereur, reviennent affirmées dans chacune de ses lettres : « 1° Fidélité absolue et entière dans la promesse d'intégrité et d'indépendance faite par moi à la nation et garantie par l'Empereur ; 2° le commandement absolu et réel sur toutes les troupes françaises réuni entre mes mains. »

Ainsi, dans une sorte de délire d'égoïsme, cet homme dont le cerveau paraissait sain, arrive à ne tenir aucun compte, ni des circonstances où il se trouve, ni de la position où il est placé, ni du siège qu'il subit de la part de ses propres sujets. Toute la France et tout l'Empire doivent s'employer pour l'établir roi d'Espagne. Dans l'atmosphère de flatterie où il vit, il s'est convaincu qu'il est un grand général, il s'est convaincu que la nature a mis en lui les qualités pour faire un grand roi, il s'est convaincu qu'il a été envoyé par Dieu. « Je veux, écrit-il le 8 novembre, que la postérité plaigne une grande nation d'avoir méconnu le roi que le Ciel lui avait donné dans sa bonté. »

Dès lors, de quoi s'étonner ? C'est ici le délire royal, le délire des légitimes, se produisant chez un bourgeois d'Ajaccio, placide, libéral, se disant et se croyant modéré, qui, dans son étonnante fortune, a conservé jusque-là un certain sens, une notion au moins du monde réel. Son délire, n'est point, comme celui de Louis, le résultat d'un tempérament maladif combiné avec les circonstances tragiques où il se trouve accidentellement placé : c'est un délire spécial, non classifié, le délire du trône. Du fait de son droit d'aînesse corse, qui est une sorte de principat, Joseph y avait une propension, mais il avait résisté à ses grandeurs françaises, même napolitaines, il a fallu l'Espagne.

*
* *

Les négociateurs de Joseph ont jusqu'ici fort peu avancé ses affaires. Azanza, par une impardonnable légèreté, a remis à Champagny un mémoire injurieux pour les généraux français qu'Urquijo, le ministre des Affaires étrangères, lui avait confié comme instructions. Par ordre de l'Empereur, Champagny le lui a renvoyé avec une lettre des plus fortes et il a rompu avec lui tout entretien. Ce n'est donc pas avec le ministre des Relations extérieures qu'Azanza est admis à discuter ; c'est avec Talleyrand, que l'Empereur substitue à Champagny. C'est là un système que Napoléon emploie volontiers ; on l'a vu par Louis ; la multiplicité des agents latéraux, comme la diversité des négociations croisées, embrouille les fils et permet de ne confier à chacun qu'une partie du secret.

Talleyrand, donc, expose à Azanza les projets que l'Empereur a formés sur l'Espagne ; l'Empereur lui-même, dans l'audience de congé qu'il lui donne à la fin d'octobre, ne lui laisse ignorer aucun des griefs qu'il a formés contre Joseph et ceux qui l'entourent, Espagnols et Français.

Azanza, d'ailleurs, a joué de malheur. Ses courriers ont presque tous été pris par les guerillas, et, comme il ne chiffre pas ses lettres, qu'il y rend compte, non seulement de ses conversations avec les agents de l'Empereur, mais des réflexions qu'elles lui ont suggérées, comme il y donne sans réserve les nouvelles en cours sur la Hollande, l'intérieur de l'Empire et la Famille impériale, le gouvernement de Cadix s'empresse de publier ces dépêches qui en effet sont de bonne prise. Elles font la plus vive sensation et, au dire des entours de Joseph, achèvent de ruiner en Espagne le parti du roi.

Avec Almenara, qui semble avoir des pouvoirs, Champagny serre de plus près les réalités : d'après les instructions de l'Empereur, il doit mener la négociation doucement ; déclarer d'abord le sentiment de son maître sur la convention de Bayonne, désormais annulée, puis sur le Portugal, matière d'échange, enfin sur ce que coûte l'Espagne ; laisser réfléchir les Espagnols sur cela et, seulement au bout de quelques jours, leur faire connaître qu'il veut la rive gauche de l'Ebre pour indemnité de l'argent et de tout ce que lui coûte l'Espagne jusqu'à cette heure. Mais, au premier article, Almenara oppose que, si la convention se trouve annulée, la décision des Cortès de Bayonne subsiste et que c'est d'eux, non de l'Empereur, que le roi tient ses droits. Cette réserve faite, il déclare en termes exprès qu'il ne saurait consentir à aucune cession du territoire espagnol sans que la compensation — c'est-à-dire la réunion du Portugal — soit formellement stipulée et garantie. D'ailleurs, ce n'est là qu'une échappatoire, Joseph ayant décidé de ne consentir à aucun démembrement, même pour une compensation plus avantageuse. La négociation est donc abandonnée sur l'objet essentiel ; mais l'Empereur est bien loin d'y renoncer, car, à ce moment même, il fait écrire confidentiellement au général Caffarelli, commandant en Biscaye, et au général Reille, commandant en Navarre, que son intention est de réunir à la France ces deux provinces, qu'il ne faut pas en parler, mais agir en conséquence.

Les conférences d'Almenara avec Champagny ne roulent plus que sur les dispositions prises par l'Empereur et la conduite des généraux : ce dernier chapitre est interminable, mais si l'Empereur, quelque peu éclairé par Masséna, commence à sévir contre les pires des pillards, c'est parce qu'ils le volent, non parce qu'ils pressurent les Espagnols, et les plaintes des ministres de Joseph, loin de lui fournir des griefs contre ses officiers, lui paraissent des attentats de lèse-majesté française, car il ne tolère pas que des étrangers, même s'ils ont raison, accusent ses soldats.

Aussi bien, dès le mois d'octobre, l'Empereur suspend toute négociation réglée, parce qu'il ne veut pas admettre et reconnaître la base essentielle des plaintes des Espagnols comme de leurs revendications d'intégrité et d'indépendance : le pacte de Bayonne. Ce pacte a été déchiré par la révolte de l'Espagne et par l'expulsion du roi de Madrid. Si Joseph a des droits à présent, il ne les tient plus du peuple espagnol, par les délibérations des Cortès de Bayonne, mais de l'Empereur seul, par la conquête qu'il a faite de l'Espagne et la remise qu'il en a faite à son frère : c'est la théorie que depuis janvier 1809, Napoléon n'a cessé de soutenir et c'est celle que Joseph n'a cessé de contester, depuis que, renonçant à se tenir pour le roi des deux Siciles, il s'est senti, par la grâce de Dieu et la vertu de quelque marquise, le roi catholique des Espagnes.

Comment sortir de cette impasse ? Ni l'Empereur, ni le roi ne veut céder. Joseph n'abdique point malgré les dégoûts que son frère lui donne ; il n'abandonne rien de ce qu'il nomme ses droits et, à moins de le faire enlever de Madrid par le chef d'état-major de l'Armée du Centre, il faut bien l'y défendre, lui fournir des hommes et de l'argent, car on ne peut le livrer aux guerillas. L'Empereur a eu son attention éveillée par la réunion des Cortès de l'Insurrection à Cadix ; il a lu, dans les journaux anglais, les nouvelles, à la vérité brèves et peu exactes, de leurs séances. Le 3 novembre, il écrit à Champagny : « Envoyez les extraits ci-joints des délibérations des Cortès à mon ministre à Madrid pour qu'il les communique au roi,

Il est nécessaire que l'on tienne registre au ministère des Relations extérieures de tous les actes des Cortès parce qu'il peut être bon de les publier quelque jour. »

C'est qu'en effet cette lecture est suggestive. Dès les premières séances, cette assemblée a adopté intégralement l'ensemble des mesures que, dès 1808, Napoléon avait jugées les seules propres à préparer la régénération de l'Espagne. Au point de vue du gouvernement, elle accumule les sottises libérales, car, avec la même naïveté et la même inexpérience, elle est presque semblable, comme composition, à la Constituante, mais, au point de vue social, c'est le programme de Napoléon qu'elle adopte, trait pour trait : de ce rapprochement éclôt, dans l'esprit de l'Empereur, une idée qui peut terminer toutes ses affaires. Joseph revendique sans cesse la constitution de Bayonne, la couronne qu'il tient des Cortès, le serment qu'il reçut alors, et il atteste celui qu'il a prêté : point de jour où il ne répète que, si on le laisse régner par la constitution, établir son gouvernement civil, marcher selon ses doctrines, il pacifiera toute l'Espagne en moins d'une année, car il est assuré du consentement du peuple espagnol.

L'Empereur le prend au mot. Champagny écrit par ses ordres une longue dépêche à Laforêt où, après avoir rappelé les faits qui rendent les traités de Bayonne non avenus, aussi bien pour la nation espagnole qui ne les a pas ratifiés que pour l'Empereur qui tient à présent ses droits uniquement de la conquête, il expose que : « Cependant, Sa Majesté ayant lu, dans les journaux anglais, les actes des insurgés réunis dans l'île de Léon sous le nom de Cortès, a voulu de nouveau donner une preuve du désir qu'elle a de chercher à tout concilier et à rendre plus facile la situation de son frère. Dans cette vue, dit-il, elle m'a chargé d'envoyer M. le marquis d'Almenara à Madrid, avec l'insinuation d'engager le roi et le cabinet de Madrid à s'entendre avec le conseil des Insurgés et à lui proposer la convention de Bayonne comme base de la constitution d'Espagne. Sa Majesté reconnaîtra encore ce traité, si les insurgés le reconnaissent de bonne foi et se montrent désireux d'épargner le sang qui doit encore être répandu. » Laforêt aidera toutes les démarches que l'on voudra faire et approuvera tout, sans rien écrire ; mais « ces insinuations sont dans la supposition que l'armée française est entrée à Lisbonne et que les Anglais se sont rembarqués. » Champagny peut craindre que l'ambassadeur ne soupçonne un piège : Il veut donc lui faire connaître les véritables intentions de l'Empereur, afin que Laforêt sache bien quel parti il a à prendre dans des circonstances imprévues : « Sa Majesté est sincère, dit-il, et si réellement la prise de Lisbonne et la démarche du Cabinet de Madrid pouvaient décider les insurgés, parmi lesquels il y a beaucoup d'hommes raisonnables, à entrer en arrangement, Sa Majesté, sauf une rectification de frontières qui lui donnerait quelques positions indispensables, consentirait à l'intégrité de l'Espagne, puisque cela rendrait disponible la majeure partie de ses troupes et finirait une guerre qui peut coûter encore beaucoup de sang. »

Nul doute que, las de cette interminable guerre, las de la dépense inutile d'hommes et d'argent, Napoléon ne soit de bonne foi lorsqu'il affirme son désir d'en finir. Doit on penser qu'il espère réellement que les Cortès de Cadix, parce qu'ils admettent les bases de la Constitution de 1808, reconnaîtront le roi intrus qu'ils combattent depuis trois années, et surtout le feront reconnaître par les populaces soulevées, par les guerillas qui tiennent la campagne et qui se sont recrutées des déserteurs du monde entier? Sans doute, il n'a que des notions assez vagues et confuses sur ce qui se passe et surtout ce qui se prépare à Cadix : autrement, il discernerait que, si les Cortès représentent, dans l'esprit général qui dirige leurs délibérations, une réunion assez semblable à la Constituante, pour ce qui est des doctrines philosophiques, ils ne peuvent faire passer leurs décrets, leur donner, devant l'élément actif de la nation, un semblant d'autorité qu'en les couvrant du dogme de l'attachement au roi légitime. Ce roi, étant absent, ne les gêne, ni pour leurs délibérations, ni pour la sanction de décrets qui, sous le nom de royauté, feront une constitution presque républicaine; mais, sans cette ombre de roi, eux qui, par leurs idées, ne représentent qu'une minorité, ne seraient plus suivis par la masse, qui se bat et qui meurt uniquement pour le roi. Sans doute, les insurgés ont vu avec colère les Anglais abandonner à leur sort les places assiégées par Masséna; sans doute, à Cadix même, il s'est élevé un sentiment d'opposition très fort contre les Anglais, et certains des principaux meneurs semblent disposés à entrer en arrangement avec la France, mais ils subordonnent tout au retour de Ferdinand VII. Cet état d'esprit peut-il être modifié par la défaite définitive des Anglais et par leur rembarquement? Cela est improbable; avec ou sans les Anglais, l'Espagne luttera jusqu'au bout.

Alors, un dilemne se pose qui a sans doute arrêté la pensée de l'Empereur : Ou Joseph fera officiellement la démarche qui lui est suggérée et, ayant reconnu de fait les Cortès de Cadix, il ne pourra rester s'il est repoussé par eux; ou il se refusera à la faire, alors qu'il affirme qu'il est l'élu du peuple espagnol, que, pour le reconnaître, ce peuple n'attend que la proclamation de la Constitution et la garantie de son indépendance et de l'intégrité de son territoire, et de même sera-t-il encore obligé de partir : dans un cas comme l'autre, la place est libre; c'est avec Ferdinand que l'Empereur peut traiter; il ne le trouvera sans doute pas difficile et, dans cette hypothèse, les Cortès, comme les guerillas, accepteront la paix.

Par une lettre du 11 novembre, Almenara a annoncé qu'à la suite de l'audience qu'il vient de recevoir de l'Empereur à Fontainebleau, il part, chargé pour le roi de propositions qui ne peuvent manquer de lui être agréables. Il arrive le 9 décembre. Le 10, devant le conseil privé, il expose le projet de l'Empereur :

la démarche à tenter près des Cortès de l'île de Léon auxquels Joseph proposera de le reconnaître pour roi légitime avec la constitution de Bayonne ; l'Empereur lui a dit que cette ouverture était officielle et qu'il envoyait des instructions conformes à son ambassadeur ; il a ajouté que, dans le cas où sa démarche échouerait, il se tiendrait libre vis-à-vis de l'Espagne, que le roi pourrait convoquer d'autres Cortès, mais sans y appeler de députés des provinces en deçà de l'Ebre.

Cette proposition qui met Joseph et ses ministres au pied du mur, les jette dans une profonde stupeur. Ces hommes, qui ne vivent que d'apparences, de rêves et de hâbleries, ne peuvent imaginer qu'on ait pris au sérieux leurs discours et ceux de leur maître. Mais ils éventent le piège, et c'est par une distinction jésuitique qu'ils s'en tirent. L'un d'eux dit tenir de l'ambassadeur de France qu'il est autorisé *à parler, non à écrire* pour soutenir la démarche; comme si la démarche même n'était pas préalable à toute écriture. Quant au roi il entre dans une de ces colères où il perd toute maîtrise sur lui-même — comme le jour où, prenant un pistolet, il le déchargea sur le portrait de son frère : « Il éclate en reproches violents, en plaintes amères exprimées avec une véhémence qui, écrit Miot, m'affligea pour lui, quoique je fusse habitué à l'entendre dans l'intimité se livrer à de semblables emportements ». Le lendemain, conférence des ministres avec Laforêt qui reconnaît l'interdiction qu'il a reçue de rien écrire ; le projet est alors abandonné ou du moins on le laisse dormir, sans faire à l'Empereur une réponse qu'on juge à bon droit embarrassante, et Joseph, sans prendre aucun parti, se remet à attendre les nouvelles que doit lui rapporter de Paris son neveu Marius Clary.

***

Il l'a expédié le 18 novembre, chargé d'une lettre pour Julie, où il la priait de déclarer à l'Empereur que si l'on ne faisait aucun changement à sa situation, il était résolu à quitter l'Espagne. Là, rien de nouveau; dans chaque lettre qu'il a écrite depuis le mois d'avril, il a annoncé son imminent départ; mais, à cette menace, tant de fois répétée, il a joint cette fois une proposition inattendue : « L'Empereur, à présent, a-t-il écrit, prétend que je ne dois pas encore penser à la retraite. Lui convient-il que je retourne à Naples ? Je me rappelle qu'il me dit à Venise et à Bayonne qu'il avait été satisfait des rapports qu'il avait eus avec moi. Je déclare que je suis prêt à y reprendre les mêmes rapports et à lui donner des preuves nouvelles de mon affection et de ma déférence la plus juste à ses volontés, dans ce pays où cette conduite est compatible avec le caractère des habitants et la position des choses ».

Ce n'est point là une idée en l'air, car, en même temps, il a écrit à Fesch : « Il ne me reste pas d'autre parti à prendre, si l'Empereur persiste dans les intentions que votre lettre m'annonce, qu'à me retirer dans une terre à cent lieues de Paris et à y être résigné à tout avec le calme et la sécurité d'un homme d'honneur, ou de retourner à Naples où je pourrais complaire davantage à l'Empereur... Je n'ai aucun engagement antérieur avec les Napolitains et y être comme j'y ai toujours été, c'est tout ce qu'ils ont le droit d'attendre de moi ».

Cette proposition peut doublement surprendre : D'abord, elle est en contradiction formelle avec la notification que, le 9 septembre, Joseph a chargé Julie de faire à l'Empereur[1] : « qu'il ne voulait aucun trône étranger et qu'il se réservait à se déterminer pour une retraite absolue si ce qu'on lui proposerait en France ne lui paraissait pas convenable ». Il a réitéré cette notification dans le résumé par paragraphes où, comme d'habitude, il énumère, en fin de ses lettres, les conditions qu'il impose à son frère. En second lieu, que fait-il, en cette hypothèse, de Murat? L'idée que le roi de Naples peut difficilement agréer un tel projet, la pensée que, pour lui rendre son ancien trône, il faudra en renverser sa sœur et son beau-frère, ne traverse même pas son esprit. Il le passe sous silence comme un objet sans intérêt. Tout à l'heure, c'était peu que pour l'établir en Roi catholique, l'Empereur eût dépensé trois cents millions et trois cent mille hommes ; à présent, il est tout simple que pour lui rendre Naples, l'Empereur destitue le roi qu'il y a placé.

[1] Dès le 12 avril il a déjà écrit moins solennellement : « Je ne veux plus dans ce cas que me retirer, l'essai de deux royaumes suffit et je ne veux pas d'un troisième ».

*
* *

Que cette étrange demande soit ou non accueillie par l'Empereur, il faut en attendre l'effet, il faut que Marius Clary donne de ses nouvelles, qu'il revienne, et c'est un bon prétexte pour ne pas bouger de Madrid. Dès lors, que Joseph, dans ses lettres à Julie, promène son errante et imaginaire retraite d'une terre en Touraine, à la terre de Montjeu près d'Autun, de la Bourgogne à la Provence, même à la Corse — quoique là il doive avoir une cour, car « il lui faudrait là un état bien au-dessus de celui de son père », — peu importe; ce sont rêves et fantaisies qu'il n'a nulle velléité de réaliser : ce qu'il lui faut, c'est la splendeur des palais de Madrid, insuffisante encore à son gré, puisqu'il y ajoute des constructions nouvelles; c'est la servilité d'une cour où il ne rencontre que des flatteurs et des complaisants; c'est la magnificence de costumes où il étale les diamants des deux Indes — et c'est le droit de dire combien tout cela lui pèse et lui semble indifférent.

De même ne faut-il tenir compte que légèrement des plaintes qu'il multiplie à chaque courrier. « Cette situation intenable », pourquoi la tient-il depuis dix mois? « Ces humiliations que lui infligent les généraux français » pourquoi les supporte-t-il? En défendant son trône comme il a fait, Louis a pu avoir et donner l'illusion qu'il défendait son peuple; que, ayant adopté la Hollande, ayant été adopté par elle, des liens ont été tendus d'elle à lui que rien ne pouvait rompre. Bien qu'il restât un étranger aux yeux des Hollandais et que tous ses efforts pour se rendre Hollandais n'eussent abouti qu'à une parodie, ses sujets au moins lui tenaient compte de l'intention et en oubliaient ses fautes, ses maladresses, ses incohérences, même cet esprit d'instabilité et de fourberie qui les avait perdus et le roi avec eux; mais ici, en défendant son trône, Joseph ne défend que lui-même, sa vanité, son goût de porter couronne, de jouer au roi, fût-ce dans trois rues et sur quatre places — car à Madrid même, dans ce que Joseph appelle sa capitale, il s'est trouvé quatre mille électeurs qui, en secret, ont député aux Cortès insurrectionnels de Cadix, et il n'en a rien su !

L'Empereur a pu écrire avec la plus cruelle vérité : « Aucun Espagnol ne s'est rallié autour du roi; aucune force espagnole n'a lutté contre l'insurrection. Le roi d'Espagne serait peu de chose s'il n'était le frère de l'Empereur et le général de ses armées; il serait si peu de chose qu'il n'y aurait pas une bourgade de 4 000 hommes qui ne fût plus forte que tous les partisans qu'il peut avoir en Espagne. Sa garde même est toute française. Pas un officier espagnol de nom n'a versé son sang pour le roi. » Mais, de tout cela, Joseph accuse son frère. Ayant vécu son rêve en Andalousie, il croit — peut-être sincèrement — que les décrets du 8 février ont seuls arrêté l'élan des peuples de la Péninsule, empressés à se grouper autour de lui; si, depuis lors, les guerillas ont recommencé leurs attaques avec une activité nouvelle, si aucun courrier ne peut passer à moins d'être escorté par 300 ou 400 hommes; si chacune des minutes et, peut-on dire, des secondes de sa royauté est marquée par l'assassinat de quelque Français, la faute en incombe à l'Empereur et à ses décrets, aux agents d'exécution de ces décrets, aux généraux, « voleurs effrénés », qui oppriment les peuples, les ruinent et les exaspèrent.

On comprend un tel état d'âme et de telles illusions; on comprend que Joseph éprouve toute la suite des impressions qu'il traduit dans ses lettres : colère, désespoir, désir d'éclairer son frère, rage contre les pillards, pitié pour son peuple; mais c'est à la condition que ce sentiment exclue tous les autres, qu'il enveloppe et maîtrise son âme entière, que, roi d'Espagne, il n'admette pas d'autre avenir que celui de la nation à laquelle il s'est attaché et que, dans l'intimité même de sa conscience, il ne forme aucune autre ambition.

Mais, dès qu'il admet la possibilité d'échanger ce trône contre un autre trône; dès qu'il en fait lui-même et spontanément la proposition, il n'est plus qu'un ambitieux que contente seulement la grandeur royale, qui, avant toute chose, prétend en garder les honneurs, qui jouit d'être élevé au-dessus des autres hommes, quels que soient ces hommes et de quelque nom que s'appelle le pays qu'ils habitent. Plutôt que de ne pas porter couronne, il se refera Napolitain, comme il s'est fait Espagnol, comme il se serait fait Français, non pas pour se rendre l'homme d'un peuple, pour donner à ce peuple un peu de liberté, de bien-être et de gloire, mais pour avoir une cour, pour recevoir des révérences et des acclamations, pour habiter des palais, pour choisir des maîtresses, pour faire figure de roi.

Ayant ainsi offert son trône pour un autre trône, il n'en continue pas moins ce même jeu de taquineries et d'opposition puérile qu'il joue depuis son retour d'Andalousie ; seulement, il a maintenant deux objectifs : Séville et Paris, Soult et l'Empereur : il arrête à Madrid tous les renforts destinés à l'Armée du Midi, il envoie à Séville un conseiller d'État « pour reprendre les fils épars de l'administration », « en lui donnant pour instruction générale de faire fournir à l'armée tout ce que les règlements de l'Empereur lui accorde et de le consulter sur le reste » ; il enlève à Belliard, chef d'état-major de l'Armée du Centre, le gouvernement de Madrid auquel il a été nommé par l'Empereur en décembre 1808 : Cela lui semble tout simple : « J'ai confié, écrit-il à Julie, le gouvernement de Madrid au général Blaniac qui était ici à ne rien faire depuis son arrivée de Paris. Je n'étais pas mécontent de Belliard, mais Blaniac m'enlèvera beaucoup d'embarras et de tracasseries avec les autorités espagnoles. Il n'y a d'ailleurs à Madrid presque pas de troupes françaises ». S'il n'y en a guère de françaises, il y en a d'alliées ; d'ailleurs tout Français y passe, et, comme on a vu, l'Empereur n'admet pas que ses soldats puissent être commandés par d'autres qu'un Français. C'est là ce qui donne son caractère à ce coup d'autorité de Joseph : Lafon-Blaniac, son ancien écuyer, marié par Julie à une de ses petites cousines, Mlle d'Henrique, dont la mère, née Guey, est sa tante maternelle, a suivi le roi à Naples, maintenant à Madrid et porte la cocarde rouge. « Il me faut au moins dans la ville que j'habite, écrit Joseph, un général qui soit dans des rapports naturels avec mes ministres » ; soit, mais quels seront ces rapports avec les Français, sans qui Joseph ne resterait pas une heure dans la ville qu'il habite ? N'importe : l'Empereur a beau, par chaque courrier, envoyer l'ordre exprès que Belliard soit rétabli dans son commandement, Joseph n'en tient nul compte.

***

Au reste, Napoléon est tellement las de ces plaintes perpétuelles, de cette continuelle polémique, de ces nouvelles inutiles de meurtres, d'attaques, d'opérations mal concertées, qu'il semble se désintéresser et qu'il ne répond plus à son frère. Il sent fort bien que tout va aussi mal que possible en Espagne ; que toutes les combinaisons qu'il y tente échouent devant une fortune toujours adverse ; que l'absence de nouvelles de Portugal et l'immobilisation de Masséna devant Torrés-Védras sont de mauvais signe pour l'expédition ; que seul, par sa présence, par son action sur les généraux et les soldats, il rangerait à leur devoir les mauvaises têtes, réduirait les pillards, mènerait une grande opération où coopéreraient Soult et Belliard, mais quoi ! la grossesse de l'Impératrice approche de son terme, l'Empire attend l'héritier prédestiné, la guerre dans le nord est inévitable et s'annonce comme le choc suprême où vont se décider les destinées du monde. Napoléon ne peut quitter Paris où tant d'intérêts divers le retiennent et l'enchaînent. Pour finir, de Paris, ces affaires, il faudrait qu'il rompît définitivement avec son frère, qu'il le contraignît à abdiquer ou le fît enlever par ses troupes, et qu'il rétablît Ferdinand VII. Il ne peut se résoudre ni à la rupture, ni à une reculade qui viendrait de lui seul, ne paraîtrait pas justifiée par le désistement ou l'abdication de Joseph. Au lieu d'appliquer le remède, qui est trouvé, il cherche des palliatifs, qui ne font qu'aggraver le mal. Ainsi, la concentration, entre les mains de Bessières, des troupes stationnées entre la mer, la France, le Portugal, l'Aragon et la Castille, la formation d'un arrondissement composé du 3e gouvernement (Navarre), du 4e (Biscaye et Santander), du 5e (Burgos, Aranda et Soria) et des provinces des Asturies et de Salamanque ; c'est là un élément nouveau de trouble qu'il ajoute à tant d'autres, un nouveau rouage qu'il crée en opposition avec les rouages du Portugal et du Midi ; sur cet immense territoire, où les communications sont impossibles, la contradiction des ordres paralyse tous les efforts, les discussions entre le chef qui ne peut être renseigné et les subordonnés qui trouvent dans son ignorance un prétexte à leur inaction, accroissent l'audace des guérillas, et bientôt, dans les provinces à peu près pacifiées, les bandes se reforment, entourent tous les postes, ne laissent plus sortir un détachement sans l'insulter.

L'Empereur menace d'une annexion totale. Il fait publier dans le *Moniteur* à la suite des nouvelles des armées que « les habitants des arrondissements du Midi, du Centre et du Nord de l'Espagne..., demandent à grands cris à être réunis à l'Empire[1]. » Prenant prétexte de ces lettres où Joseph annonce son prochain départ et donne commission de lui chercher une terre, il députe Champagny à la reine pour poser à la fin des conditions et sortir d'affaire. D'abord il ne saurait être question que le roi achète une terre; les membres de la Famille ne pouvant faire aucune acquisition en France sans l'autorisation de l'Empereur; ensuite, le roi, en sa double qualité de roi d'Espagne et de commandant pour l'Empereur de l'Armée du Centre, n'a pas le droit de quitter son poste sans le consentement de l'Empereur; s'il se déterminait à une telle démarche, il serait arrêté à Bayonne. L'Empereur entend que le roi soit entièrement dans son système politique; seul, il dispose de l'Espagne à son gré et selon l'intérêt de l'Empire, car la Constitution de Bayonne n'existe plus; mais, si le roi trouve ces conditions intolérables, s'il est réellement déterminé à quitter son trône, l'Empereur ne

[1] Le lendemain, 19 janvier, par un erratum, il corrige il est vrai quelque chose de la phrase qui ne paraît plus s'appliquer qu'à l'Aragon; mais le premier mouvement subsiste.

voit aucun inconvénient à ce que son frère vienne s'établir à Mortefontaine; seulement il entend que les choses se passent dans les règles : le roi fera sa déclaration à l'Ambassadeur de France à Madrid, et traitera avec lui de manière que cette résolution n'entraîne aucune conséquence fâcheuse pour la sûreté et la tranquillité du pays, ne donne lieu à aucune esclandre. »

Julie transmet à Madrid ces paroles de Champagny, mais, pour les recevoir, Joseph se trouve dans un état d'esprit fort différent de celui que, sur ses lettres, on eût pu prévoir. N'ayant rien obtenu de ses demandes comminatoires et ne voulant à aucun prix quitter son trône, a-t-il de lui-même jugé bon de faire machine en arrière et de détendre la corde qui pourrait casser? S'est-il dit qu'à force d'insister comme il fait, l'Empereur qui n'a point cédé et qui ne paraît point en disposition de le faire, finira par accepter cette abdication, par autoriser ce départ dont il le menace depuis près d'une année? Ou bien subit-il encore l'influence de ses ministres, qui sentent fort bien que, le roi partant, ils se trouveraient sans place, sans influence, sans moyen de négocier, pour leur vie et leurs biens, avec les Cortès de Cadix? Ces ministres ont-ils pensé qu'il fallait, par un nouveau leurre, le détourner à tout prix de la route de France ou de Naples et le retenir en Espagne, peut-être du même coup tromper l'Empereur? En faisant luire devant lui de nouvelles espérances qu'il ne demandait qu'à partager, ils ont, en tous cas, calmé ses colères et diminué ses prétentions. Le 26 janvier, Joseph expédie donc à l'Empereur son aide de camp, Clermont-Tonnerre, pour annoncer « qu'un parti considérable de Valence, à la tête duquel est l'archevêque et qui parle au nom de la majorité des citoyens, lui a fait faire des propositions de le recevoir dans la ville et de se soumettre à son autorité. Je serais déjà parti, ajoute-t-il, si je ne craignais de contrarier les dispositions de Votre Majesté, car j'ignore dans quel rapport je me trouverais avec le général Suchet, commandant le 3e corps. Cependant l'exemple de Valence, ma présence dans cette ville, et la clémence et l'oubli du passé auraient une grande influence sur Cadix et je ne doute pas que, d'un moment à l'autre, pareil événement ne nous ouvrît les portes de Cadix »... « Il a la conviction qu'il pourrait être d'un grand poids dans la balance »; il dit que « la force morale finira seule les affaires d'Espagne »; que « les événements et sa conduite lui en ont donné une forte portion » et « qu'il est prêt à employer cette force et à rendre quelques services à l'Empereur en rendant disponible une grande partie des troupes, en se montrant et en pacifiant et calmant tant d'esprits et de passions exaspérés ». Que lui faut-il? Un prêt d'un million par mois pour pourvoir à Madrid au strict nécessaire; avec un million par mois, que garantiront les domaines que l'Espagne possède à Rome, à Naples et dans les Pays-Bas et les vif-argent qui sont à Madrid et à Almaden, tout ira au mieux.

Ainsi, changement complet : plus de retraite, plus de

départ, il craint trop qu'on le prenne au mot; plus de commandement général, plus de prétention aux deux millions par mois; cela est trop : un simple million pour payer les courtisans, c'est tout ce qu'il faut; moyennant ce million, Valence demain, Cadix après-demain et, le jour d'après, toute l'Espagne!

Et c'est à ce moment que lui arrive par sa femme la proposition d'abdiquer et que Laforêt lui en fait l'insinuation formelle. Il a annoncé, lui, qu'il abdiquerait! Qui peut dire cela? Mis en présence de ce qu'il a déclaré dans vingt lettres, il se tire d'affaire par un *distinguo* digne des casuistes espagnols qu'a immortalisés Pascal. Dans les phrases dont Laforêt a entouré mal à propos la proposition qu'il a mission de présenter, il voit un dilemne où on lui laisse le choix. Il y en a un en effet : suivre le système de l'Empereur ou abdiquer, mais il supprime le premier terme : il répond qu'il avait été autorisé à croire qu'on voulait son départ puisque l'on rendait son existence impossible; que, s'il a été dans l'erreur et qu'on désire qu'il reste, il est prêt. Si on désire qu'il parte, il est encore prêt. En ce cas, il remettra lui-même, en arrivant à Paris ou même il se fera précéder par l'acte qu'on voudra; nulle condition, la retraite la plus absolue. « Dans le cas qu'on veuille sincèrement que je reste, déclare-t-il en parallèle; je ferai tout ce que la raison et le désir de complaire à mon frère et de remplir le but qu'il a dû se proposer en m'envoyant ici, exigeront, mais il doit sentir aussi que rien d'indigne de moi ne doit être promis ni tenu, » Il faudra donc frapper l'opinion par des moyens différents qui annoncent la stabilité de son existence en Espagne : l'arrivée de la reine et des princesses, l'acceptation par l'Empereur de l'Ordre d'Espagne, quelques avances d'argent : il suffira d'un million par mois.

En même temps qu'il tourne ainsi les choses, il prétend conserver l'apparence de l'homme désintéressé, tout prêt à se retirer et il envoie à sa femme le projet de cet acte qu'il annonce, — « l'acte qu'on voudra », a-t-il dit — et c'est simplement une note où « sans se prononcer définitivement, il dit que ce qui lui conviendrait le mieux à lui, serait de renoncer aux affaires publiques. »

Il y a si peu renoncé et il pense si peu à présent à réaliser ses menaces que, le 21 février, six jours plus tard, il adresse à Berthier, pour l'Empereur, une longue lettre, où, sans plus parler de ses projets de départ, il demande quels rapports, il doit, comme roi de ce pays, avoir avec l'arrondissement de l'Armée du Nord et de quelle façon les arrondissements du Midi, du Nord et de Valence doivent contribuer aux frais du gouvernement : c'est reprendre d'une façon détournée la question de souveraineté ; il se plaint ensuite avec une grande vivacité du sort qui est fait à des officiers, Français comme lui, Espagnols comme lui, qui, parce qu'ils suivent sa fortune, sont regardés comme des gens suspects et frappés d'interdiction, alors qu'ils « sont plus propres que tous autres à établir son gouvernement dès que les grandes masses armées sont dissipées par les armées de l'Empereur. » C'est soulever de nouveau la question des cocardes et celle du commandement des Espagnolisés sur les troupes françaises ; enfin, il arrive à une proposition qui, elle seule, montre que, plutôt que d'abdiquer, plutôt que de ne pas continuer à faire le roi, il est disposé à tout subir : « Il n'y a, dit-il, que deux manières de finir les affaires d'Espagne ; je ne parle plus de la première qui paraît n'avoir pas convenu à l'Empereur, celle où j'eusse continué à être, de fait comme de droit, le lieutenant de l'Empereur, recevant ses ordres et les faisant exécuter par tous les chefs des corps d'armée. L'autre mode, c'est que ces chefs reçoivent directement les ordres de l'Empereur et les fassent exécuter dans les pays non soumis et que je reste au centre, défendu contre les grandes masses par les armées actives, n'ayant avec moi que des officiers et des troupes à mon service, recevant, ou par forme d'avance, directement de l'Empereur, une somme supplémentaire par mois — je pense qu'un million de francs par mois pourra suffire — ou la recevant des quatre autres arrondissements d'Espagne. Je pense que, si l'Empereur peut me faire d'abord une avance de deux millions de francs, et successivement un par mois, à compter du 1er janvier, il me serait possible de me passer, dans l'arrondissement du Centre, de toutes troupes françaises. Avec une sévère économie, et en payant, j'aurai assez de troupes. » A la vérité, il lui faudra bien un ou deux régiments de cavalerie française, mais cela ne compte pas : en échange, il débarrassera Madrid de tous les dépôts. Il établira son gouvernement, gagnera chaque jour un village, et quel profit pour l'Empereur !

Par là aussi, il échappera à toute tutelle française ; il se lavera aux yeux des Espagnols de cette tache d'être le protégé des Français, il sera le maître chez lui, il ne sera plus entouré que de gens à lui, il n'aura plus à craindre ni résistance ni opposition, durant que, à distance respectueuse, sans rapport avec le roi d'Espagne qui les ignorera, les Français se feront tuer pour lui gagner un trône.

Cette idée lui paraît à ce point lumineuse qu'il charge la reine de la développer à l'Empereur. « Si l'Empereur accepte ma proposition, lui écrit-il, j'aurai plus de peine et de travail, mais j'en espère du succès et je jouirai du moins du fruit de mes peines. Aujourd'hui, je me discrédite tous les jours davantage par la mauvaise conduite des gens que je ne puis réprimer ; je préfère exposer tous les jours ma vie, avec des troupes nouvelles, dans un arrondissement où le bien et le mal seront mon ouvrage, que de continuer dans l'état de tiraillement, d'humiliations et d'anarchie où je me trouve entre mes ministres et les administrateurs français, le peuple et l'armée, les insurgés et les hommes qui ont pris parti pour moi. »

En terminant, il laisse entrevoir le fond de sa pensée lorsqu'il écrit : « Dès que je me réduis aux propositions contenues dans cette lettre, tu dois sentir combien il m'en coûtera de rentrer en France si cela ne convient pas à l'Empereur ; et j'avoue qu'il ne doit pas le désirer, parce que je sens que je ne serais pas facilement remplacé ici. Quelque chose que l'on puisse croire, si je quitte l'Espagne, j'y serai forcé. »

Le 4 mars, l'arrivée du colonel Lejeune, aide de camp du major général, envoyé par l'Empereur en mission d'observation, vient accroître ses espérances, et lui faire même regretter de ne pas s'être tenu fermement à ses anciennes prétentions, auxquelles il voit une chance d'aboutir. Lejeune apporte, en effet, une lettre où le major général, en annonçant que tout se prépare pour une grande guerre dans le nord, a ajouté ce mot imprudent, quoique banal : « Nous apprécions les privations et les difficultés de la position de Votre Majesté ». Joseph s'en empare aussitôt : « Je demande quelques millions et beaucoup de confiance », répond-il à Berthier, et il lui déclare que « les Espagnols ne se battent plus pour Ferdinand, que le moment de la détente est arrivé, que, tous les jours, des chefs de bande rentrent dans leurs familles et que beaucoup d'insurgés abandonnent Cadix pour Madrid » ; et il écrit à Julie : « Si nous avons la guerre avec la Russie, il faut que l'Empereur m'envoie des secours d'argent et qu'il montre en moi beaucoup de confiance ; je le seconderai peut-être plus qu'il ne pense et je pourrai lui rendre des troupes ».

Des espérances, même telles que de reprendre le commandement général, cela est bon, mais il faut vivre ; or, l'Empereur, s'il envoie de l'argent à l'Armée de Portugal et à l'Armée du Nord, n'en envoie point jusqu'ici à l'Armée du Centre. On dirait qu'il a entendu réduire Joseph par la famine et, en effet, Joseph en est aux dernières extrémités. Il est obligé de vendre les vases sacrés de sa chapelle royale pour fournir le pain des troupes qui sont à Madrid ; il n'a pas payé ses employés depuis treize mois, ses soldats depuis huit mois, les soldats français depuis sept mois ; ses ministres lui ont demandé des rations militaires pour nourrir leurs familles ; il a dû les refuser parce qu'il faudrait en donner à tous les employés. Pour tenir encore, pour lasser l'Empereur, pour profiter de l'occasion qui va se présenter, cela seul manque, mais cela seul compromet tout. Joseph, son dernier sol mangé, devra bien céder la place. Il en tombe malade, et il est au lit lorsqu'il reçoit le *Moniteur* du 26 février, où l'Empereur dévoile authentiquement ses projets d'annexion.

C'est dans une réfutation en règle du discours lu par le Lord Chancelier à l'ouverture du Parlement britannique : à la fin, après avoir énuméré les avantages que l'Espagne et l'Angleterre même eussent trouvés à laisser organiser un gouvernement sous une branche de la Maison de France, l'Empereur a écrit : « L'Angleterre, quoiqu'elle eut acquis la certitude qu'elle ne pourrait défendre l'Espagne, a donné sans doute de l'occupation à 300 000 Français, mais l'Espagne, conquise pied à pied, devient entièrement assujettie et c'est l'Angleterre même qui, s'engageant dans une lutte où l'expérience a prouvé que toutes les probabilités étaient contre elle, *a compromis l'indépendance et l'intégrité de l'Espagne*. La conquête de l'Espagne produira des effets bien différents de ceux d'un simple changement de dynastie qui aurait fait tourner au profit de la nation les réformes et les idées libérales introduites par un gouvernement jeune, ferme et vigoureux. La postérité, pour qui quelques heures ne sont qu'un instant, n'attribuera les grands résultats qui concourront si éminemment à l'avantage de la France qu'à la politique imprévoyante de l'Angleterre. »

Ainsi, « l'Espagne est entièrement assujettie; » ainsi, « l'indépendance et l'intégrité de l'Espagne sont compromises » ; il n'y a plus qu'un décret à rendre, les considérants en sont tracés. Joseph, depuis une année, doit savoir que tel est le plan de son frère, mais il a vécu, depuis lors, sur la conviction qu'il le ferait changer; il a promis à ses ministres, à ceux qui se sont ralliés à lui, que, grâce à lui, l'Empereur ne toucherait pas à l'Espagne ; tout son programme de gouvernement, toutes ses espérances de pacification, tous ses rêves d'union sont fondés sur ce leurre, et brusquement le voile est déchiré : « Réduit à l'abjection d'un criminel ou du dernier des hommes, écrit-il à Julie, je mériterais mon sort si je le prolongeais plus longtemps. Annonce donc à l'Empereur que je serai parti quand tu recevras cette lettre... si je n'ai pas reçu quelques secours dans l'intervalle... J'éprouve, dit-il encore, les angoisses de la mort politique dans ce pays; cependant, je ne signe pas ma cession, parce que cela ne conviendrait pas à l'Empereur que je le fisse ici et que je ne puis pas, avant de quitter ce pays, me déclarer moi-même mort et assister ainsi à mes propres funérailles. » Il partira donc, annonçant qu'il va voir l'Empereur; il mènera avec lui un Espagnol ou deux « pour ne pas éteindre tout espoir de son retour »; toute sa suite sera de quatre personnes et de huit à dix domestiques; il descendra à Mortefontaine où l'on aura soin d'envoyer un courrier à sa rencontre. « Vivre aussi tranquille que j'ai vécu agité depuis vingt-cinq ans et surtout depuis dix, je ne demande pas autre chose à l'Empereur. »

Que ne se conforme-t-il alors aux instructions que l'Empereur lui a fait transmettre en janvier par Julie elle-même au sujet de son abdication, à celles que Laforêt lui a officiellement notifiées? C'est que, moins que jamais, il n'en a la pensée. Ce n'est pas une abdication qu'il veut apporter, c'est, comme Miot l'a conseillé, une *explication* qu'il ira chercher. D'ailleurs, cette lettre est du 19 mars, et Joseph n'est pas encore parti.

III

LE ROYAUME DE NAPLES

(Janvier 1810. — Mars 1811.)

Malgré les faveurs de tous les genres que l'Empereur a prodiguées à Caroline au moment du mariage, Murat est resté inquiet. Seul, son royaume de Naples, tout napoléonien qu'il est, diffère encore, par un semblant d'indépendance, du reste de l'Italie ; il a le droit de se demander combien de temps l'Empereur le permettra. De plus, par le mariage autrichien, l'Empereur est devenu le petit gendre de Marie-Caroline de Sicile. Murat ignore sans doute l'intimité qui a existé entre l'impératrice Thérèse et sa mère, la vénération de sa grand'mère où Marie-Louise a été élevée, les liens solides qui unissent la famille d'Autriche et celle de Sicile, mais le fait lui suffit ; et il juge, mieux que l'Empereur lui-même, quelle influence devra prendre, sur un homme de quarante-deux ans, une femme de dix-huit ans qui se présente avec le triple prestige de sa race, de sa jeunesse et de sa maternité prochaine. La filleule de Louis XVI et de Marie-Antoinette exercera-t-elle sur la politique du successeur de Louis XVI une action semblable à celle qu'a eue sa tante et marraine, c'est peu probable ; mais, si Marie-Antoinette, par les actes qu'elle a provoqués et ceux qu'elle a imposés, a, entre Bourbons, dissous ce Pacte de famille qui avait valu à la monarchie française ses dernières victoires et son dernier éclat, il suffira de la présence de Marie-Louise et des idées qu'elle suggère, pour dissoudre entre Bonapartes cet autre pacte qui n'a point été imposé aux souverains par la nécessité d'une politique commune, mais qui l'a été aux nations par la volonté d'un homme. Si cet homme donne à ses idées un autre cours, c'est la banqueroute du système. Déjà, n'a-t-on pas vu la déchéance d'Eugène, l'exil déguisé d'Hortense ? Les Beauharnais abattus, qu'a pesé Louis ? Que sera-ce, à présent, des annexes des Bonapartes, de ceux qui, n'étant pas du sang, n'ont que, de mauvaise grâce, été appelés à un trône où ils sont constamment en butte aux ambitions, aux jalousies, aux dédains des Bonapartes authentiques ? Au sort destiné à Eugène, à celui réservé au fils de Louis, Murat ne doit-il pas préjuger le sien ? Quel remède y porter, quelle précaution prendre ? Se renseigner sur ce qu'on pensera, dira, préparera aux Tuileries et dans les ministères ; pour cela, outre Caroline aux premières loges, embusquer partout des agents de confiance, curieux de nouvelles et de papiers, bien nés, apparentés, qualifiés, accrédités, s'introduisant et furetant, puis par des voies sûres faisant passer leurs avis, cela est indiqué, mais cela ne sert que pour parer les coups : les prévenir est mieux et même se mettre en mesure d'en rendre.

Pour cela, il faut une armée : d'abord, chez Murat, cette armée flatte les goûts de parade ; par elle, lui, l'ex-chasseur des Ardennes, possède en sa main et sous son souffle des soldats à lui, habillés à sa livrée, vibrant sous son commandement, qu'il imagine héroïques, et dont il reconnaît les acclamations d'un geste emphatique et gracieux. A la passion de l'indiscipline, il a toujours superposé la passion du commandement, et il ne se sent parvenu roi que s'il a une armée. Ensuite, cette armée, napolitaine de nom, française de fait, où tous les officiers généraux, la plupart des officiers supérieurs, tous les officiers de la garde sont français, où, chaque jour, les régiments s'accroissent et se fortifient des soldats qu'on fait déserter des régiments de l'Empereur, cette armée lui donne la confiance qu'il a un parti en France dans l'armée, dans tout le militaire. Au contraire des autres Napoléonides qui, comme lui, rêvent l'indépendance, il ne craint pas de remplir de Français les cadres de son armée ; il les attire de partout ; il les comble de ses faveurs ; il ne lésine sur rien avec eux ; il leur permet à peu près tout : Vienne un jour où, par la mort de l'Empereur, vaque le trône impérial, voici les électeurs ; un jour où, contre un caprice de l'Empereur, il faille défendre Naples, voilà les protecteurs. Ceux-ci, Français, seront à lui au moins autant que les autres à Napoléon et contre eux, contre lui, quel Français porterait ses armes ?

Pour le moment, par cette armée il va tâter Napoléon et voir s'il joue franc jeu. Avec cette armée et les troupes françaises à ses ordres, l'Empereur le laissera-t-il entreprendre et mener à bien la conquête de la Sicile? Alors, plus d'inquiétude sur cette action réflexe de la grand'mère sur la petite-fille et de celle-ci sur son mari; plus d'inquiétude sur les fantaisies de l'Empereur; Naples, accru de la Sicile, fait, dans le sud de l'Italie, un établissement solide où une dynastie est assise. Déjà, Murat a noué des relations, qu'il croit cordiales, avec les diverses cours d'Europe; il a forcé l'intimité de tous les princes qu'il a rencontrés; il saura trouver des alliés, s'il lui manque un suzerain, et, tel qu'il est, avec son nom, sa gloire, son génie militaire, 80 000 hommes sur pied et 50 000 en réserve, la mer pour rempart et les Anglais au besoin pour auxiliaires, il cessera d'être une quantité négligeable et se rendra redoutable, même à Napoléon.

Si les Bonapartes tombent de leur trône sur un caprice de leur auguste frère, s'ils sont incapables de lui résister, s'ils ne peuvent que courber la tête ou s'enfuir, c'est qu'ils ne sont pas des soldats, qu'ils n'ont, ni armée dévouée à leur personne, ni réputation militaire, ni passé glorieux, ni camaraderies éclatantes. Lui, Murat, a tout cela, ou croit l'avoir. Peu s'en faut — s'il s'en faut — qu'il ne mène les troupes comme Napoléon même. Se sachant brave, il ne peut manquer de rendre les autres tels; ayant exécuté des ordres qui ont fait les victoires, c'est lui qui les a gagnées. Il a foi dans le prestige qu'il exerce aussi bien sur les Napolitains que sur les Français.

De l'Empereur à lui, à peine s'il voit la différence, pourquoi les autres la feraient-ils? N'est-il pas plus beau, ne représente-t-il pas mieux? Ne se rend-il pas plus populaire ? N'est-il pas plus généreux ? Cette intime rivalité que, dès 1797 et 98, il accusait dans ses lettres à Barras, il ne la témoigne pas ouvertement, mais elle est le mobile de tous ses actes et, plus il se montre courtisan, plus il s'offre à toutes les besognes, plus il proteste de son dévouement et de son admiration, plus, au fond de lui, croît l'envie et s'accumule la haine. Au reste, tel on l'a vu se former dans la Garde constitutionnelle et les Chasseurs-braconniers, tel on l'a vu se développer à l'Etat-Major de Bonaparte et au Gouvernement de Paris, tel il est, mais avec la superbe que lui ont donnée sa fortune, ses campagnes, ses gloires et des trônes. Chez lui, la vanité est au comble avec la dissimulation, mais sans rien de morbide qui excuse l'une et explique l'autre. En même temps, niais. Les ruses qu'il emploie, sont toujours pareilles, quel que soit le protecteur momentané auquel il s'attache : des fourberies, des vantardises, des protestations, des tendresses, des larmes, c'est le jeu dont il couvre un plan suivi avec assez de ténacité, peu de hardiesse, aucun scrupule. Jusqu'ici, par ces moyens, il a réussi; à présent, la lutte est plus sérieuse, réussira-t-il de même?

Pour avoir une armée, il faut de l'argent : Murat en doit beaucoup en France, au Trésor, à la Légion, à la Couronne; mais il ne paye pas. A chaque injonction, il s'esquive et oppose des raisons : que l'Empereur lui donne des licences pour les bateaux napolitains et il paiera; on lui en envoie, une fois, deux fois, trois fois : elles ne sont jamais dans la forme qu'il veut et il les retourne aux ministres : Payer ! Il faudrait diminuer son recrutement et restreindre ses dépenses de guerre, c'est ce qu'il veut d'abord éviter : Par ailleurs, il est ordonné, réglé, méticuleux, économe : Il ne met rien de côté pour lui, il ne se fait pas de caisse noire, pas de fortune qu'il place : Tout ce qu'il tire du royaume passe au royaume, mais d'abord à l'armée. Napoléon a beau lui écrire que « la force des États consiste à avoir des troupes bonnes et fidèles plutôt que beaucoup de troupes », il subit le vertige du nombre, convaincu que, lui à la tête, ses soldats feront merveille. C'est là même un joli côté de sa nature qu'il n'admet point qu'on puisse être lâche, qu'on puisse se refuser à aller aux coups et que les soldats de Joachim-Napoléon n'aient point le cœur trempé à sa ressemblance. L'Empereur a beau écrire « qu'il se paiera par ses mains, que ce royaume ne fait que lui coûter de l'argent, qu'il est indigné qu'on ne lui paye pas ce qui lui est dû; »... « que les engagements qu'on prend avec lui sont sacrés et qu'il sait les faire respecter même des princes les plus puissants; » que « les dettes sur son trésor de France sont constatées et n'ont besoin d'aucune vérification, puisque c'est de l'argent avancé en France, que les autres datent du moment même où il a cédé le pays », c'est lui-même qui, à la fin, est obligé d'entrer en composition : Murat, dès son premier voyage (30 novembre 1809-31 janvier 1810) a obtenu des réductions considérables, et sur le nombre des duchés établis dans son royaume, et sur le chiffre des dotations, et sur le million de rente dû au Monte-Napoleon, et sur le montant des engagements vis-à-vis du Trésor. « Je désire faire une convention, a écrit l'Empereur à Champagny, surtout pour éviter de me brouiller avec le roi de Naples. » Murat aura donc des termes, il paiera l'arriéré par des bons portant intérêt; mais il voudrait mieux faire et se libérer avec des objets d'art : il propose ainsi l'Hercule-Farnèse dont l'Empereur ne veut pas au prix qu'il y met. Toutefois dans ce premier séjour, malgré la vivacité de son opposition au mariage autrichien, malgré l'expression qu'il a donnée du mécontentement des uns et de la joie insolente des autres, il n'a pas été sans gagner beaucoup. Il a pris à tâche de se faire pardonner les paroles que lui a, dit-il, inspirées uniquement son dévouement à l'Empereur, par l'outrance de sa servilité, par son empressement à s'offrir, sa joie à tout approuver, sa violence à prendre parti, avec une franchise militaire, contre quiconque encourt la colère de Napoléon. A un dîner de famille, l'Empereur éclate contre Louis, et Murat l'accable; il ne se gêne point pour le traiter d'imbécile autrement qu'en *a parte* et « son accent gascon, son geste vulgaire, sa figure matérielle inexpressive, épanouie alors par la sécurité qu'il puise dans sa bassesse » font un inoubliable tableau pour ses confidents d'occasion.

La récompense, c'est, au départ, la permission de préparer l'expédition, d'en lever les éléments, de former des camps, de tenir toutes les troupes françaises en alerte. La question du passage en Sicile est réservée ; il faut avoir examiné les éventualités, mais c'est assez gagné pour un jour, et Murat compte bien qu'une fois l'armée réunie, il arrachera l'autorisation de s'en servir. Pour veiller à ses intérêts, il a laissé en arrière Caroline qui n'est pas plus que par le passé inutile à ces manèges. Pas un goût de son auguste frère qu'elle ne s'ingénie à flatter, pas une distraction qu'elle ne s'efforce de lui offrir, si bien que, Murat parti, l'Empereur, pour la rapprocher, l'installe au pavillon de Flore.

Murat ne fait qu'apparaître dans son royaume; « l'Empereur l'a réaccoutumé à ses bontés, ce qui lui rend l'éloignement plus pénible »; le 14, il est rentré à Naples; le 21, il est à Capoue où il voit ses troupes, et prend ses mesures contre « le brigandage que soudoie l'*infâme* Caroline », et contre le débarquement, qu'annonce Moliterno, d'un prince français descendant des Bourbons, de Henri IV et de Louis XIV, — le duc d'Orléans — au nom duquel on invite les Français à la désertion; il prépare toutes choses en vue de son expédition de Sicile; il renforce sa garde aux dépens des régiments dont il a le commandement; point de scrupules à ce sujet et toutes les ruses en jeu des recruteurs du quai de la Ferraille. Une fois enlevé, le Français est débaptisé, maquillé au moral et au physique, de façon qu'on perde sa trace et que, condamné à mort par contumace dans son ancien corps, il ne puisse s'évader du nouveau qui lui sert de prison. Comme, pour renforcer ainsi son armée, Murat a besoin d'argent, il entr'ouvre la porte aux marchandises coloniales, en autorisant la libre importation des blés, ce qui permet toutes les fraudes; en même temps, il ruse de son mieux pour ne pas payer la solde des troupes françaises employées dans son royaume. S'il la paye, l'Empire, par réciprocité, ne doit-il pas payer la solde des troupes napolitaines en Espagne? De plus, il payera la solde du pied de paix, non celle du pied de guerre; il prétend se défaire d'un État-major général français qui fait double emploi avec le sien, et d'une administration qui sera avantageusement remplacée par l'administration napolitaine. Il se croit donc bien sûr de sa faveur qu'il ose présenter une telle combinaison, dont le premier effet serait de faire passer toutes les troupes françaises sous les ordres d'officiers napolitains, portant encore la cocarde française, faute d'autre, mais tout prêts à en changer.

Toujours courant, il repart, le 10 mars, pour Paris où il prétend être le 20 pour les fêtes du mariage. Par un prodige de vélocité, surtout avec le Mont-Cenis à l'hiver, il arrive au jour dit; il trouve l'Empereur déjà parti pour Compiègne, et, tout de suite, « tant son désir est grand de mettre ses hommages aux pieds de Sa Majesté », il sollicite des ordres. Il est appelé. Sans doute, le faste qu'il déploie, cette cour extraordinaire en princes, ducs et marquis qu'il amène, fait bon effet. L'Empereur, qui règle lui-même la mise en scène, apprécie le nombre et la qualité des figurants qu'on lui procure, mais cela ne le fait point passer sur les actes de son beau-frère durant son bref voyage. L'Empereur n'entend pas qu'on désorganise ses troupes; il ordonne à Murat de faire rentrer dans les régiments tous les soldats qu'il en a pris; il le menace, s'il ne le fait, de lui enlever le commandement et de le donner à un général qu'il enverra; il lui déclare qu'il ne l'aidera pas d'un écu pour les troupes qui sont nécessaires à son royaume; « il est de principe que le roi paye celles qui sont à Naples »; s'il ne les paye pas, ou qu'il les juge inutiles, on les fera revenir; pourtant, « pour faire l'expédition de Sicile, il faut avoir beaucoup de troupes et, sûrement, écrit l'Empereur, vous ne la ferez pas avec les troupes napolitaines ». Napoléon est donc déjà de méchante humeur : il a vu que, dès qu'il rendait la main, Murat y gagnait, mais, sans doute, par surcroît, un fait grave se produit après le mariage, durant le second séjour à Compiègne, et amène une scène des plus violentes où il adresse à son beau-frère des reproches et des injures inoubliables.

De cette scène, nul témoin et point de récit; mais les allusions continuelles qu'y fait Murat ne laissent point douter qu'elle ait eu lieu. Est-ce au sujet de l'expédition de Sicile, de questions politiques, financières et militaires? Le champ est vaste pour les suppositions : on peut penser que l'Empereur, ayant reçu d'un de ses ambassadeurs des avis sur la fidélité de Murat, a débuté par des reproches sur les dettes non payées, sur les Français incorporés dans l'armée napolitaine; que Murat a insisté pour obtenir l'autorisation de passer en Sicile, que l'Empereur l'a refusée; qu'il est parti en reproches sur l'opposition de Murat au mariage, lui a révélé les soupçons qu'il formait contre lui et lui a formellement déclaré qu'il le regardait comme indigne de son amitié. C'est là ce qui ressort confusément des justifications postérieures.

Il faut écarter l'hypothèse qu'il se soit agi de Caroline : A ne regarder que les dates, on aurait pu le penser. Un drame vient en effet de se jouer où Caroline a tenu le principal rôle et qui, par le retentissement qu'il a eu, aurait bien pu attirer l'attention de l'Empereur et de Murat.

On a vu que, en 1807, Caroline s'était faite la maîtresse de Junot, alors gouverneur de Paris, parce qu'elle avait cru qu'il pourrait servir à ses projets. Plus tard, elle a pris le comte de Metternich, auquel elle n'a point renoncé quoiqu'elle eût, à Naples, la Vauguyon, l'aide-de-camp intime de son mari. Metternich, revenu à Paris pour le mariage, est à présent l'amant de Mme Junot et, pour se venger de celle-ci, Caroline a acheté de sa femme de chambre les lettres que Metternich lui a écrites, et les a livrées à Junot. Junot furieux a fait une esclandre, a battu sa femme, l'a tuée presque, a voulu provoquer Metternich.

Cette histoire a fait le tour de Paris. Napoléon en a-t-il ignoré les détails? Cela est possible : la police ne jase pas volontiers des sœurs de Sa Majesté et Fouché est resté intimement lié avec Caroline. Murat n'a-t-il reçu aucune lettre anonyme de « cette peste de Mme Junot? » Cela est possible encore : D'ailleurs y aurait-il cru? Il a cette sécurité maritale que sa femme est enceinte, et puis elle est bien trop avisée pour ne pas le convaincre de sa vertu.

Ce n'est point de Caroline qu'il s'est agi dans la scène de Compiègne, mais de l'expédition de Sicile, et Murat a fait la sottise d'attribuer ouvertement à l'influence de Marie-Louise les obstacles qu'y met l'Empereur. Il suffit d'une telle allusion pour que Napoléon trouve qu'on viole son for-intérieur et qu'il se cabre : les excuses que cherchera Murat prouvent que c'est là la querelle.

Lorsque Murat quitte Compiègne le 10 avril, il n'est pas rentré dans les bonnes grâces de l'Empereur ; mais il emporte la certitude que son traité de finances va être signé dans des conditions passables — et il le sera le 23 juin — et l'autorisation, à peu près définitive, de préparer l'expédition de Sicile. Il laisse, d'ailleurs, derrière lui, jusqu'à la fin des fêtes, Caroline qui, si elle n'a rien gagné sur l'Impératrice, est restée assez avant dans l'intimité de l'Empereur, pour que, du Pavillon de Flore où elle est entretenue à 708 francs par jour, des petits voyages où elle est toujours nommée, elle puisse tout surveiller et rapporler. Par elle, passeront les demandes et, avec elle, l'Empereur s'adoucira. Ainsi fait-il à propos des Français engagés dans l'armée napolitaine : « Je donnerai au roi des officiers et des sous-officiers tant qu'il voudra, écrit-il à sa sœur, mais je ne veux pas qu'il les prenne sans ma permission, et qu'il désorganise les corps en disant qu'il ne le fait pas. Il faut être de bonne foi et marcher droit. Je ne saurais souffrir qu'on fasse rien contre mon service ». La conclusion, c'est le passage au service de Naples d'abord d'un nouveau bataillon corse, puis d'un régiment suisse.

Néanmoins, il ne faut pas croire que Napoléon désarme : il met Naples au même rang que la Haye ; il fait notifier à Naples que « son intention est également de n'y avoir qu'un chargé d'affaires et pas d'ambassadeur ». « Dans plusieurs circonstances, on a manqué d'égards pour le caractère de son ambassadeur. Il veut cesser d'en entretenir un » ; « aucun traité ne doit être fait sans son approbation », même s'il s'agit de traités d'importation avec des particuliers ; quant à l'armée, « il défend expressément que les troupes françaises soient commandées par des officiers qui, de grades subalternes, ont obtenu un avancement extraordinaire dans les troupes de Naples ; il veut que ses troupes ne reçoivent d'ordres que de généraux français ; il tient tellement à cette disposition — notifiée à la fois au général Grenier, chef d'état-major, au maréchal Pérignon, gouverneur de Naples et au ministre de la Guerre napolitain — qu'il déclare formellement qu'il ôtera plutôt le commandement de ses troupes au roi que de permettre qu'on s'écarte de sa volonté sur ce point ; sa surveillance enfin, loin de se ralentir, se rend tous les jours plus pressante ; il multiplie les missions de façon à être tenu au courant, par des agents indépendants, de ce que fait et projette son beau-frère

⁂

Murat, rentré à Naples le 27 avril, était tout entier à ses préparatifs d'expédition, lorsque, le 4 mai, un vaisseau ras anglais de cinquante canons, *le Spartiate*, s'est présenté, comme pour le braver, dans le golfe de Naples. Le roi, aussitôt, a donné l'ordre à sa division navale (une frégate, une corvette, un brick, un cutter et six chaloupes canonnières) d'appareiller et d'attaquer ; mais, dès les premières bordées, les officiers de la frégate ont été mis hors de combat, le brick a été coulé ; les autres bateaux fortement endommagés se sont retirés à grand'peine, ramenant cinquante morts et cent dix blessés.

Cela est d'un mauvais augure pour le passage en Sicile, malgré que le roi annonce presque sa défaite comme une victoire. Pourtant il ne renonce pas : le 16, il part pour la Calabre où il a assemblé ses troupes. Il emmène avec lui une suite considérable, et, outre sa maison militaire, ses ministres de l'Intérieur et des Finances, ses chambellans et ses écuyers, des intendants et des percepteurs de tous les genres, un gouvernement tout prêt pour la Sicile. Des quatre divisions qui forment son armée, dont le général Grenier, d'ordre de l'Empereur, est major général, la première, française, d'un effectif de 8 500 hommes, a pour commandant le général Partouneaux, avec Bourmont pour chef d'état-major; la deuxième, française également, de 10 000 hommes, est sous Lamarque ; la troisième, de 3 500 hommes, napolitaine ou réputée telle, car le principal élément en est le Royal-Corse, obéit au général Cavaignac ; la quatrième, qui fait la réserve, et qui a pour noyau les quatre bataillons de la garde royale, reste sous la main du roi. Pour faire passer le phare à cette armée, il faut sept cent quatre-vingt-deux bateaux, qui, de tous les ports du royaume, arrivent peu à peu en suivant les côtes ; mais l'escadre anglaise les guette : elle est composée de deux vaisseaux de ligne, quatre frégates et quatre-vingts canonnières; presque chaque jour, elle attaque quelqu'un des convois et l'anéantit. Murat n'en est pas ébranlé. Après un voyage triomphal au travers de son royaume, où il a recueilli, comme de juste, les acclamations des peuples, les hommages des prêtres et les serments des nobles, et où il a prodigué les amnisties aux émigrés, il est venu le 6 juin, dresser son camp royal à Pialo, sous le feu de la croisière anglaise. Il est plein de confiance : « La Sicile sera conquise, écrit-il à l'Empereur, les Anglais seront battus ou vous aurez perdu votre meilleur ami ».

L'Empereur est bien moins sûr du succès : le 23 mai il a envoyé le colonel Leclerc, aide de camp de Clarke, pour inspecter les préparatifs, et recommander expressément qu'on ne tentât l'expédition qu'à coup sûr et si l'on avait les moyens de transporter 15000 hommes à la fois; en tous cas, il a donné l'ordre qu'on mît Gaète en état de soutenir un siège de plusieurs mois, afin qu'en cas d'échec, on gardât ce point d'appui dans le royaume.

Cette inquisition qu'exercera un envoyé du ministre de la Guerre de France, ces conditions mises à l'expédition, ces ordres sur l'armement de Gaète, exaspèrent Murat. Il y trouve la preuve que tout est changé pour lui, il prévoit à quoi il devrait s'attendre si la fortune venait à l'abandonner dans cette circonstance... « Sire, écrit-il, l'expédition ne sera pas tentée parce qu'il y a toujours quelque chance à courir et qu'aucune expédition, maritime surtout, n'en est exempte. » Mais cette colère tombe, s'épanche en déclamations, en protestations, en apologies : Il est calomnié, il est le jouet des ennemis de l'Empereur qui sont les siens; longuement et sans ordre, il accumule ses arguments de défense, sans qu'on en tire une idée nette des accusations.

Le lendemain, sans transition, il déclare qu'il « a plus que jamais la certitude que rien ne peut l'empêcher de passer en Sicile; sa flottille sera double de celle de l'ennemi; il n'a pas besoin d'escadre, et même elle ne pourrait pas lui servir »; la panique est à Palerme; les familles émigrées demandent à rentrer; les Siciliens sollicitent sa protection; en quarante-huit heures tout peut être terminé.

Toutefois, quelque assurance qu'il témoigne et

malgré les simulacres d'embarquement qu'il multiplie. Murat ne peut pas aller contre les volontés de l'Empereur et, ne voulant pas trouver les raisons de l'opposition qu'il rencontre à ses projets dans les craintes justifiées d'un échec, il les cherche ailleurs, dans une entente formée entre Napoléon et Marie-Caroline.

Dès le 22 avril, en passant par Alexandrie, il lui écrivait, comme pour le tâter : « Les nouvelles apportées de Palerme annoncent « que la plus grande mésintelligence règne entre la Cour et les Anglais, qui, depuis le mariage de Votre Majesté et les préparatifs dirigés contre la Sicile, croient (Marie) Caroline d'intelligence avec Votre Majesté pour les chasser de Sicile pour la conserver pour elle ; ceci est très positif. »

A cette invite, l'Empereur n'a rien répondu et l'idée qui, dès janvier, occupait Murat, s'est plus encore emparée de son esprit : au reste, toute l'armée parle d'une correspondance établie entre l'Empereur et la reine par le canal de l'Impératrice. On va jusqu'à dire qu'une sorte de convention a été conclue entre eux, que la reine s'est engagée à chasser elle-même les Anglais de la Sicile, sans l'assistance des Français, et que l'Empereur, en échange, lui rendra intégralement ses Etats de Naples qu'elle gouvernera sous la dépendance de la France et selon les lois françaises.

Or, au même moment où le colonel Leclerc apporte ainsi un veto suspensif dont le bruit, répandu dans tout Naples, détruit les projets du roi, un étrange incident vient fournir aux soupçons de Murat sur la duplicité de l'Empereur, une base qu'il peut croire solide : un agent de la police napolitaine, Joseph Cassetti, qui a eu jadis avec Marie-Caroline des rapports intimes, a été envoyé de Naples à Palerme « pour connaître les forces ennemies et sonder les dispositions de la reine. Il l'a trouvée fortement irritée contre les Anglais et est venu à bout de lui persuader de s'abandonner entièrement à la France. Elle l'a renvoyé sur un de ses corsaires que commande un certain capitaine Visco et lui a donné une lettre, toute écrite de sa main, adressée à sa nièce [1], l'auguste Marie-Louise impératrice des Français. Elle lui marque, dans cette dépêche, de reconnaître Cassetti pour son agent ; elle se plaint des vexations insupportables qu'elle éprouve continuellement de la part des Anglais et elle se montre disposée à consentir à tout pour s'en délivrer. Elle déclare en même temps qu'elle ne veut en aucune façon traiter avec Murat ; mais elle s'en remet entièrement à sa nièce et la prie de combiner avec l'Empereur ce qu'ils jugeront convenable. » Cassetti, de retour à Naples, a confié la mission qu'il a reçue de Sicile au préfet de police, Maghella, lequel, depuis la mort de Saliceti, survenue le 23 décembre précédent, est chargé des opérations générales de police bien plutôt que le titulaire intérimaire du portefeuille, M. Daure. Maghella a retenu Cassetti, il a

[1] Il n'y a qu'un mot en italien : *Nipote* pour exprimer *nièce* et *petite fille* et le traducteur, peu versé dans la généalogie, a pris l'un pour l'autre.

expédié un courrier au roi en Calabre, et, sur la réponse qu'il a reçue, il y a envoyé l'espion. Le roi l'a interrogé lui-même ; il lui a fait enlever la lettre de Marie-Caroline, et l'a renvoyé à Naples où il a été mis au secret dans le propre hôtel du préfet de police.

De ce que Marie-Caroline a tenté d'entrer en rapports avec Napoléon, faut-il conclure que Napoléon soit d'accord avec elle ? Non certes, mais Murat peut craindre qu'elle ne s'y mette, qu'elle n'ait déjà recherché d'autres moyens de communiquer avec sa petite-fille, qu'elle ait réussi et qu'on le prenne pour dupe. Les hésitations, les doutes de l'Empereur, ses ordres, les missions qu'il donne lui en paraissent la preuve. Pourtant, quoi de plus logique?

Napoléon sait par expérience que la traversée d'un bras de mer, que ce soit la Manche qui a trente kilomètres ou le Phare qui en a trois, présente des difficultés presque insurmontables, lorsqu'on la tente avec des chaloupes, en présence d'une escadre ennemie maîtresse de la mer ; il n'ignore pas que, entre Messine et Scylla, le régime des courants est spécial et qu'il attira de tout temps l'attention des marins, quoique, en sa qualité de grand amiral, Murat refuse d'en tenir compte ; il n'admet pas que la conquête de la Sicile, défendue par 22 000 Anglo-Siciliens, puisse être un coup de surprise comme l'escalade de Capri ; il est d'autant mieux en droit de prêcher la prudence que, même en admettant que la descente ait eu lieu, au cas d'un échec en Sicile, toute retraite est coupée à Murat et à son armée par l'escadre anglaise qui n'aura pas manqué d'anéantir la flottille — et alors, c'est un roi français, grand dignitaire de l'Empire, prince de la Famille impériale, fait prisonnier de guerre avec les 20 000 Français qu'il aura amenés; c'est un désastre pis que Baylen, le royaume de Naples perdu, le prestige de l'Empire ébranlé, peut-être l'Italie méridionale à reconquérir. L'Empereur ne croit donc pas au succès, il ne croit même pas à la réalité de l'expédition; mais en autorisant qu'on la préparât, il a eu pour but d'attirer sur la Sicile les forces anglaises et de les détourner du Portugal, où, à ce moment même, Masséna doit entrer en action, et il croit au succès de cette démonstration, il tient à ce qu'elle soit prise au sérieux, et avec les combats qui se livrent chaque jour entre l'escadre anglaise et les chaloupes de Murat, il fait du bruit qui sert ses projets. Dans l'armée, on est si bien convaincu de l'inconsistance du projet qu'un jour, lors du simulacre quotidien d'embarquement, Lamarque, le vainqueur de Capri, gourmandé par le roi sur son peu d'empressement à se rendre à son poste, lui a répondu devant tout l'état-major : « Sire, je ne crois pas à vos gasconnades. »

Murat y tient pourtant, et bien plus sérieusement qu'on ne pense à Paris : par Caroline, qui est du voyage de Rambouillet (du 6 au 17 juillet), il arrache de l'Empereur l'autorisation de tenter la descente — sans doute Grenier a-t-il le contre-ordre dans sa poche ; — le 3 août, il donne positivement ses instructions ; mais un des convois attendus a dû s'échouer sous Amantea pour n'être pas pris par les Anglais ; il faut retarder ; ce sera pour le 15 ; mais, le 15, l'escadre anglaise est devant Pialo ; il faut se contenter de la revue, des banquets et du feu d'artifice au milieu duquel les Anglais jettent une trentaine de bombes ; « c'est à leur lueur que l'armée porte les toasts de son empereur et de son auguste épouse ». Chaque jour, on annonce le mouvement pour le lendemain, et chaque jour, pour une cause ou l'autre il est remis. Bien que Murat ait obtenu l'autorisation de l'Empereur, il n'a pas regagné ses bonnes grâces et, par tous les courriers, ce sont des plaintes, des doléances, des protestations. Sans un assentiment formel, n'ose-t-il se risquer, ou lui-même est-il pris d'inquiétude devant le problème posé ? On ne saisit pas, au milieu de ses continuelles hâbleries, s'il est ou non de bonne foi, et le dernier épisode ajoute encore à ces doutes.

La saison est déjà avancée, l'équinoxe approche, les subsistances, peu abondantes dès le début dans ce district de Reggio qui ne produit ni blé ni gros bétail, sont complètement épuisées. Si Murat veut faire quelque chose, il faut qu'il agisse sans retard. Il commande l'embarquement pour la nuit du 17 au 18 septembre, et le 17, les instructions générales sont expédiées par Grenier à chaque commandant de division. D'après le plan adopté, le rôle principal est réservé aux divisions Partonneaux et Lamarque ; la division Cavaignac est destinée à une diversion vers la Scaletta. Au moment d'agir qu'arrive-t-il ? Selon un témoin napolitain, « le roi, ayant fait embarquer la moitié du corps expéditionnaire, reste toute la nuit sur un bateau, à la marine de Reggio, mais ne pouvant se décider avec cette promptitude avec laquelle César se jeta en Angleterre et observant de l'incertitude et des avis contraires chez ses généraux, il laisse passer les heures jusqu'à ce que l'aurore paraisse et, voyant alors les navires anglais, grands et petits, sortir du port de Messine, il fait donner aux troupes l'ordre de retourner à leur camp. » Selon d'autres — et c'est le bruit chez les Français — au moment où les deux divisions Partonneaux et Lamarque attendent le signal de quitter le mouillage, le général Grenier, au nom de l'Empereur, s'oppose au départ et il s'ensuit à bord de la galère royale une scène des plus vives. De cette version, nulle confirmation, ni dans les lettres de l'Empereur à Grenier, ni dans les lettres de Murat à l'Empereur — et pourtant, nul doute que Murat n'en eût parlé, ne se fût plaint, n'eût dit quelque part que l'Empereur lui avait fait manquer sa fortune. La première version est donc seule vraisemblable.

Quoi qu'il en soit, que Murat ait hésité lui-même ou qu'il se soit heurté à la volonté de Napoléon, le résultat est pareil : Les divisions françaises qui sont à portée de la voix en sont quittes pour une nuit blanche, mais la napolitaine? Cavaignac, qui la commande, a reçu à Pentimele le 17, à dix heures moins un quart du soir, l'ordre d'embarquer; il n'a pu lever l'ancre qu'après onze heures. Son escadrille, qu'escorte une seule canonnière, se dirige à la rame vers son objectif et, après divers incidents, elle arrive, sans avoir rencontré l'ennemi, à la fiumara de San Stefano. Elle prend terre sans rencontrer de résistance sérieuse et s'établit militairement. Le Royal-Corse occupe la grande route de Messine, mais, sur un ordre du chef d'état-major de la division, le lieutenant-colonel Desbréat, il la quitte pour se jeter dans la montagne; la plus grande partie de l'escadrille s'éloigne malgré les injonctions de Cavaignac et, sur l'ordre du capitaine de frégate Caracciolo, regagne Pentimele.

Cavaignac, après son débarquement, commence à douter que les autres divisions aient fait leur mouvement, car il n'entend pas un coup de canon sur la ligne du Phare, mais comme, d'autre part, il n'aperçoit aucun des signaux qui lui ont été indiqués, il reste en position. Au petit jour, il constate qu'il n'y a aucun mouvement dans le canal, et convaincu que le signal de retraite lui a échappé, il ordonne qu'on rembarque, mais, par suite de la position donnée au Royal-Corse et de la fuite de l'escadrille, il ne parvient à ramener qu'à peu près la moitié de son monde. Il laisse en Sicile 42 officiers et 753 hommes du Royal-Corse qui sont faits prisonniers par les Anglais. Le drapeau donné au régiment par Joachim-Napoléon est pris, promené dans Messine et suspendu, dans la Cathédrale, à l'autel de la Madona-delle-Lettera, protectrice de la Cité.

Le signal de retraite avait-il été donné, à défaut d'un contre-ordre qui, en tout état de cause, fût arrivé trop tard ? On a prétendu que, lorsque Murat eut exhalé sa colère, Grenier lui dit : « Le général Cavaignac est en route pour sa destination ; faut-il lui donner contre-ordre ? » Et que Murat répondit : « Laissez-le aller ». Plus tard, ajoute-t-on, « il fit jouer le télégraphe pour ordonner le retour, » mais Cavaignac n'aperçut point les signaux. On a dit que « le roi, lorsqu'il connut les ordres de l'Empereur, voulut se donner à lui-même et donner à l'armée une satisfaction d'amour-propre », prouver par un fait positif que le passage était possible et que, là où les Français avaient reculé, ses Napolitains, — qui d'ailleurs étaient des Corses, — avaient réussi. « Ne pouvait-il raisonnablement penser, a-t-on ajouté, que les Anglais, tenus en échec sur le front principal de l'attaque, laisseraient à la division Cavaignac le temps de revenir à son mouillage, après avoir pris terre sur le point de débarquement qui lui était désigné ? »

Tous ces raisonnements ont été faits après coup. Grenier, s'il avait pris sur lui d'imposer le contre-ordre au roi, l'aurait aussi bien donné à la division Cavaignac, qui, napolitaine de nom, était française de fait et faisait partie de l'armée. Cavaignac n'était en rien responsable, car, à son débarquement, le roi l'embrassa et lui passa lui-même le cordon de grand commandeur de l'ordre de Westphalie que Jérôme avait envoyé pour le prince Achille ; Cavaignac, il est vrai, ne put obtenir la mise en jugement du capitaine de frégate Caracciolo, un des deux auteurs du désastre ; mais, à cela, il y a la bonne raison que

Caracciolo étant d'une des plus grandes familles napolitaines, Murat ne se souciait pas plus de le perdre qu'il n'avait hâte de prouver à tous la lacheté de ses officiers.

La version qui, de beaucoup, semble la plus vraisemblable, c'est que, dans cet état d'incertitude qu'a dépeint le prince Pignatelli Strongoli, Murat a complètement oublié la troisième division : elle ne pouvait recevoir à temps un contre-ordre : on n'a pensé à lui faire aucun signal et on l'a laissée se débrouiller. Murat dans le rapport qu'il adresse à l'Empereur le 18 septembre ne s'élève pas contre Grenier, il avoue *quelques* hommes perdus et il dit en excuse : « J'aurai du moins acquis la certitude de conquérir la Sicile quand Votre Majesté l'aura décidément ordonné. » Quant au reste, il ajoute : « Je me propose, Sire, d'avoir l'honneur de vous écrire particulièrement sur les contrariétés de toute espèce que j'ai eu à surmonter de la part de quelques généraux dans une circonstance aussi importante. » Et cette lettre qu'il annonce ainsi ne se retrouve pas.

Ce qu'il prétend d'abord, c'est masquer la défaite aux yeux de son peuple : Il publie donc un ordre du jour où il annonce que l'expédition de Sicile est ajournée, que le but que se proposait l'Empereur est atteint, qu'un grand problème est résolu puisqu'il est démontré que toutes les flottes ennemies ne peuvent empêcher le passage du détroit par des barques de pêcheurs et que la Sicile sera conquise le jour où on le voudra fermement. » Là-dessus, il ordonne que les bateaux regagnent leurs ports respectifs et que les troupes reprennent leurs cantonnements.

Il ne trompe personne : l'Empereur, à qui on a avoué deux cents prisonniers, parvient, le 27 novembre, après maintes injonctions vaines, à savoir qu'il y en a près de mille, mais ce qui lui déplaît surtout c'est cette obstination à mentir; l'ordre du jour le fâche plus encore : « Le roi de Naples, écrit-il, a tort de parler ainsi de mes projets sans mon autorisation ; mon but était de faire une expédition en Sicile ; comme la Sicile n'a pas été conquise, mon but n'a pas été atteint; je trouve fort extraordinaire qu'il ait parlé de moi d'une manière inexacte; cela peut avoir l'inconvénient de faire supposer que je n'ai pas toujours pour but de réussir; toutefois, il ne devait pas parler de moi sans y être autorisé et je le prie désormais d'agir avec plus de circonspection ; » et il donne l'ordre que toutes les troupes restent à Reggio en position de menacer la Sicile jusqu'au 1er janvier : mais, cet ordre, Murat refuse de l'exécuter : la Calabre est hors d'état de nourrir les troupes, le trésor est épuisé, et d'ailleurs le résultat est atteint puisque les Anglais continuent à renforcer leurs troupes de Sicile. Cela l'Empereur le nie sur bonnes pièces : « Toutes les troupes que les Anglais avaient destinées à la Sicile, ont été envoyées en Portugal aussitôt qu'on a connu l'ordre du jour que le roi a fait paraître, » et il lui écrit : « Si vous vouliez revenir à Naples qui vous obligeait de déclarer que vous mettiez fin à l'expédition ?... Mais vous agissez sans aucune espèce de prudence. »

Murat est revenu à Naples par mer : il y est arrivé le 3 octobre ; la reine qui est rentrée le 4 août vient à peine de se remettre d'une fausse couche très douloureuse dont elle a été très malade; mais, en ce moment, c'est la moindre préoccupation du roi. Quoique, selon toute probabilité, il ne doive attribuer qu'à lui-même l'échec qu'il a reçu, il en reporte l'entière responsabilité à l'Empereur, et, sinon au contre-ordre Grenier auquel il ne faut pas croire jusqu'à meilleure information, au moins à la mission Leclerc. Par là, tout le plan qu'il a échafaudé s'écroule. Si l'Empereur n'est pas en accord formel avec Marie-Caroline, tout le moins interdit-il qu'on touche à la Sicile, et c'est un aveu qu'il ménage la grand'mère de sa femme. Il faudra donc que Murat reste sur sa défaite, renonce à conquérir la Sicile. Ce n'est pas assez : voici qu'on prétend lui arracher l'instrument sur lequel il compte pour se défendre contre l'Empereur même. Cet ordre, expédié à Pérignon et à Grenier, de ne tolérer qu'aucun soldat français soit commandé par les officiers au service de Naples, l'atteint au vif, car c'est fini des espérances qu'il a pu former de faire, avec les régiments que l'Empereur a mis sous ses ordres, une garde française de prétoriens.

Chaque jour, d'ailleurs, ce sont de nouveaux déboires : tantôt l'Empereur envoie directement à ses généraux l'ordre de confisquer tous les bâtiments, « quelqueconques », qui portent ou sont soupçonnés de porter des denrées coloniales; tantôt il exige des abaissements de tarifs ou des suppressions des droits d'entrée sur les draps ou les soieries de France; il refuse d'envoyer un ambassadeur ou même un ministre à Naples ; il s'oppose à ce que Murat accrédite des ministres à Vienne et à Pétersbourg ; il accumule les plaintes contre la division napolitaine d'Espagne, « un ramassis de brigands qui empoisonnent tous les pays par où ils passent » ; il ordonne d'arrêter en route un bataillon de marche qui se rend en Catalogne et « qui ne servirait qu'à grossir les bandes de brigands; » toutes ces troupes désertent, elles sont dans la misère, il n'en veut plus, et quand Murat les réclame, il les garde ; il exerce, par ses agents, une surveillance de chaque instant et, sur chaque menu fait qu'on lui dénonce, vérifié ou non, il porte une plainte; il exige que, dans l'état où est le trésor napolitain, Murat mette en construction tous les vaisseaux stipulés par le traité de Bayonne, qu'il arme les rades jusque-là uniquement réservées au cabotage, que, dans des ports où il y a place à peine pour un chantier napolitain, il trouve moyen de construire des vaisseaux au compte de l'Empire et sous le contrôle d'agents qui ainsi pénétreront partout ; qu'il change les titres des commandants de sa garde, parce qu'ils sont pareils à ceux usités en France.

Sans aucun ménagement, il frappe, comme grisé par les coups qu'il donne et par les blessures qu'il fait, et, pour envenimer chacune d'elles, Murat a retrouvé à Naples, Maghella qui tient tous les ressorts de la police depuis la mort de Saliceti : on dit assez haut qu'il l'a empoisonné; peut-être n'en a-t-il pas eu besoin. En tout cas, Saliceti disparu, le champ lui appartient. Nul n'est de taille à lutter avec lui et il est de force à mettre en échec l'Empereur même. Qu'il soit dès lors affilié aux sociétés secrètes subsistant de la Parthénopéenne ou suscitées par les émigrés siciliens, ou qu'il se rattache à d'autres sociétés, telles que les loges franc-maçonnes créées par les Francais dans toutes les villes qu'ils occupent, Maghella exerce une action mystérieuse, groupe et tourne à son profit des forces innomées, et prépare, dans le silence et l'obscurité, l'accomplissement d'un des desseins les plus ambitieux qu'un homme ait conçus. Il déteste la domination Napoléonienne, il veut se rendre l'initiateur d'une Italie indépendante qui se fasse telle elle-même, qui ait son roi, son drapeau, plus tard ses institutions libres. Pour cela, il lui faut un point d'appui, et c'est Naples, un général et c'est Murat, une armée et ce doit être l'armée napolitaine. De telles idées se rencontrent trop avec l'ambition et avec les inquiétudes de Murat pour qu'il soit difficile de les lui faire embrasser à mesure qu'on les lui dévoile : même, sans lui en confier le secret, il est des points où Murat se trouve naturellement entrer dans le projet de Maghella quoique le but primitif diffère.

Ainsi, Murat a élevé jadis des prétentions jusqu'à la Couronne impériale; il s'en est tenu pour l'héritier et il a conduit ses intrigues dans l'espoir que le trône vacant lui appartiendrait; mais il estime peut-être à présent que l'objet est à la fois trop élevé et trop lointain, et, de lui-même, il s'est restreint à Naples : d'ailleurs, même pour affecter l'Empire, sa royauté lui est nécessaire. Or, cette royauté est menacée ; la tempête qui vient de renverser le trône de Louis, d'ébrécher celui de Joseph et celui de Jérôme, souffle à présent sur Naples. Pour y résister, il faut une armée et un trésor : dès le début Murat l'a compris; mais, pour l'armée, étant données les injonctions de l'Empereur à Pérignon et à Grenier, les résistances des généraux français, et le courant surtout des idées de Maghella, il ne peut plus compter sur les troupes qui obéissent directement à l'Empereur; il entend donc d'abord se débarrasser des régiments français qui, de fait, sont encore les maîtres de son royaume, puis renforcer l'armée napolitaine avec des éléments français, italiens et nationaux.

Pour ceux-ci, il a l'excellent prétexte des lettres de l'Empereur sur sa division d'Espagne : qu'on la lui renvoie, il n'en désertera plus un seul homme : il la regarde comme perdue, si l'Empereur n'accueille pas sa demande ; quant aux troupes françaises, il ne peut plus payer leur solde ; ses finances sont entièrement épuisées ; l'effectif d'ailleurs est double de celui qui est stipulé par le traité de Bayonne ; il demande donc qu'on les restreigne à ce nombre précis ; il prie l'Empereur « ou de payer la majeure partie de ses troupes qui sont dans le royaume ou d'en diminuer le nombre. » En même temps, comme il a un urgent besoin de cadres solides pour son armée qu'il recrute à force, qu'il a portée en deux ans de 17 405 hommes à 40 154 et qu'il compte mettre à 60 000 hommes, il ouvre des perspectives de plus en plus flatteuses aux officiers et soldats impériaux qu'il prétend attirer à son service; il encourage les désertions surtout dans les régiments étrangers, tels qu'Isembourg et la Tour d'Auvergne où l'esprit est bien plus aventureux que national. Il appelle de Paris quantité de jeunes hommes à beaux noms, qui préfèrent, à un brevet de sous-lieutenant imposé par l'Empereur, les agréments d'officier d'ordonnance et un extraordinaire avancement. Il recrute à force partout où il peut, même aux frontières des ci-devant États romains.

Quant aux finances, assez malades, mais dont il exagère vis-à-vis de l'Empereur l'état de dépérissement, en alléguant que le déficit vient de son prédécesseur, il emploie pour remplir son trésor toutes sortes de ruses. Afin d'obtenir la libre entrée des navires américains et la levée du séquestre — qu'il se gêne peu pour ordonner, témoin l'*Hercule*, mis à la disposition de Lucien, — il allègue la nécessité d'approvisionner Corfou, la mauvaise récolte, la disette dont est menacée sa capitale. Il se défend avec indignation de tolérer le commerce des denrées coloniales : « Votre Majesté pourrait-elle croire, écrit-il, que, au camp de Piale, en face des Anglais, enfin aux portes des magasins anglais nous soyons restés des quinze jours sans sucre ! » Pourtant, on n'en manque point dans le royaume où la surveillance des douanes s'exerce avec une négligence préméditée et où, de Sicile, de Malte et de Tunis, affluent les produits anglais. Murat lui-même est intéressé dans des armements de navires qui vont en chercher à Malte.

*
* *

Pour suivre un tel plan avec la rigueur, le secret et la continuité qui conviennent, il faut un calme, une persévérance, un sang-froid que n'a pas Murat. Maghella ne s'est point encore rendu assez maître de son esprit pour lui inspirer toutes ses mesures et le rassurer sur les conséquences; l'Empereur l'a trop habitué à sa fortune pour qu'il en doute encore, et il a peur de lui comme d'une divinité implacable et lointaine qu'on peut tromper, mais par qui il ne faut pas se laisser prendre. Au moindre bruit que son trône est menacé, il perd la tête et fait des écritures maladroites. Il écrit d'ailleurs trop, se laisse emporter par sa plume, comme un rhétoricien novice, déclame, supplie, pérore et récrimine. Dès le mois d'octobre, il risque des allusions « aux bruits qui circulent et qui sont décourageants pour tout le monde parce qu'ils ne sont démentis par personne » ; le 5 novembre, à propos de l'extension au royaume de Naples du décret du 18 octobre ordonnant de brûler les marchandises coloniales, il précise : « la malveillance n'a pas manqué, dit-il, de présenter cet acte d'autorité comme la preuve de la réunion du Royaume à la France. Je vous prie, Sire, de me faire demander par les Relations extérieures ce que vous désirerez, car Votre Majesté ne se fait pas une idée du caractère des Napolitains, disposés à voir tout en noir. » Et comme si cette dernière mesure faisait déborder le vase, il part en plaintes contre tout le monde, contre l'auditeur Capel, chargé d'organiser le domaine extraordinaire, « qui lui donne plus d'embarras à lui seul que le gouvernement du royaume, » qui n'a pas craint de lui demander son domaine privé, la dotation de l'Institut et celle de l'archevêché de Capoue pour former des corps de biens mieux réunis et dont l'administration fût plus facile ; contre le ministre de la Guerre, Clarke, dont « la correspondance n'est pas décente et blesse la dignité royale » ; contre le chargé d'affaires de France, Grosbois, qui « pourra bien parvenir à la fin à rendre suspects même ses sentiments, tant la guerre que l'on déclare à son gouvernement est active et injuste » ; contre le consul général et les consuls de France qui prétendent faire exécuter à la rigueur le décret du 18 octobre et qui secondent de tous leurs efforts le chargé d'affaires en lui fournissant des allégations tendancieuses et controuvées ; contre la consulte de Rome qui, sur le bruit que la peste s'est manifestée à Brindisi « a fait suspendre toute communication par mer et par terre ». Tout le monde lui en veut, tous les Français sont ligués pour le persécuter et pour le dénoncer : « Au nom de Dieu, Sire, écrit-il le 9 novembre, faites cesser l'état pénible dans lequel je me trouve. Je ne puis plus lutter contre la perfidie et la mauvaise foi. Si on remet exactement sous les yeux de Votre Majesté les rapports de ses agents qui ne peuvent être que les conséquences de leurs propos, Votre Majesté ne pourra manquer d'y remarquer l'esprit ennemi dont ils sont remplis et vous ne souffrirez pas que des gens qui ne vous sont rien, mais qui attendent des places de leur prétendu zèle, attaquent d'une manière si scandaleuse les sentiments et la conduite de celui qui fut constamment et qui sera toujours le meilleur serviteur de Votre Majesté. »

Voilà la polémique engagée, et de quel ton ! Au reste, Murat ne s'arrête point à des mots et il passe à des actes bien plus significatifs : par cette même lettre, il annonce la nécessité où il se trouve de pourvoir à la vacance du ministère de la Police — ce qui prépare la nomination de Maghella — et, comme l'Empereur, malgré la promesse qu'il s'est laissé arracher par Caroline, se refuse toujours, selon la décision qu'il a notifiée en avril, à désigner un ministre ou un ambassadeur pour Naples, il menace, par représailles, de rappeler de Paris son ambassadeur : « Si, à mon grand regret, écrit-il, Votre Majesté était décidée à ne pas nommer un ministre à Naples, je vous prierai de permettre à M. Campo-Chiaro de rentrer dans le royaume où je pourrai tirer quelque parti de ses connaissances et de son dévouement. »

L'Empereur, soit qu'il ne voie pas, soit qu'il ne veuille pas voir, répond avec une modération qui étonne et cède sur bien des points. S'il répugne à autoriser Murat à envoyer en Russie et en Autriche des ministres qui lui dépenseront de l'argent sans raison, il n'est point intransigeant et, pour peu que Murat insiste, il lui donnera gain de cause : ainsi pourront se nouer les trahisons définitives. Après avoir tant de fois déclaré qu'il n'aura plus qu'un chargé d'affaires à Naples et point de ministre, « Quant à moi, écrit-il, le 13 novembre, je vais vous en envoyer un. » Le 22, en effet, il nomme le baron Durant de Mareuil, un des serviteurs les plus anciens et les plus attentifs de la carrière. Avisé, ouvert et informé, Durant est de ceux auxquels on en fait difficilement accroire; tout différent par l'âme de la Rochefoucauld, qui a joué à La Haye un vilain rôle, il n'est point homme à mêler au devoir professionnel des rancunes personnelles et des haines privées; mais, par devoir professionnel, il rendra compte de tout ce qu'il apprendra; il constatera ainsi des faits qui, au temps où ils étaient dénoncés par des agents subalternes, pouvaient être niés, qui, à présent, étant donnés le titre et le caractère de celui qui les rapporte, ne pourront être contestés. Par vanité, par désir d'en finir avec des individus qu'il trouve tracassiers, par espoir qu'ayant affaire à un seul, il en aura plus facilement raison, Murat s'est fait donner un surveillant, alors que tout contrôle lui est insupportable, lui semble une atteinte à son indépendance et à sa souveraineté.

*
* *

Ainsi, en ce moment, seul des princes confédérés, il s'abstient de fournir la situation de ses troupes à l'Empereur qui la réclame vainement : c'est pourtant là le point en litige : car tout tient à cette question d'effectif et l'état de ses finances en dépend, comme l'impuissance où il dit être de payer la solde des troupes françaises. Par une explosion d'inconscience et de vanité, il s'est vanté d'avoir porté son armée à 40 000 hommes, et, en même temps, pour se débarrasser des Français, il a allégué que ces 40 000 hommes épuisaient ses ressources. Il n'a pas compris qu'il donnait ainsi barre à l'Empereur qui lui répond : N'en ayez que 15 ou 20 000, et vous n'aurez pas de déficit. A quoi peuvent servir 40 000 Napolitains? « Vous sentez bien, que convaincu comme je le suis que, si je retirais mes troupes, il faudrait bientôt les renvoyer à grandes marches, parce que les Anglais ne manqueraient pas d'en profiter pour venir vous attaquer, ce qui me serait en Europe une dépense considérable et un échec, je me trouve embarrassé de la mauvaise direction que vous donnez à vos affaires... Avec vos 40 000 Napolitains vous n'êtes pas à l'abri d'un débarquement de 12 000 Anglais. » L'Empereur malgré les instances de Murat refuse donc de retirer ses troupes du royaume, mais, en même temps il ne veut pas rendre les Napolitains qu'il emploie en Catalogne : « C'est peu de chose » dit-il, et il ajoute : « Croyez que j'attache peu de prix à vos troupes qui sont formées à la hâte, mal habillées et mal composées ». Il y tient pourtant, soit qu'elles lui servent d'otages, soit qu'il soit embarrassé pour les remplacer.

Sur la réduction de l'armée, Murat est intraitable :

sans craindre de se contredire, il déclare que ses finances n'ont jamais été plus prospères et mieux administrées; s'il y a un déficit, c'est du fait de son prédécesseur. « La dette qu'on lui reproche n'est pas la sienne, c'est celle qu'il a trouvée », mais « ce déficit a diminué quand il aurait dû s'accroître par l'augmentation de 7 000 hommes de troupes françaises et d'environ 25 000 hommes de régiments napolitains nouvellement levés, par les dépenses de l'expédition, par celles des constructions navales, consistant en un vaisseau, une frégate, deux bricks, cinq goëlettes et une flottille de quatre-vingts bâtiments de tout calibre... par les travaux immenses du génie, de l'artillerie, des ponts et chaussées, par l'augmentation des dépenses de tous les ministères, par quatre millions déjà payés sur l'arriéré fait avant son avènement au trône et par le paiement de trois millions déjà remboursés sur l'emprunt de Hollande. » Alors, de quoi se plaint-il et qu'a-t-il besoin qu'on lui enlève les troupes françaises? — Mais, répond-il, c'est pour augmenter, selon les ordres mêmes de l'Empereur, les troupes napolitaines. L'an passé, l'Empereur ne lui a-t-il pas écrit de Vienne de lever des troupes et de former une belle division napolitaine pour la lui envoyer si la guerre continuait? N'a-t-il pas, par le traité de Bayonne, fixé le contingent napolitain à 16 000 hommes et 18 000 après la conquête de la Sicile? N'est-ce pas la preuve qu'en 1808 comme en 1809, l'Empereur ne tenait point en tel mépris les soldats napolitains et, s'il exige ce contingent, réglé par le traité, comment

Murat le fournira-t-il s'il ne doit rester aucun soldat dans son royaume ?

Piqué au vif, Murat ajoute : « Votre Majesté a trop mauvaise opinion des Napolitains ; elle croit que 12000 Anglais me chasseraient du royaume. Je ne puis pas partager entièrement votre opinion puisque j'ai été et je suis tous les jours à portée de les apprécier. Je la partage bien moins encore sur les Anglais auxquels Votre Majesté fait beaucoup trop d'honneur. Je ne les crains nullement et les Napolitains les méprisent et si jamais Dieu ne me présente d'autres ennemis à combattre dans mon royaume, je puis garantir sa tranquillité pour longtemps. Mais, supposons que 12000 Anglais soient plus entreprenants et plus braves que les 18000 qui se bornèrent, il y a quinze mois, à occuper mes îles, quand je n'avais que 12000 hommes à opposer, et qu'ils parviennent à persuader qu'ils peuvent battre tous les Napolitains, ils ne persuaderont jamais à Votre Majesté qu'ils peuvent battre 12000 Français. Eh bien ! Votre Majesté a 25000 Français dans mes Etats ; qu'elle m'en laisse 10000 et, certainement, elle ne sera pas forcée de revenir à marches forcées pour me secourir et si, par un de ces événements crus impossibles, je venais alors à perdre le royaume, j'y renonce d'avance et Votre Majesté le reconquerra pour elle. Je ne demanderai alors, pour prix de mon constant dévouement, qu'à marcher, comme simple soldat, dans l'armée destinée à chasser les Anglais. » Si l'Empereur retire ces 15000 hommes, l'arriéré sera exactement payé, la balance se rétablira dans les finances, les constructions navales seront activées. « De grâce, Sire, prenez ma position en considération, je le mérite. Elle est devenue insupportable surtout quand elle devient inséparable de vos reproches. »

*
* *

Ces reproches pourtant continuent : mais ils vont aux effets, non à la cause, que Napoléon ne perçoit pas. S'il ajourne toute décision relative au pavillon napolitain, ce n'est pas, semble-t-il, parce qu'il se rend compte de l'effort de Murat pour se napolitaniser et pour muratiser les Napolitains ; il reproche Corfou mal approvisionné, l'expédition de Sicile manquée, quand la carte envoyée par Murat la montre si facile ; dans la noblesse napolitaine que Murat veut reconstituer, il ne voit que du ridicule : « Y a-t-il un seul Napolitain, écrit-il, qui se soit distingué à votre service ? qui ait gagné une bataille ? Y en a-t-il qui aient acquis de l'illustration en Europe ? Non. Dès ce moment vous ne pouvez avoir d'autre noblesse que celle que vous avez... Ce que j'ai fait en France et ce que l'Europe a approuvé ne serait à Naples qu'une singerie mal appliquée. » Sans doute, à prendre que Murat veuille la faire semblable à la noblesse impériale ; mais il ferait une noblesse muratiste et, par là, ce qu'il entend, c'est consacrer la destruction de la féodalité, le partage des terres féodales entre les barons et les communes, le partage des terres communales entre les citoyens, et, de cette grande mesure dont Joseph a eu l'initiative, mais qui n'a été réalisée que par lui et terminée qu'en 1810, de cette révolution agraire pacifiquement accomplie, faire un établissement définitif qui rattache à la monarchie aussi bien les anciens que les nouveaux propriétaires.

De même est-il de l'armée française. Las de se plaindre que Murat ne paye pas la masse d'habillement, qu'il y ait, de ce chef, un arriéré de 900 000 francs sur 1810, que la solde ne soit pas à jour, que les prestations ne soient pas fournies, il croit punir Murat en lui enlevant des régiments : « J'ai déjà retiré une partie de mes troupes, écrit-il, et je retirerai le reste si elles ne sont pas exactement payées. » C'est faire le jeu du roi de Naples qui ne demande rien davantage.

Il reste toutefois assez de Français dans le royaume pour que l'Empereur soit assuré d'y être obéi s'il commande le renversement du trône ; mais, s'il a tant de fois marqué son mécontentement, il n'a vu encore ni l'utilité de s'emparer de quelque province, ni la nécessité de jeter bas le roi. Pour l'Italie, ce ne sera pas d'une intendance qu'il aura besoin, mais du royaume entier, et l'époque du remaniement n'est pas encore venue. Quant à Murat, il le croit léger, inintelligent, disposé à des oppositions de détail, mais il ne le voit ni factieux ni traître. Tout ce qui est de ses projets d'indépendance et de révolte lui échappe, tant il est convaincu de sa reconnaissance, de son impuissance aussi, s'il retirait de lui sa main. Il se confie aux protestations que lui adresse son beau-frère, et, en ce moment, malgré toutes les querelles pendantes, s'il le renversait, ce ne serait pas qu'il le tiendrait pour suspect, mais qu'il aurait emploi à faire de ses Etats.

*
* *

En Europe on imagine la catastrophe bien plus prochaine qu'elle n'est en réalité.

Toutes ces discussions n'ont point été inaperçues; l'Empereur, à diverses reprises, a marqué son mécontentement d'une façon publique et, de ce qui s'est passé en Italie, en Hollande, en Espagne, en Westphalie, on a conclu qu'à Naples où les griefs sont bien plus forts, Murat ne sera pas mieux traité. De partout, revient le bruit d'une annexion prochaine : A Cassel, Catherine de Westphalie écrit dans son journal « que le royaume de Naples doit être réuni au royaume d'Italie, que la reine de Naples, invitée par l'Empereur aux couches de l'Impératrice, a écrit à Madame mère que, comme on voulait lui prendre sa couronne, elle préférait recevoir cet affront à Naples qu'à Paris. » A Rome, on dit que « les troupes françaises sortent du royaume, par suite d'une convention faite avec Ferdinand réhabilité dans ses Etats sur les vives instances de l'Impératrice, que la guerre est déclarée à la Russie et que la destination du roi Joachim est la Pologne ».

Murat, à qui de partout reviennent ces bruits, essaie

de se rassurer sur l'autorisation que l'Empereur vient de lui donner d'envoyer à Vienne son ministre, le prince de Sant'Angelo, sur les remerciments que l'Empereur lui a adressés pour les beaux coraux qu'il a envoyés par son écuyer Caraffa et dont l'Impératrice se fera de belles parures, mais il s'inquiète et s'énerve, il voudrait savoir. En apparence pour donner des preuves de zèle, après avoir dit que la ruine du royaume l'a obligé à dissoudre le camp de Scylla, il annonce que ses troupes sont en marche pour les Calabres, que ses équipages sont près d'y arriver, que sa flotille sera entièrement réunie avant le 25 mars et que « tout va annoncer à la Sicile qu'il veut de nouveau en tenter l'invasion ». C'est un moyen de tâter l'Empereur, d'apprendre s'il est d'intelligence avec Marie-Caroline. Il sait en effet que à Lissa, le 11 janvier, a été arrêté sur un brick sicilien un nouvel émissaire de la reine, un nommé Guillaume Amuller d'Amilia, natif de Stuttgard, qui se dit chargé de paroles pour l'Empereur ; il sait que cet homme a été conduit à Vincennes et, s'il ignore l'objet de sa mission, il ne peut douter qu'il ne soit analogue à celui que s'était proposé Cassetti ; ne recevant, des nombreux agents qu'il entretient à Paris, rien qui l'éclaire, il imagine qu'il débrouillera lui-même l'écheveau et qu'au cas qu'il faille parer le coup, rien ne vaudra d'être sur place : saisissant le prétexte de la prochaine délivrance de l'Impératrice, il écrit à Napoléon : « Je ne puis résister plus longtemps au désir de voir Votre Majesté. Serais-je le seul de vos amis sincères qui serait privé du bonheur de voir un des premiers votre illustre rejeton? Non, Sire, cette idée est affreuse pour moi et je viens vous demander l'autorisation d'aller passer quinze jours à Paris ».

*
* *

Ainsi, par suite de circonstances particulières, Murat, jusqu'ici, est indemne, si menacé que chacun le croie et qu'il se croie lui-même. Sa destitution est ajournée, à moins de circonstances imprévues, jusqu'à la réorganisation de l'Italie, mais Jérôme, exproprié du royaume qu'il a récemment acquis et de provinces qu'il possède depuis l'institution de la Westphalie, a vu ce que pèse dans la balance de son frère l'affection ancienne et quelle valeur gardent pour lui les traités solennels; Joseph, exproprié de même d'un tiers de son royaume, ne s'est point soumis, proteste, déclare qu'il veut abdiquer et l'Empereur n'attend que cette abdication pour donner une forme nouvelle à l'Espagne. Les traits communs qu'on a relevés ci-devant pour Fesch, Eugène, Lucien et Louis, reparaissent et s'affirment pour Jérôme, Joseph et même Murat. On ne peut plus parler de querelles particulières et y chercher des motifs appropriés : on est en présence du système qui est mis en action à la fois à Ratisbonne, à Milan, à Amsterdam, à Cassel, à Madrid et à Naples, partout où le système familial avait été en vigueur. Ce n'est pas un des trônes napoléoniens qui se trouve renversé parce que celui qui l'occupait s'est insurgé contre la politique du Grand Empire, ce sont tous les trônes à la fois qui sont menacés et ébranlés par suite d'une conception nouvelle de celui qui les a érigés.

L'on peut dire sans doute que chacun de ces rois a donné à l'Empereur de graves motifs de mécontentement ; on peut énumérer les fautes qu'ils ont commises et, en face de ce qu'ils coûtent à la France, dresser le bilan de ce qu'ils lui rapportent ; mais ce calcul que l'Empereur établit à présent et dont il se targue, que ne l'a-t-il fait en 1806 quand il instituait le royaume de Naples et celui de Hollande, en 1807, quand il créait le royaume de Westphalie, en 1808 quand il imposait son frère aux Espagnes ? Que ne l'a-t-il fait après chaque exercice, à la clôture de chaque campagne ? Il eût été pareil : la colonne de l'*Avoir* eût été aussi vide, celle du *Doit* aussi chargée. Quatre années durant, il a préconisé, établi, maintenu et accru le régime familial. Ni les révoltes napolitaines, ni les prétentions hollandaises, ni les insurrections espagnoles, ni les folies westphaliennes ne l'ont désabusé. Il a persisté, envers et contre tous, dans ce dessein, que servait son inébranlable fortune, de grouper autour du Grand Empire, un essaim de royautés feudataires. Rien ne l'a détourné de la confiance qu'il portait à ses frères et par suite à son système et, à coups d'hommes et de millions, il est parvenu à lui donner sinon la vitalité, au moins une existence apparente.

Si brusquement, en 1810, ses yeux se dessillent,

s'il fait ses comptes et voit le déficit, est-ce une simple coïncidence avec le second mariage, la grossesse de l'Impératrice, la certitude qu'il a d'être père et de fonder lui-même une famille? S'il renonce, à cette date, au système qu'il a ainsi suivi à travers toutes les chances mauvaises, depuis qu'il est empereur — on pourrait dire depuis qu'il est général d'armée, car, depuis 1796, non pour des trônes étayant et affermissant son trône, mais pour des places étayant et affermissant la sienne, la conception est pareille, et si elle s'est étendue, amplifiée, magnifiée, c'est à proportion que son étoile montait vers le zénith, et que sa fortune, se développant, couvrait la France après l'Italie, et l'Europe après la France — s'il rompt alors, violemment, brutalement, avec le passé, qui peut penser que ce soit par hasard? La situation nouvelle veut une formule nouvelle; l'hérédité naturelle substituée à l'hérédité collatérale implique des sentiments nouveaux; l'Empereur ne veut plus de rois feudataires, rattachés à sa personne par un lien de famille; car, si, de lui à ses frères, ce lien n'est déjà guère solide, que sera-ce des neveux à leurs oncles? Il n'admet plus des rois ayant un semblant d'indépendance, mais des fonctionnaires d'un ordre supérieur, qu'il révoquera à son gré; il ne reconnait plus d'États constitués ayant une apparence de nationalité, des limites assises, un territoire fixe, mais il prend ici ou là, à sa convenance et à son gré, telle ou telle fraction de peuple dont il a besoin pour quelque projet : le Rhin est franchi, comme les Pyrénées, comme les Alpes; le

Grand Empire ne connaissant plus de bornes où il doive s'arrêter, s'étend comme un fleuve sorti de ses rives et il perd chaque jour en profondeur ce qu'il gagne en étendue. Non seulement l'Empereur démembre selon ses fantaisies les royaumes qu'il a créés, mais il ne semble plus croire que ces royaumes soient ou qu'ils puissent être. Il ne les regarde plus que comme une formule d'attente, qui est usée et qui doit disparaître. Que fera-t-il ensuite de ses frères et beaux-frères? Les enverra-t-il gouverner quelque province, les laissera-t-il comme princes français autour de son trône, les réduira-t-il à suivre la destinée de Louis et de Lucien? Il ne sait, mais peu lui importe, dirait-on; ils ont disparu de devant ses yeux qui, ouverts sur la race qui doit venir de lui, sont fermés sur la race d'où il sort.

XXI

MARIE-LOUISE ET LES FEMMES DE LA FAMILLE

Avril 1810. — Mars 1811.

MADAME. — Ses angoisses. — Ce qu'est pour elle la Famille. — Le séjour de Louis. — La querelle de Lucien. — Départ à Aix-la-Chapelle. — Négociations pour le retour de Louis. — Madame et Marie-Louise.

FESCH. — Ses services au moment du divorce. — Il est destitué de Ratisbonne. — La Commission ecclésiastique. — Ses consultations. — Reproches de l'Empereur. — Fesch veut se retirer. — Nouvelle consultation. — Le mariage. — Les cardinaux italiens. — L'archevêché de Paris. — Fesch n'en veut que s'il le cumule avec celui de Lyon. — L'Empereur veut qu'il prenne possession. — Lettres de Fesch. — Maury, archevêque de Paris. — Ultramontanisme de Fesch. — Ce n'est pas le martyre.

PAULINE. — Pauline à l'hôtel de Brienne. — Les prêtres et les vieillards. — Sa fortune établie. — Mme de Mathis. — Bals chez Pauline. — Les bijoux. — La ladrerie. — Mlle Millo, comtesse de Saluces. — Borghèse à Paris. — Petite guerre. — Premier voyage à Compiègne. — Le lit rose. — Second voyage. — Pauline et Marie-Louise. — Neuilly et la fête du mariage. — Voyage à Aix. — Le tatillonnage. — Retour à Neuilly. — Canouville. — Voyage à Fontainebleau. — Brusque départ. — Canouville en mission en Espagne. — Septeuil. — Les bals de Pauline. — Arrivée de Borghèse.

ELISA. — Son habileté. — Ses attentions. — Grossesse. — L'esprit de la chose. — Les lois de Lucques. — Despotisme

Durant cette funèbre année 1810 où, par la réconciliation de ses fils, et par la chute définitive des Beauharnais, elle a cru que la fortune de la Famille serait désormais établie sur des bases immuables, Madame mère a passé par toutes les émotions, les tristesses, les angoisses qu'un cœur maternel peut éprouver ; elle les a ressenties plus profondément peut-être que les femmes d'autres pays ; car, outre l'amour qu'elle porte à chacun de ses fils, la grandeur, la gloire, la fortune de la Famille s'y trouvent intéressées et, à ses yeux, la Famille, la collectivité familiale apparaît non comme un être de raison, mais comme une réalité vivante et tangible, comme la raison d'être de tous ceux qui la constituent et qui doivent vivre et travailler pour la faire progresser. Toute dissension lui semble une offense à cette loi suprême et si, par esprit maternel, elle prend d'abord parti pour ceux qu'elle juge malheureux, souffrants ou opprimés, son esprit de justice l'éclaire assez pour qu'elle n'embrasse pas aveuglément leurs griefs et, dès qu'ils ont obtenu sur la question majeure, celle de l'avenir des enfants — pour elle, de la perpétuation de sa race — les satisfactions légitimes, elle entend que à l'union de la famille, les uns comme les autres fassent le sacrifice de leurs passions, de leurs affections, de leurs ambitions même. Si elle a trouvé que son fils Napoléon ne l'a point traitée comme il eût dû le faire en lui refusant le titre d'Impératrice, un rang politique, un douaire d'Etat, une souveraineté même, sa rancune n'obscurcit point la netteté de ses idées à son sujet : Napoléon a été suscité pour la plus étonnante des fortunes; il en doit le partage à tous les siens, mais les siens lui doivent de reconnaître son autorité et de s'incliner devant des desseins qu'il leur est loisible de ne pas comprendre, mais non de contrarier, car le sort commun en dépend. C'est donc à adoucir les angles, à rechercher des voies de conciliation, à négocier des traités qu'elle passe sa vie. En Corse, ce n'est pas seulement pour mettre fin à la vendetta meurtrière entre deux clans ou deux familles qu'on entame ainsi des négociations très longues, où les conférences, qui semblent des palabres de sauvages, se succèdent sans fin, avec les interminables retours sur les mêmes griefs, et les minutieuses discussions sur les préliminaires, les accessoires, les accomplissements des réparations et des traités de paix; c'est dans les familles même, à chaque instant, pour chaque querelle domestique, qu'on raisonne, pendant des jours et des jours, sur les torts réciproques, qu'on prépare des combinaisons, qu'on imagine de pieux mensonges, qu'on porte des paroles. D'ordinaire, on les parle, les Bonapartes les écrivent, et c'est longuement.

Pour début, ç'a été la querelle de Louis, et le séjour sans fin chez Madame, troublant déjà, par la présence d'une cour qui n'a point ses habitudes, son intérieur parcimonieusement ordonné. Louis a beau payer; ses grands maréchaux, ses écuyers, ses aides de camp, ses chambellans, ses maîtres d'hôtel, ses valets de chambre, ses cuisiniers ne sont pas moins encombrants. Il y a, le jour et la nuit, des allers et des venues, des entrées et des sorties, et, tout le temps, des mystères. Louis a des fantaisies; il lui faut de la musique, des bals d'enfants, des réunions de littérateurs, même d'artistes. Il joue toujours au roi, même quand il se fait simple, et surtout alors. Et puis, constamment malade, des rhumes, la fièvre, des douleurs dans les jambes, les mains plus prises, le pouls plus ou moins fréquent; sans cesse, il s'observe et il fait de cette observation l'occupation principale de tout ce qui l'entoure. Les éclats au dîner de famille, les colères persiflantes de l'Empereur, ses montées de ton jusqu'à l'injure, les terribles silences que Louis coupe seulement de la brièveté froide d'une réponse longuement méditée ; alors, dans la voix qui veut s'assurer, la fureur sourde, l'entêtement sans issue, l'impuissance et le désespoir, c'est assez pour rendre chaque soir de dimanche un supplice pour la mère ; mais, de plus, il y a les gendarmes aux portes, une surveillance de tous les pas qu'on fait, un frère menaçant son frère presque de ses geôles : c'est une vie insoutenable pour Madame qui ne sait à quoi s'arrêter, qui, devant les injustices que subit Louis, prendrait son parti, si, à tout moment, elle ne constatait les contradictions de son caractère, le flottement de ses idées, les étrangetés de ses manies.

A peine, de ce côté, les choses sont-elles apaisées que, du côté de Lucien, la querelle engagée depuis près de huit années arrive à l'aigu. A toute heure, maintenant, ce sont les messages de Campi, les immenses lettres auxquelles il faut répondre, les avis à fournir, les conseils à tenir, les injures à recevoir. Dans cet intérieur silencieux, réglé, strict au point que l'économie y tourne en avarice, tombe une jeune fille, une enfant plutôt, élevée en pleins champs, bride sur le cou, laquelle, entre un père d'une étonnante faiblesse et une belle-mère trop avisée pour la reprendre, n'a été soumise à aucune règle et n'a jamais fait que ce qui lui plait. Et elle sort de la maison la plus dépensière et la moins ordonnée qui soit au monde, si largement hospitalière que les maîtres, quelque jour, la devront quitter, la besace au dos, après avoir mangé des millions. Et les scènes recommencent, presque pareilles à celles de tout à l'heure, avec les pleurs de la grand'mère et de la petite-fille, exilées, l'une comme l'autre, des cérémonies familiales de l'arrivée de l'Impératrice. Pourtant, Madame paraît au mariage ; elle y représente même à souhait. N'a-t-on pas écrit, cette année même, que « Raphaël, s'il l'avait eue sous la main lorsqu'il peignait ses admirables tableaux de Sainte-Famille, n'eût pas cherché ailleurs cette figure de Sainte Anne qui résume si bien ce que le temps n'a pu enlever à des traits originairement si beaux que, en les considérant, le respect que l'âge impose se mélange encore de quelque amour? » Mais, tout juste, elle figure au mariage civil, au mariage religieux et au banquet impérial; Lolotte, — la princesse Lolotte — ne pouvant avoir place aux fêtes, la mère-grand n'y assiste point. Au surplus voici qu'on lui enlève cette Lolotte, à laquelle elle s'est attachée, et puis que va devenir Lucien ?

Excédée de tant d'émotions, de chagrins intimes, où se mêle encore l'échec d'une nouvelle demande d'augmentation de douaire et de constitution de maison impériale, Madame, dès le commencement de mai, souhaite aller se reposer aux eaux d'Aix-la-Chapelle dont elle a toujours éprouvé de bons effets; « elle croit fort inutile de rester à Paris pour les fêtes puisqu'elle n'y assiste pas » ; mais on dit que l'Empereur l'engagera à en donner une, elle n'en sait rien encore et désirerait en être avertie. Elle souhaiterait que cette fête fût une des premières afin de ne pas laisser passer la saison d'Aix ». Elle souhaiterait surtout n'avoir point à en donner, car, outre ses habitudes troublées et son hôtel à sac, il lui en coûterait bien de l'argent. De plus, quoique sa nouvelle belle-fille soit fort correctement avec elle, l'appelle « ma chère maman » et lui écrive même quelques lettres durant le voyage d'Anvers, elle ne se sent nullement portée pour elle. Un tel abîme les sépare !

Il faut qu'elle attende le retour de l'Empereur pour obtenir son exeat, qu'elle attende encore la fin d'une de ces périodes de migraine, sa seule infirmité, qu'occasionne l'abus du fard. Officiellement annoncé depuis la fin de mai, son départ n'a lieu qu'à la mi-juin. Elle emmène une cour, deux dames, le chevalier d'honneur, le médecin, un secrétaire, quelques Corses à la suite comme elle en a toujours. Pauline, qui a eu sa part de tous les troubles de famille, ne perd point cette occasion de prendre quelques eaux et l'accompagne.

C'est à Aix où elle a reçu la visite de Catherine et de Jérôme retournant dans leurs Etats, que Madame apprend, coup sur coup, le départ, la disparition peut-on dire, d'abord de Louis, puis de Lucien. Nul ne sait où ils sont partis, ce qu'ils sont devenus. Louis encore se retrouve après une quinzaine de jours, mais

Lucien ! Où est-il ? En Angleterre, aux États-Unis, en Sardaigne, en Espagne ? Point de nouvelles, car malgré la bonne volonté de Marie-Caroline, la lettre dont elle s'est chargée, n'arrive pas à destination. En novembre seulement, on apprendra d'une façon certaine que Lucien est à Malte. Au moins, pour celui qu'on sait être sauvé, Madame ne doit-elle pas s'employer ? Et, depuis le 21 août qu'elle est revenue d'Aix-la-Chapelle, ce sont les négociations ouvertes et suivies par Decazes, les voyages de celui-ci à Gratz, les conférences avec l'Empereur à Fontainebleau, le tout pour aboutir, du fait de Louis, à un lamentable échec.

Puis, les affaires de Jérôme, celles de Joseph, les tristes voyages à Mortefontaine où Julie raconte ses inquiétudes, l'antipathie croissante contre Marie-Louise, à mesure que croît sur celle-ci le pouvoir de madame de Montebello, la guerre ouverte par la dame d'honneur, les plaintes qu'il faut porter pour obtenir des réparations ; par-dessus tout, cette notion qui s'impose à la mère que, dans l'esprit de Napoléon, c'est fini du système de famille ; que, bien plus redoutable que la Beauharnais, une autre a pris, elle seule, toute la place qui, du droit le plus sacré, appartenait à la Famille. Et, pour achever tout, il y a les affaires de Fesch, toutes proches et d'autant plus directement pénibles, car, de ce frère à cette sœur, les liens sont si serrés que la vie est commune comme la pensée et qu'ils ne font rien l'un et l'autre qu'ils n'en aient délibéré. Or si, durant cette année 1810, Napoléon a rudement traité ses frères, il n'a guère plus ménagé l'oncle Fesch.

* * *

Pourtant Fesch n'a pas été sans rendre des services, mais, à proportion qu'il s'y emploie, on dirait que l'Empereur s'acharne après lui. Au moment même où, de concert avec Guieu, le secrétaire des Commandements de Madame, il étudie les moyens de rompre, sans l'intervention du Pape, le mariage religieux qu'il a béni comme grand aumônier ; où, en sa qualité d'Archevêque nommé de Paris, régulièrement investi de l'administration par une délibération prise par le chapitre le 1er février 1809, il fait déférer à son officialité diocésaine et métropolitaine la cause où il est le principal et presque l'unique témoin et dont l'appel ne peut être porté que devant son officialité primatiale de Lyon, l'Empereur lui enlève la succession du Prince Primat dont lui-même, trois ans auparavant, l'a proclamé l'héritier. « Quant au successeur du Prince Primat, lorsque son État sera constitué, écrit-il le 21 décembre 1809, à Champagny, il est dit dans l'acte de Confédération que je dois le nommer ; mais je ne veux pas dans l'avenir nommer un prêtre ; c'est contre nos principes. Les prêtres ne doivent pas être souverains. » En effet, Fesch se trouve destitué de la succession territoriale par le traité du 16 février 1810, dont les motifs sont développés dans le message au Sénat du 1er mars ; en même temps, sans doute, de la coadjutorerie de Ratisbonne avec future succession, garantie par les bulles du Pape du 21 octobre 1806. Quant à une compensation, Fesch devra l'attendre près d'une année — et la mériter.

Cette première disgrâce n'a-t-elle pas été occasionnée par la part prépondérante qu'il a prise, comme président, aux délibérations de la Commission instituée par l'Empereur, le 16 novembre 1809, en vue de rédiger une consultation « sur diverses questions intéressant, les unes la Chrétienté, les autres l'Eglise de France en particulier et les dernières l'Empereur? » Cette commission, composée presque uniquement d'évêques aumôniers de l'Empereur et des princes, n'a pourtant pas manqué de fournir des réponses conformes aux désirs de l'Empereur : ainsi sur la compétence de l'officialité de Paris en matière d'annulation du mariage de Joséphine; ainsi, ce qui était plus grave encore, sur la bulle d'excommunication laquelle pouvait, de la part d'une cour catholique, soulever des objections dirimantes au cas d'une demande en mariage présentée par l'Empereur.

Le ministre des Cultes a posé ainsi la question : « La bulle d'excommunication ci-jointe a été affichée; elle a été imprimée et répandue clandestinement dans toute l'Europe. Quel parti prendre pour que, dans des temps de trouble et de calamité, les Papes ne se portent pas à des excès de pouvoir aussi contraires à la charité chrétienne qu'à l'indépendance et à l'honneur du trône? » La Commission, après des considérants où elle a examiné chacun des griefs énoncés par la bulle, a conclu : « La déclaration authentique de la nullité de l'excommunication semble être le plus sûr moyen pour empêcher que les souverains pontifes ne se laissent aller aux fausses suggestions par lesquelles on tenterait de leur persuader d'en publier de semblables à l'avenir ; » il est vrai qu'elle a ajouté que, « si la déclaration d'un petit nombre d'évêques n'était pas jugée suffisante, il resterait à la soumettre à l'examen d'une assemblée du clergé de France ou même d'un concile national pour y être renouvelée ; » mais elle s'est empressée de déclarer que ce concile, après avoir établi les vrais principes, ne manquerait pas de déclarer la nullité, et interjetterait appel au Concile général ou au Pape mieux informé, tant de la bulle d'excommunication du 10 juin que de toutes les bulles semblables qui pourraient être rendues par la suite. »

La Commission a donc remis aux mains de l'Empereur une arme qu'il tint en réserve, au cas que, à Vienne, il fût parlé de l'excommunication — ce qui ne fut pas loin d'arriver ; mais est-ce la restriction, la manière de s'abriter derrière le Concile national qui a déplu, ou n'est-ce pas plutôt la solution proposée pour les autres questions ?

Celles-ci embrassent à la fois le gouvernement de l'Église, la composition du Sacré-Collège, le nombre des chapeaux qui doivent être mis à la disposition de l'Empereur, l'institution des archevêques et des évêques, l'abrogation du Concordat par sa non-exécution par le Pape, le rétablissement de la religion en Allemagne, les nouvelles circonscriptions à donner aux évêchés. Sous peine de se prêter à ouvrir un schisme, les évêques commissaires n'ont pas pu ne pas se conformer aux doctrines enseignées de tout temps par l'Eglise de France et, s'ils ont porté à leur consultation quelques ménagements, ç'a été presque uniquement dans la forme.

L'Empereur n'est point dupe et lorsque, le 19 janvier, Fesch, qui croit avoir fait pour le mieux, lui présente le mémoire de la Commission, il le traite avec une singulière dureté; il l'accuse « de n'avoir pas soutenu ses intérêts et d'avoir étouffé la voix de ceux qui, sans lui, auraient triomphé de la résistance des autres », de n'avoir pas voté avec la minorité qui, accrue de sa voix prépondérante, fût devenue majorité. Mais cette minorité, au compte de Fesch, ne se composait que d'une seule voix, celle du cardinal Maury. Encore Maury était-il si peu sûr de son opinion que, sans autre objection, il a adhéré à celle de la majorité. L'Empereur ne veut rien entendre; il est certain qu'il a raison et il traite si durement son oncle que celui-ci veut se retirer à Lyon. « Pourrais-je, Sire, écrit-il, reparaître devant vous comme un coupable convaincu à qui on permettrait néanmoins d'exercer auprès de votre personne l'office de grand aumônier et, après avoir été éloigné comme un ennemi, pourrais-je m'oublier moi-même au point de mépriser le sentiment de l'honneur?... En attendant que Votre Majesté soit convaincu que personne n'est capable de la servir avec plus de zèle, je lui demande la permission de me retirer dans mon diocèse; là, dans le calme de ma conscience, j'attendrai les ordres de Votre Majesté; peut-être les circonstances me fourniront-elles l'occasion de lui être plus agréable et en même temps plus utile à l'Église : ces deux objets furent toujours le principe de mes intentions. »

L'Empereur a trop besoin de Fesch pour permettre son départ : d'abord, il a renvoyé le mémoire à la Commission en réclamant des réponses plus nettes, en particulier sur le droit qu'aurait le Concile national de suppléer aux bulles apostoliques, et il s'attend que Fesch, si rudement semoncé, y fera prévaloir son système; puis, son choix est fixé sur l'archiduchesse d'Autriche; l'union qu'il va contracter est une union catholique et qui peut la bénir hormis son grand aumônier?

Il ne s'est pas trompé sur l'intimidation qu'il a exercée, car le second mémoire de la Commission est infiniment plus favorable à ses théories que n'a été le premier; dans l'affaire du mariage, il éprouve de même le bon vouloir de son oncle, car c'est vraisemblablement aux lettres que Fesch, en sa triple qualité de cardinal, de grand aumônier et d'archevêque, adresse à l'archevêque de Vienne qu'est due la cessation de sa résistance. Fesch est moins heureux pour les cérémonies même du mariage. Il s'est employé avec tout le zèle imaginable pour que tous les cardinaux italiens y assistassent. Sachant qu'un certain nombre voulaient s'en dispenser, « il s'est donné tout le mouvement possible pour les amener à changer de résolution ». C'est Pacca qui l'affirme. Mais, considérant que les droits du Saint-Siège ont été lésés par le fait que l'Empereur n'a point eu recours au Pape pour l'annulation de son mariage avec Joséphine, treize cardinaux s'abstiennent de la cérémonie du Louvre. Lorsque le lendemain, ils se présentent à la grande audience, l'Empereur refuse de les recevoir et, devant leurs collègues, il exprime son indignation dans les termes les plus violents : déjà, ses mesures sont prises pour exiger de certains la démission de leur siège, pour les contraindre tous à dépouiller les marques de la dignité cardinalice ; deux mois après, il les disperse en exil dans les petites villes de l'Est.

Quoique Fesch ait tout tenté pour détourner le coup qui les menaçait, sa faveur à ce moment ne semble pas en avoir souffert : mêlé qu'il est, comme on a vu, à toutes les affaires de la Famille, s'entremettant constamment dans les négociations avec Lucien et avec Louis, il est, de plus, fréquemment consulté, tantôt sur les choses de Corse, tantôt sur les nominations d'évêques. Par ordre de l'Empereur, les travaux du palais archiépiscopal sont poussés avec ardeur ; on décore richement les salons de réception ; on construit au rez-de-chaussée un oratoire en marbre et en stuc. Fesch d'ailleurs remplit en conscience ses fonctions, car, le 16 juin, il fait une grande ordination à Saint-Sulpice. N'était l'argent qui manque, tout irait bien; mais la maison de la rue de la Chaussée d'Antin en mange infiniment. Par bonheur, Jérôme, qui s'en trouve muni par ses derniers emprunts, prête 100 000 francs au cardinal contre 115 000 francs de billets à ordre que reçoit le trésor de Cassel.

Mais les difficultés sont proches. Depuis qu'il a été nommé archevêque de Paris, Fesch malgré qu'il ait reçu, le 1er février 1809, les pouvoirs de vicaire capitulaire, ne les a point exercés pour le spirituel; il s'est contenté de diriger, sur l'expresse demande du chapitre, l'administration diocésaine où « son concours ne présentait qu'un accroissement et un appui tout puissant auprès du ministre »; il s'est gardé de prendre même un semblant de possession du siège, car il eût ainsi tout compromis et il eût risqué de ne jamais obtenir les bulles l'autorisant à cumuler Paris et Lyon..

Pour Paris, il renoncerait à Ratisbonne. Or, si le Pape n'a point vu d'inconvénient à ce que le cardinal de Lyon occupât en même temps le siège primatial des Gaules et le siège primatial d'Allemagne, pourquoi s'opposerait-il à la réunion sur une même tête de deux archevêchés de la même nation, bien moins éloignés l'un de l'autre et par qui du moins la primatie sur deux grands peuples, presque la moitié des fidèles catholiques, ne se trouverait pas confondue en un seul titulaire? Les instances sont donc faites, mais elles restent pendantes puisque le Pape n'accorde plus à aucun évêque nommé l'institution canonique.

Comme c'est là l'arme la mieux trempée qu'ait trouvée Pie VII pour défendre son domaine temporel, l'Empereur n'a pour objet que de la lui arracher. N'ayant pu découvrir encore un pouvoir qui confère régulièrement l'institution aux évêques qu'il nomme, il a dû se résigner à ce qu'ils tinssent leurs pouvoirs des chapitres, par le moyen de leur élection en qualité de vicaires capitulaires, mais il entend qu'ils exercent ces pouvoirs, en sorte que, du moins en façade, les sièges paraissent remplis.

Fesch a ces pouvoirs; l'Empereur veut qu'il les prenne. Alors c'est l'option pour Paris et l'abandon de Lyon, car, d'avoir la bulle après prise de possession, il n'y a pas à y compter. Or, si Fesch désire garder les deux sièges, il sacrifierait encore Paris à Lyon, qui est la primatie des Gaules. Après divers entretiens avec l'Empereur où il lui exprime sa répugnance toujours croissante d'abandonner l'église de Lyon, il arrive à lui proposer d'opter celle-ci, tout en prenant l'administration de l'archevêché de Paris jusqu'à ce qu'un archevêque y soit nommé; mais il demande que cette option reste secrète; et son ambition est si tenace et sa vanité si ingénieuse qu'il écrit au ministre des Cultes : « Il n'est pas nécessaire que l'Empereur mentionne par un décret la nomination du chapitre. Il serait possible que Sa Majesté jugeât à propos de conserver les deux sièges sur une même tête. Ce ne fut qu'à cette condition que se fit ma nomination à l'archevêché de Paris. L'option alors n'aurait pas lieu et celle que je fais en ce moment n'est qu'une formalité conservatrice de mon siège de Lyon... Après cette protestation rien n'empêche que je prenne le titre de nommé à l'archevêché de Paris. » Pour éviter le décret qui compromettrait les bulles, il invoque sa dignité qui ne lui permet pas d'assumer « une administration qui l'assimilerait à un simple grand vicaire », puisqu'il la recevrait du chapitre.

Là se borne sa résistance ; seulement, il s'y obstine et comme, de son côté, l'Empereur s'obstine au décret, il déclare, le 14 septembre, « sa constante résolution » de ne pas abandonner son archevêché de Lyon. « Oui, monsieur le ministre, écrit-il d'un ton inspiré à Bigot de Préameneu, je veux rester archevêque de Lyon parce que je crois que telle est la volonté de Dieu !... Quelles raisons pourraient me convaincre que la divine Providence veut que je l'abandonne pour le diocèse de Paris ? Quelle est l'autorité qui commande ce sacrifice et qui exige ma docilité ? » Ces scrupules et cette inspiration divine sont si tardifs qu'ils ne tiendront pas sans doute si l'Empereur tente un dernier effort : « Puisque vous ne voulez pas être archevêque de Paris, lui dit-il, j'en trouverai un autre et je le ferai le premier homme du Clergé de France. — Comme il vous plaira », répond Fesch, car il a cette confiance qu'il est nécessaire et qu'on n'en saurait trouver un autre, surtout un cardinal ; mais il compte sans Maury, et, le 14 octobre, Maury est nommé archevêque de Paris.

Fesch n'en remplit pas moins à Fontainebleau, lors du baptême du prince Louis-Napoléon, toutes les fonctions de son grand office : seulement, on voit croître chez lui, chaque jour, la minutie, la stricte observance, l'esprit ultramontain. Il entre, non dans la piété, mais dans la dévotion. Ce Suisse, presque uniquement Corse, cet élève du séminaire d'Aix qu'a conquis l'idée romaine, est un fanatique d'images. La cour, qu'il a groupée autour de lui et qui le mène, est composée de ces jeunes prêtres qui, tout à l'heure, seront, dans la France de la Restauration, les organisateurs des Missions contre la France de la Révolution. Son palais de Lyon ne désemplit pas « des réfugiés que la persécution chasse d'Italie » : cardinaux, archevêques, évêques, prélats romains, généraux d'ordres, religieux, simples frères, y sont hébergés par l'oncle de l'Empereur et aux frais du persécuteur. Fesch protège ouvertement les Pères de la Foi, leurs collèges et leurs établissements; il les a appelés à Lyon, les a propagés dans les diocèses : cela ne fera pas d'ailleurs qu'il trouve grâce devant eux : ils ne le nommeront pas une fois dans les volumineux récits de leurs aventures. Il est un des plus généreux souscripteurs du fonds secret institué en faveur des cardinaux noirs; les secours qu'il ordonnance sur le trésor de la Couronne, en sa qualité de grand aumônier, et qui monte chaque année à 210000 francs, vont en grande partie, par pensions de 1200, de 2000, de 2400 francs à des ennemis déclarés de l'Empereur, car l'administration en est confiée à l'abbé Lucotte, l'abbé de Rauzan, l'abbé de Quélen, l'abbé de Bonald. Peut-être ne le voit-il pas, car son esprit est aussi médiocre que sa vanité est grande et, en flattant l'une, on s'est emparé de l'autre.

En dehors des questions religieuses, il fait effort pour se maintenir sur un bon pied avec l'Empereur. Par tous les courriers, il fait venir pour lui des merles de Corse, conservés en bouteilles, et souvent du vin de Tallano. Il compte sur ces gâteries pour arriver à lui vendre son hôtel de la Chaussée d'Antin, son palais comme il dit, qui, à présent, lui revient à 1 200 000 francs. Il en est fort endetté, au moins le prétend-il, car il continue à acheter des diamants à Paris, des terres en Corse et des tableaux partout.

Tout cela n'est point le martyre : « Je ne le crains pas, a-t-il dit à l'Empereur. — N'y comptez pas, monsieur le cardinal, a répondu Napoléon, c'est une affaire où il faut être deux et quand à moi je ne veux martyriser personne. » Néanmoins, c'est ici un commencement de refroidissement que les incidents du Concile de 1811 changeront en disgrâce, car Fesch, qui n'aura plus l'espoir des deux sièges « réunis sur sa tête », y prendra place à la tête des défenseurs les plus déterminés des prétentions romaines.

*
* *

Au milieu des querelles familiales, des discussions théologiques, des éternels retours sur les choses passées, entre ces vieilles gens et ces prêtres, Pauline passe en allure de nymphe, portant au travers des salons obscurs et froids de la rue Saint-Dominique, la splendeur de sa beauté joyeuse, l'éclat déconcertant de ses reparties, le caprice de ses amours, la contradiction de ses ordres, cet assemblage de piété filiale, de passion fraternelle, d'érotisme antique, de prodigalité et de ladrerie, brodé sur trame corse très serrée, qui le fait si curieusement valoir. Sans doute, doit-elle à l'atavisme remontant en elle et s'épanouissant en fleur de volupté, le mépris des pudicités qu'imagina la laideur, l'attrait des victorieuses nudités, la recherche d'un culte où elle soit à la fois l'idole et la prêtresse, mais cela, sans plus, ferait d'elle seulement l'amoureuse de son corps qu'elle fut, au point d'en dépérir, presque d'en mourir. Ce qui la distingue bien mieux, c'est la solidité inébranlable du sentiment de famille ; les amants passent, bondissent, s'effacent ; personne de la rue Saint-Dominique n'en a rien su et les abbés qui, à la suite du cardinal, pénètrent dans le premier salon — ces abbés à jolis noms et à jolies têtes qui eussent si agréablement meublé une ruelle au siècle dernier — confits à présent dans leur dévotion romaine et leurs étroits scrupules, ne chargent même pas de muets anathèmes leurs regards fanatisés lorsqu'elle le traverse, tantôt élancée presque en une course de Diane aux écoutes, tantôt prostrée aux coussins d'eider de sa chaise que meuvent d'un geste lent deux immenses valets verts.

En ce moment, elle est heureuse; débarrassée de

son chanteur Blangini en faveur de Jérôme qui en a fait un maître de chapelle, libérée de son mari, lequel occupe fort agréablement à Turin ses loisirs de gouverneur général, sa faveur, pour l'instant, va à des anonymes — car qu'est-ce que M. Achille de Cormier ? Il ne lui manquerait rien si son frère lui assurait à la fin un état qui fût stable et digne d'elle. Elle n'a reçu encore, pour son compte, que 700 000 livres de rentes et elle a des dettes. Cela s'arrange : aux étrennes de 1810, l'Empereur, galant par décret, lui fait présent des 500 000 francs que le Trésor lui a avancés sur ses biens en Westphalie, Hanau et Hollande, de plus 300 000 francs pour payer l'arriéré. Il y joint en devise : « Faites en sorte que je n'entende plus dire que vous en ayez, et songez que, vous ayant donné le duché de Guastalla, j'entends que vous viviez avec, sans que je sois obligé de vous donner de nouveaux secours. » Les 800 000 francs font passer la semonce ; mais qu'est-ce, au fait, le duché de Guastalla ? Pauline le demande à qui a signé là « Votre bien affectionné frère », et Napoléon répond : « Je vous prie de m'envoyer, petite sœur, l'état des biens qui composent le duché de Guastalla, afin d'arranger vos affaires. » Il les arrange si bien qu'il y ajoute, le 16 Janvier, 150 000 livres de rente, et, le 17, 650 000 : Au total 800 000 qui, avec les 700 000 de 1809, font 1 500 000 livres de rentes. C'est 3 à 400 000 francs de plus qu'il n'avait promis le 1er Mars 1809[1], mais, alors

[1] Encore, comptait-il alors, dans le revenu de Pauline, plus de 100 000 livres de rente que Borghèse devait fournir. A présent il y a,

il n'avait point trouvé, pendant les jours sombres, à Fontainebleau et à Trianon, l'aide secourable de la petite sœur et les jolis cheveux blonds de Mme de Mathis. Si assidu pourtant qu'il se fût montré au palais du faubourg Saint-Honoré, il coupa net l'intrigue, le 29 janvier, lorsque les négociations du mariage commencèrent à prendre tournure. Mme de Mathis s'en retourna à Turin, mais, à la chasse où elle a servi à rabattre, la princesse n'a pas perdu son temps; outre l'argent, elle a des honneurs : tout dans sa maison a été baronnifié le 6 janvier, sauf Mme de Cavour qui, étant dame d'honneur, a été promue comtesse.

* * *

Tout cela doit servir à la représentation, car, si l'Empereur donne largement, il entend qu'on dépense de même. Il exige donc de ses sœurs des bals dont Paris se distraie et s'occupe, et Pauline veut que ses bals à elle soient incomparables pour l'élégance. Le cadre est restreint et écarte les foules ; la société est triée sur les listes de l'Empereur; il faut que les femmes soient jolies et les hommes beaux et jeunes. Rien n'est changé aux dispositions des appartements : point de fleurs, la mode n'en est pas venue encore ;

en rentes 628 000, en actions des canaux 130 000, en actions des Salines 122 505, en biens de Galicie 50 000, de Guastalla 101 000, de Hanau 200 000, de Westphalie 150 000, de Hollande 150 000 : sur le papier 1 527 228 francs, mais le revenu ne rentre pas tout dans l'année, il ne rentre même pas tout entier : en 1811, il s'en faudra de 86 000 francs. Il en est ainsi pour toutes les dotations hors France.

un orchestre, celui de Julien, qui, tout célèbre qu'il est, coûte cinq napoléons par soirée; mais un beau buffet et beaucoup de lumières. Il y en a pour 2000 francs à chaque bal. De janvier à mars, Pauline y dépense exactement 20 500 francs; mais c'est le prétexte, car, de compter ce qui, par ces bals, passe chez les bijoutiers, les modistes, les couturiers, il y faut renoncer. Pauline, pour se faire honneur et pour parer sa beauté, achète en une seule année, chez un seul bijoutier, Devoix, du quai des Orfèvres, pour 250 356 francs de joyaux : parure de corail et diamants de 31 000 francs, parure de rubis du Brésil de 28 000, collier de trente-quatre brillants chatons montés à cage de 135 000, parure d'améthystes de 30 000. Même, dans ce merveilleux écrin, elle glisse une ceinture d'émeraudes fausses, entourées de vrais brillants, qui coûte 13 000 francs et fait l'effet d'un million. La ceinture de la princesse Pauline, c'est un événement, toutes les femmes en rêvent et, à part soi, Pauline en rit.

Ce n'est pourtant pas que les pierres précieuses lui manquent : outre les 300 000 francs, l'Empereur, au jour de l'an, lui a fait présent d'une parure de turquoises qui, sans les montures, vaut les 75 000 francs auxquels l'estiment les experts du Trésor. Mais qu'importent les perles de sa corbeille et les diamants Borghèse, et ces parures de mille sortes qui faisaient envie à Joséphine ; elle n'en a jamais assez ; elle en achète sans cesse ; elle place ainsi toutes les économies qu'on lui fait sur ses revenus, tout ce qu'elle grapille sur les divers chapitres de son budget, car, si elle dépense largement pour elle-même, elle est fort chiche aux autres ; couverte de pierreries, elle ne saurait passer pour ladre, et elle l'est.

Ainsi, autant qu'elle peut s'attacher à quelqu'un, elle a pris en gré sa lectrice, Mlle Millo, qui mène la maison, l'intérieur, les atours et même, en partie, les femmes de chambre. De la place de domesticité où elle l'avait mise à ses débuts, elle l'a élevée à une intimité de confidente. Or, Mlle Millo, Jenny, « la chère Jenny » que la princesse embrasse dans chaque lettre et qu'elle n'en gronde pas moins, a trouvé fort à son goût, M. Annibal de Saluces qui, de capitaine au service du roi de Sardaigne, est devenu écuyer des Borghèse. M. de Saluces y répond parfaitement. N'était la distance entre la famille jadis souveraine des Saluces et celle de Mlle Millo, dont la sœur est une intrigante renommée, ce serait un joli mariage : même, la sœur omise, sauverait-on ces Millo avec le grade de maréchal de camp qu'avait le père et la charge de lectrice de la feue reine que tenait la tante, Mme de Neuilly; mais encore faudrait-il que la chère Jenny apportât de quoi s'habiller, car les Saluces sont aussi pauvres qu'ils sont nobles. Bonne occasion pour Pauline de fournir une dot, mais elle n'y pense point. Par bonheur pour la lectrice, entre les Cavour et les Saluces, il y a de longue date rivalité de noblesse et d'ancienneté, et Mme de Cavour, la dame d'honneur, voit le bon moyen d'abaisser par une mésalliance caractérisée cet orgueil qui l'offusque. Seulement, elle doit s'intriguer : pour la fête de la princesse, on a improvisé à l'hôtel une comédie où l'Empereur a promis de venir et où Jenny doit chanter des couplets à son adresse. Il arrive en effet, mais lorsque tout est terminé et que les premiers acteurs sont partis. Impossible de recommencer pour lui ; Mme de Cavour s'enhardit alors à dire que les couplets de Jenny sont les plus jolis et qu'il faut qu'elle les chante. L'Empereur acquiesce. Jenny s'en acquitte à miracle. « Je vous remercie de l'aimable bouquet que vous me réserviez, dit l'Empereur à Mme de Cavour. Vous me l'aviez bien dit ; tout de cette jeune fille intéresse et je voudrais faire quelque chose pour elle. — Votre Majesté peut tout, » répond l'obligeante personne. L'Empereur l'emmène dans l'embrasure d'une fenêtre, et elle raconte l'histoire. Ajoute-t-elle qu'en 96, à Nice, quand le général Bonaparte arriva à l'armée d'Italie, il logea chez le père de Jenny et que la petite fille lui présenta des fruits et des fleurs ? En tout cas, en se retirant, il dit : « C'est bien », et peu après, paraissent deux décrets, l'un nommant M. de Saluces écuyer de l'Empereur à 12000 francs par an (2000 francs de traitement et 10 000 de supplément), l'autre nommant la future Mme de Saluces dame de la princesse et lui attribuant une dotation de 3000 francs, « comme témoignage de bienveillance et indemnité de biens séquestrés ». A grand'peine, Pauline donne 5000 francs pour le trousseau.

Cette ladrerie qui, d'ordinaire, se dissimule sous les parures, se met pleinement au jour lorsque Borghèse arrive de Turin pour le mariage et qu'il s'avise de descendre au palais de sa femme. Alors, elle se double d'une antipathie qui cherche les occasions de s'affirmer, et d'un dédain qui s'étale. L'avant veille de l'arrivée, un ordre du jour apprend à la maison que, « mercredi 27 courant, Son Altesse Impériale descendra dans son appartement du rez-de-chaussée pour laisser libre l'appartement du premier où doit loger Mgr le prince Camille »; puis, avec la précision minutieuse et tatillonne dont elle donne ses ordres, la princesse stipule comme le lit de tulle brodé, doublé de satin blanc, doit être placé dans la chambre bleue, comme un lit rose dans le cabinet rose, un canapé avec l'écran et les jardinières dans la chambre bleue, la toilette dans le cabinet rose, et puis la salle de bains, les tuyaux, les volets et le reste.

Borghèse arrivé, Pauline, pour lui faire accueil, lui lit la lettre par laquelle l'Empereur fixe sa dotation personnelle et règle la séparation des biens; puis, elle lui déclare qu'elle ne saurait abriter tout le monde qu'il amène et qu'elle a loué — à ses frais à lui — l'hôtel Sinet où logeront les écuyers, les chambellans et les domestiques. Quant à la table, Borghèse devra payer son dîner et celui de tous ses gens. Pour une voiture, elle lui en prête une, même des chevaux, en attendant que ses équipages soient arrivés, mais ce n'est pas sans lui signifier à quel point elle en est contrariée. Marche-t-il dans l'appartement? elle envoie dire que ce tapage au-dessus de sa tête lui fait mal aux nerfs. Veut-il la voir? Il doit prévenir et, bien des fois, la porte lui est fermée — si bien que, un matin, au lever, l'Empereur lui ayant demandé comment va la princesse, il ne peut répondre, car il ne l'a pas vue depuis le dîner de famille. Même comme il s'oublie un jour jusqu'à écrire à *la Princesse Borghèse*, Son Altesse Impériale la princesse Pauline lui fait savoir qu'elle ne peut recevoir de telles lettres et qu'il doit mettre aux enveloppes les titres et qualités auxquels elle a droit.

Au premier voyage de Compiègne, la princesse a pris soin de louer un grand appartement pour sa maison et ses gens, et, comme elle doit s'entretenir à ses frais au Palais et y donner bien à manger, c'est un déménagement complet : rien que de casseroles, on en porte soixante-quatre. Mais ce n'est rien que les casseroles; il a fallu, comme partout, la chaise de la princesse, aux rideaux de taffetas vert bordés en mollet vert et aurore, et les tables de toilette, et les lits avec leurs matelas et leurs housses. Par quelle fatalité, a-t-on oublié le lit rose? « Pour Dieu ! le lit rose ! » écrit Montbreton : « Comment se fait-il que le lit rose de la princesse ne soit pas arrivé, écrit Mme de Cavour; la princesse est furieuse... Comment se fait-il qu'on ait oublié une chose si essentielle et si pressée? » Tout le monde, à Compiègne et à Paris, perd la tête du lit rose. Peut-être mettrait-il de sa couleur l'humeur de la princesse et chacun s'en trouverait mieux; car, outre Borghèse qui l'assomme, il y a cette table où s'assoient des ogres, et, où en quinze jours, on lui mange pour 7000 francs.

Au second voyage, plus de lit, mais le contrôleur : il ne varie pas les menus, il n'apporte pas lui-même le déjeuner de vermeil, l'argenterie est sale, le service est mal fait ; puis, c'est au tour de la lingère, des valets de chambre, des femmes de chambre, et, à chaque fois, des lettres, des notes, des ordres du jour ; car la princesse décrète sans arrêter, seulement c'est pour sa maison, ses gens, son budget, les fonctions de chacun, les emplois qu'on fera des fonds, et, tous les jours, elle change d'idée et, tous les jours, aussi impérativement, elle ordonne et décrète le contraire de ce qu'elle ordonna et décréta la veille. Quel pendant au bulletin des lois de l'Empire le recueil des arrêtés de la princesse Pauline, duchesse de Guastalla !

A Compiègne la princesse a eu pourtant des occupations qui devaient lui plaire, d'abord d'enseigner à son auguste frère le code des élégances, de lui dire les habits, les cravates et les souliers qu'on porte sous peine d'être déshonoré, et la façon dont on les porte ; elle a voulu lui montrer comme on valse et a médiocrement réussi. En bonne sœur au moins, elle s'est ingéniée à le rendre le mieux qu'il puisse être quand il se présentera à l'archiduchesse. N'est-ce pas tout elle, occupée uniquement de sa beauté et ne regardant qu'au physique des êtres? Cela ne fait pas qu'elle souhaite que sa belle-sœur impériale la passe en agréments et, de ce côté, elle a toute satisfaction en la voyant si peu plaisante. Comment prendre de la jalousie contre une femme à ce point dénuée de grâce et d'élégance et qui n'a pour elle que sa lèvre autrichienne ? Aussi, Pauline se soumet d'assez bonne grâce aux cérémonies d'étiquette où elle figure. A Paris même, elle résiste moins que d'autres à cette traversée de la grande galerie où elle figure en posture de vassale : n'est-ce point elle l'Impératrice de beauté? A l'offrande, a-t-on prétendu, comme elle tardait à remplir son devoir, un sévère regard du grand frère l'y a rangé : elle n'est point si sotte. La Chapelle du Louvre ne se prête point aux mêmes jeux que jadis Notre-Dame : dans le fait, c'est un salon, le *Salon Carré*. Il y a là des inventions niaises. Sans doute elle ne s'attarda pas au second voyage de Compiègne, mais ne s'y ennuyait-on pas à périr et puis n'avait-elle pas bien à faire pour la fête qu'elle devait offrir à Leurs Majestés dès leur retour d'Anvers.

***

Avant même d'aller s'installer à Neuilly, c'est là son occupation majeure, non qu'elle n'ait bien d'autres choses en tête : son conseil du contentieux à organiser, sa garde — juste quatre hommes et un caporal — à faire porter à treize hommes, son voyage des eaux à préparer, sa galerie de tableaux à installer dans le palais de Paris, et puis, les soirs, les bals où elle ne veut pour tout orchestre que Jullien et son compagnon avec leurs violons, mais tout s'efface devant le travail de la fête.

Chaque jour, solennellement, la princesse préside un conseil où siègent Mme de Cavour, l'architecte Besnard, M. de Forbin, l'intendant David, et Despréaux, le mari de la Guimard, le maître des ballets de l'Opéra, l'homme à idées qui, depuis Marie-Antoinette, invente, règle et exécute tout le galant, l'ingénieux et le rare des fêtes de château. Il y est passé maître, imagine les danses, les décors, les couplets : c'est un génie. D'abord, il faut à la princesse qui sait compter un devis raisonné : Despréaux s'en défend : Est-ce ainsi qu'on va au grand? Sont-ce là des façons? Peut-on donner un aperçu des cadeaux? « Rien n'est plus déplaisant à un artiste que de fixer le prix d'autres artistes. » Quant à dire ce que coûteront les danseurs et la musique d'harmonie, impossible, « à cause des détails que cela entraîne ». Despréaux fera de son mieux et au moins cher, c'est tout ce qu'il peut dire : l'Opéra prêtera des costumes si on en demande : à la vérité, il faudra y dépenser quelque chose pour les mettre à la taille des sujets et leur donner un tour allemand ; de même, des décors qui feront des fabriques pour « meubler » le parc. Avec 6000 francs on aura du reste : la princesse met 7000 et, pour sa partie, Despréaux présentera une note de 13748 sans compter les cadeaux, gratifications et pourboires.

Il faut une pièce de circonstance : la princesse la demande à Dupaty, son faiseur ordinaire. Chaque princesse a le sien. La pièce livrée est d'ailleurs tout aussi niaise que si elle était de Chazet, de Desprez ou de Riboutté. On y voit la reine Marguerite sœur de

François Ier, un jardinier qui fut soldat, son fils Lucas, une Babet qui n'a point de dot, Clément Marot, Ronsard et Rabelais qui célèbrent en vers l'heureuse union du Roi et d'Eléonore d'Autriche, Bayard qui organise une chasse et Babet qui est couronnée rosière. Il y a des couplets où l'Empereur est égalé à François Ier et à Charlemagne : tout cela à cause d'Eléonore d'Autriche, qui ne paraît point. François Ier, c'est bien près; il a laissé des souvenirs qui ne sont pas tous flatteurs. Cela peut déplaire. On consulte le duc de Bassano qui n'hésite pas à signaler les périls. « Il faut absolument, décide la princesse, que Dupaty change le sujet, tout en conservant la plus grande partie des couplets » ; Dupaty commence donc à travailler sur un nouveau plan, mais, décidément, « des allusions pourraient déplaire », mieux vaut y renoncer, et, pour consoler le poète, la princesse lui envoie cent napoléons.

Au lieu de littérature, Garnerin propose un divertissement en ballons, rien que des ballons : un ballon pavoisé de flammes aux couleurs de France et d'Autriche et décoré de fleurs, enlèverait, dans un char allégorique, des dames choisies par Son Altesse Impériale pour présenter des fleurs à leurs Majestés. « Ce ballon servirait à des promenades aériennes pour des personnes curieuses de ce nouveau genre de spectacle. » A nuit close, ce même ballon, décoré d'une brillante illumination, s'enlèverait avec M. Garnerin et son épouse qui s'efforceraient d'aller jusqu'en Autriche. « S'ils avaient ce bonheur, l'histoire s'emparerait du souvenir de la fête comme elle conserve celui du ballon lancé par M. Garnerin à Paris et descendu à Rome lors du couronnement. » Et puis, il y aurait un ballon détonant d'où une Vénus descendrait dans le parc par un parachute, un ballon météore qui accompagnerait le feu d'artifice, des ballons lumineux, des ballons changeants, tous les ballons, et il n'en coûterait que 8 000 francs. Est-ce trop ? M. Garnerin est prêt à offrir un divertissement d'expériences de physique « qui serait bien distingué » : Illuminations de gaz, de phosphore et d'électricité et démonstrations des ballons : 2 000 francs seulement.

Rien du tout : le ballon, dont on a abusé dans les Tivolis, est hors de mode. Sur un désir de l'Empereur, on aura la Signora Saqui, « celle qui marche si bien sur la corde. » Elle mettra le feu aux artifices. « Il faut arranger que ce soit un génie et un génie tout en vie. » La princesse veut aussi un rôle, muet, pour le yacht que, l'an dernier, à Fontainebleau, elle reçut de l'Empereur, auquel la ville de Nantes l'avait offert : le yacht pavoisé et illuminé fera sur la Seine fond de tableau. Fi des décors de l'Opéra que proposait Despréaux ! On aura, en toiles décorées exprès et montées sur des charpentes assorties, le *Théâtre* et *la Maison de Caprice*, *le Temple de la Gloire* et *le Château de Schoenbrünn*, et les figurants, danseurs et musiciens, seront habillés tout à neuf, de même que les acteurs qui, au lieu de *la Fête de Meudon*, joueront une pièce du répertoire de Feydeau, *le Concert interrompu*.

Verra-t-on assez clair? La princesse, à chaque séance, veut « croître l'illumination » ; elle entend « que toute la partie du jardin qu'on verra soit claire comme de grand jour. » Avec trois mille terrines dans le parc, des fagots enflammés dans tous les fossés, des lampions pour 6 302 francs, des lanternes et bougies pour 1 800, des verres de couleur pour 480, on aura du reste ; mais il y a le dîner : six cents estomacs de qualité diverse, depuis les soldats de piquet jusqu'à l'Empereur, à emplir selon la hiérarchie, cinq menus qui diffèrent du tout au tout, cela n'est pas rien à combiner, et la table de douze couverts pour Leurs Majestés, les quinze tables de dix couverts pour les dames, le repas de vingt couverts pour les acteurs, le buffet debout pour deux cent cinquante invités, le dîner froid pour les cent hommes de la Garde à pied et les cinquante de la Garde à cheval. Et le feu d'artifice? Reggieri demande 10 147 francs, mais il faut du majestueux et son *prospectus* paraît pauvre ; on agrée donc *les coups de feu*, mais forcés en fusées, bombes et soleils.

Pauline a cru être quitte du tout pour 30 000 francs; elle double la somme; ce n'est pas assez : elle croit s'arrêter à 76 476; il en coûtera 98 577 ; encore n'est-ce que pour la première fois, car l'Empereur voudra une seconde représentation pour les Parisiens, lesquels, à leur ordinaire, demanderont tous des billets, dénigreront ce qu'on leur montrera, s'étonneront qu'on ne leur livre point les salons et qu'on ne leur serve pas à souper. Au moins, quoique disent les jaloux, dans le public, le succès est immense, tel que les directeurs de la Porte-Saint-Martin supplient la princesse de leur permettre « de rendre dans le cadre du théâtre le tableau de la fête », de leur prêter pour quinze jours seulement une partie des décorations, de façon qu'ils satisfassent la curiosité générale « en montrant comment une sœur chérie a su fêter le héros des Français. » Mais Pauline est excédée des cinq mille Parisiens auxquels elle a dû livrer ses jardins, des lampions qui traînent sur les pelouses, des palais de toile et de carton qui encombrent les allées ; elle entend qu'on ramasse l'état de toutes les dépenses, sans en excepter aucune, et que ce soit affaire terminée, car elle a hâte de partir pour Aix-la-Chapelle où elle sera libérée de son mari que, d'ailleurs, elle oblige « de retourner tous les soirs à Paris pour lui être moins à charge », et où elle retrouvera sa mère.

Pendant son absence, on dépêchera à Paris les embellissements du palais ; on mettra tout en ordre à Neuilly, en attendant qu'au mois de septembre, on commence les grands travaux sur la rivière. De tout, elle se fait rendre compte avec une précision tatillonne : Mme de Saluces, restée à Paris, donne avis de ce qu'elle commande et paye ; Michelot, l'intendant, surveille ce que le prince fait et il en rend compte ; il y a de plus des informateurs secrets, par qui la princesse contrôle l'intendant et Mme de Saluces. Elle a des façons d'entrer dans les détails où l'on retrouve sa mère. Ainsi, Herbault, le modiste, présente une facture dont il demande à être payé de suite et il sollicite en même temps le brevet de fournisseur de Son Altesse Impériale : elle accorde le brevet et elle écrit : « Il faudrait profiter de son besoin d'argent pour lui faire accepter telle diminution. » D'Aix à Paris, c'est un vol continu de petits billets familiers pour ce personnel à l'infini de femmes de charge et de femmes de chambre, qu'elle traite en familières, — « la grosse mère », ou « la chère poulotte », — et qui sont instruites de tous les détails.

*
* *

A Aix, pourtant, avec la cour qu'elle mène à sa suite, dames, chambellans piémontais, lectrices, écuyers et le reste, elle prend part à toutes les fêtes, elle se montre à tous les spectacles, elle imagine des parties et des promenades. Lasse d'Aix, elle va passer des semaines à Spa où l'on est plus libre encore et où l'on s'amuse davantage ; partout, elle éveille le désir, partout, par une naturelle fonction de son être, elle porte l'image d'une déesse douce aux mortels, qui ouvre l'Olympe à quelques-uns. En même temps, pour sa mère, la fille la plus attentive ; pour Lucien, Louis, Jérôme, la sœur la plus dévouée. Elle embrasse leurs querelles, elle comprend leurs goûts, elle flatte leurs manies ; elle observe pour eux, rend compte avec esprit, conseille avec tact ; elle s'ingénie par d'habiles retours à ménager les réconciliations et, en tout ce qui les touche, elle « la Reine des caprices », se montre la maîtresse de sa pensée, la gardienne de ses secrets, formant et suivant des plans sans se laisser distraire et sans en rien confier. Les amants qu'elle a, c'est pour se faire aimer; mais, s'ils ont leurs heures, ils n'empiètent point et ne gagnent rien sur celles qui appartiennent à la Famille. Par quoi, elle est et reste marquée Corse d'un trait indélébile.

La voici de retour à Neuilly la veille de la fête de l'Empereur. « Tout son monde » s'y est rendu pour la recevoir, et — ce qui fut une grande occasion de correspondances — elle y trouve, tout prêts à être endossés, les robes et le manteau de Cour qu'elle portera à la cérémonie. Tout est bien, quoique, malade depuis dix jours, elle ait eu peine à se mettre en route et que le voyage l'ait grandement fatiguée. Mais, au coup de fouet, elle répond généreusement et ses nerfs la portent.

*
* *

Après, séjour à Neuilly, claustration volontaire; le parc fermé à tout étranger, même à la maison d'honneur, même à ce M. Achille du Cormier qui eut jadis ses entrées grandes et petites. Un autre les a reçues : M. de Canouville, aide-de-camp du prince vice connétable, le plus beau et le plus fat des « dadais à la Berthier ». Ils sont là quelques-uns, Bruyère, Girardin, Curnieux, Colbert, La Grange, Montholon, Canouville, Noailles, les deux Périgord, Septeuil, Sopransi, Ferreri,

Briqueville, Choiseul, qui font la mode, brûlent les cœurs, jouent gros jeu, dépensent des fortunes, mais, le plus galamment du monde, se font casser la tête à l'occasion. Dans cette armée de paysans et d'ouvriers, l'armée démocratique de la Révolution, ils maintiennent la tradition élégante et joyeuse d'une nation qui montait à l'assaut violons en tête et provoquait le premier feu de l'ennemi d'un joli salut. Corsetés, musqués, portant des outils de toilette dans leur giberne d'ordonnance, parés d'un uniforme qui est comme un costume de bal, la tête creuse et peu tournée aux littératures, enviés et dénigrés des officiers de troupe, applaudis pour leur belle tournure par le soldat, ils mènent une charge de l'air dont ils offriraient des fleurs, ils vont où l'on *doit* mourir du pas dont ils iraient à un rendez-vous d'amour. Ils se font pardonner la joie qu'ils ont à gâcher leur vie facile et somptueuse, par le dédain qu'ils portent à la perdre. On ne peut même dire qu'ils sont braves ; ils sont prêts. Pour acheter le luxe, l'éclat, les succès, l'amour des jolies femmes, la faveur même de l'Empereur, ils ont fait un billet, le seul qu'ils payent à présentation. « Allez », leur dit Berthier. Ils partent seuls, du bal ou du bivouac, pour faire cinq cents mètres ou cinq cents lieues, pour prendre une batterie ou pour porter une lettre : Il y en a qui reviennent, car ils ont de la chance : mais à voir la liste de ceux qui sont estropiés ou morts, il faut saluer.

Armand-Jules-Élisabeth de Canouville a vingt-cinq ans tout juste ; d'une ancienne famille de Normandie, fils d'un Saint-Chamans, petit-fils d'une Saint-Contest, neveu de Sémonville, engagé à dix-sept ans au 16e dragons, sous-lieutenant à dix-huit, capitaine à vingt et un, il était à vingt-trois, aide de camp de Berthier et, à vingt-quatre, chef d'escadron. On raconte bien des anecdotes sur sa liaison avec Pauline : Jamais à ce point elle n'a été affichée, même par Forbin, et jamais autant elle ne s'afficha. Cela, de la part de tous deux, semble une gageure, et cela s'établit ainsi même durant le voyage de Fontainebleau où la princesse est venue le 25 septembre et où le prince de Neuchatel se trouve accompagné de quatre de ses aides de camp.

Les premiers jours, tout va au mieux. Pauline s'empresse de plaire à l'Empereur en organisant des distractions pour sa jeune belle-sœur. Chaque semaine, pour le jeudi, où elle reçoit l'Impératrice et la Cour, elle s'ingénie à découvrir quelque divertissement qui soit neuf et qui fasse plaisir : Tantôt « des petits chiens qui jouent la comédie à eux seuls, » tantôt, « la plus élégante lanterne magique de Paris »; elle pensait à Olivier, l'escamoteur en vogue, lorsqu'elle apprend que la reine Hortense l'a retenu. Qu'on la prenne maintenant à parler de ses projets! Elle tient table selon les ordres reçus et elle y met un luxe de surtouts et de bougies; à chaque fois, pour les douze convives, dix-huit les grands jours, l'argenterie de table, soixante-douze assiettes, huit plats ovales, douze d'entrées et d'entremets, quatre à hors d'œuvre, et deux ronds à grosses pièces. Mais, de couverts, à peine assez pour le nombre des invités, seulement douze assiettes de porcelaine à dessert, et point de vermeil. Malgré cela, rien de plus couru que ses dîners et elle en fait sa cour à l'Empereur.

Mais il y a Canouville : on a prétendu qu'à une revue, Canouville avait paru avec une pelisse bordée de martre zibeline et boutonnée de diamants; que l'Empereur avait reconnu cette martre pour être d'une fourrure que l'Empereur Alexandre lui avait donnée et que lui-même avait offerte à sa sœur, et que, outré, il avait ordonné à Berthier d'expédier Canouville en Espagne. Cela sent le conte à plaisir : Point de revue qu'on sache que l'Empereur ait alors passée à Fontainebleau et où le major général ait assisté avec ses aides de camp. Vraisemblablement, l'Empereur, sur des rapports qu'on lui a faits, a dit quelques duretés à Pauline, qui, en coup de vent, quitte Fontainebleau. Rien n'est disposé pour la recevoir à Paris : les appartements sont détendus, l'intendant en congé, une partie des gens de livrée licenciée ; n'importe, Mme de Saluces donnera les ordres et fera le nécessaire. Le 6 novembre, Pauline lui écrit : « Je pars demain à onze heures ; je serai à quatre heures à Paris, ma santé m'oblige à quitter F. (Fontainebleau) » : Une telle précipitation, alors que Madame reste jusqu'au 10 et l'Empereur jusqu'au 16 n'est point sans cause.

Voici sans doute l'explication : Le 9, l'Empereur écrit à Berthier : « Envoyez un de vos officiers à Paris avec ordre de ne revenir qu'avec des nouvelles de l'Armée de Portugal. » Dans cette lettre Canouville n'est pas nominativement désigné, mais peut-être l'a-t-il été verbalement. Il n'était point en disgrâce quinze jours auparavant, puisque, le 22 octobre, il a été honoré par Lettres patentes du titre de baron de l'Empire. En tout cas, le 9 novembre, il reçoit ordre de partir immédiatement pour porter des dépêches au prince d'Essling : au galop de charge, il fait les six ou sept cents lieues qui séparent Paris de Salamanque. Là, il apprend qu'on ne communique pas avec l'Armée de Portugal et qu'il devra attendre on ne sait quel temps pour remettre ses dépêches en mains propres. Il raconte ses histoires à qui veut les entendre, en particulier à ces bonnes pièces, le général Thiébaut et la duchesse d'Abrantès et, après une nuit à Salamanque, il repart sans escorte pour Paris, toujours au galop, car il ne peut vivre sans sa déesse. A Paris, à peine arrivé, ordre d'aller remplir sa mission telle qu'elle lui fut donnée, et retour fort piteux à Salamanque, où, du fait aussi de Pauline, au moins le dit-on, il trouve, pour compagnon d'infortune, un autre aide de camp du prince de Neuchatel.

Celui-là, Achille Tourteau de Septeuil, plus jeune de deux années que Canouville, aussi élégant et recherché, n'a point laissé insensible une des dames de la princesse, la belle Mme de Barral ; Pauline l'avait eue fort en gré et l'avait mise le plus avant dans sa confidence, bien que fort belle et portant à ravir le grand habit. Elle avait fait de M. de Barral un chambellan de Jérôme avec résidence à Cassel, ce qui avait fort débarrassé sa femme; et, de celle-ci, sa compagne, sa complice et sa victime; car elle ne lui laissait point une heure. Qu'arriva-t-il? Faut-il penser que la princesse se scandalisa de quelque chose? Est-ce de ce que Septeuil ne lui faisait pas la cour? Pourquoi Septeuil, alors que régnait Canouville? Mais n'est-il de rivalité que dans les choses d'amour et, entre deux femmes, surtout qui furent intimes, ne suffit-il pas d'une confidence ou d'une indiscrétion pour éveiller des haines qui tuent? Aussi bien n'est-ce pas assez qu'une ait un amant pour que l'autre veuille le prendre, même sans le prendre, le détacher? L'anecdote ici se complique de drame : Septeuil, envoyé par le major général à l'Armée de Portugal, dut, comme Canouville, attendre à Salamanque que les communications fussent rétablies. Quant il put rejoindre à la fin Masséna, ce ne fut point pour rester inactif. Il se conduisit en brave homme à Fuentès-de-Oñoro, où son cheval fut tué sous lui — Il en avait eu un tué à Saragosse, et un à Essling — Mais cette fois, le boulet qui tua son cheval lui emporta la cuisse. On l'amputa sur le champ de bataille; Mme de Barral qui avait dû quitter la maison de Pauline et la Cour et se retirer dans sa province, divorça, un peu tard, de son vieux mari et épousa son jeune amant : elle avait vingt-cinq ans de moins que M. de Barral; elle en eut sept de plus que M. de Septeuil : cela fit compensation.

Pauline, fort peu contente, est rentrée à Paris. Peut-être y trouve-t-elle, après quelque temps, à suppléer Canouville qui pourtant reste le préféré. D'ailleurs les affaires de Louis et celle de Jérôme l'inquiètent et l'occupent, puis l'Empereur, revenu de Fontainebleau, tient sa cour et n'entend pas qu'on se dispense de paraître. Il veut que la princesse, en outre de ses bals hebdomadaires, donne au carnaval un grand bal paré : ce bal-là fait époque : c'est le premier où, par ordre, tous les hommes sont en habit habillé. Il veut qu'elle assiste à tous les autres bals, à la Cour, chez Hortense et les ministres, et il y en a trois ou quatre chaque semaine; Il veut que, le 26 février, qui est mardi-gras, elle mène aux Tuileries un quadrille mythologique. Pour cela, huit jours de répétitions avec Despréaux, auteur du scénario, Lefebvre, arrangeur de la musique, les prévôts de danse et les violons répétiteurs. Cela coûte cher, car il est d'usage que la princesse qui mène le quadrille paye les habits des danseurs, et cela est assez laid, manque de grâce et d'invention.

Avec le Carême, arrive Borghèse qui descend au palais du faubourg Saint-Honoré. Cela fait une mortification que les Canons n'ont pas prévue.

*
* *

Ce sont d'autres désagréments plus graves qu'a reçus Elisa et ils précèdent des douleurs profondes, les seules que son âme virile et son esprit d'ambition lui permettent d'éprouver.

Rien, on l'a vu, n'égale son habileté à se faire valoir et, bien que l'Empereur l'aime peu, elle a su imposer même à lui, la plus haute opinion de son intelligence et de son caractère. Pour le public, elle joue de la presse en artiste, faisant rédiger sous ses yeux ou rédigeant elle-même, les articles louangeurs que, de son cabinet, elle envoie à ses amis de Paris qui les glissent dans les journaux où ils ont accès. L'Empereur se fâche de cette perpétuelle réclame ; il interdit qu'on parle de la grande-duchesse, qu'on raconte ainsi par le menu ses actes généreux et ses pensées de gouvernement, mais l'agence est si bien montée qu'elle parvient toujours à passer ses nouvelles. Devant l'Empereur, Élisa se présente comme l'élève la plus attentive, comme la plus humble imitatrice, à ce point pénétrée de la grandeur et du génie du maître que nulle flatterie dès lors ne paraît excessive et ne provoque un recul. Si, par quelque circonstance, l'effet s'en trouve diminué, il est rare qu'il n'en reste pas trace. Pourtant tout n'est pas rose et il y a des déboires.

Ainsi, le 6 août 1809, la grande duchesse a écrit à son frère : « Sire, j'ai fait exécuter la statue de Votre Majesté par mes meilleurs artistes de Carrare, et, avec elle, les bustes de la Famille dont j'avais des copies. J'ai cru qu'en plaçant ainsi le père au milieu de ses enfants, je composerais un monument agréable au cœur de Votre Majesté et qu'elle voudra bien en agréer l'hommage pour le jour de sa fête. Peut-être Votre Majesté daignera-t-elle remarquer le buste de ma fille ; déjà, elle commence à s'associer par ses tendres vœux à l'amour et à la reconnaissance de sa mère. » L'Empereur ne répond pas, donc il agrée le présent ; mais, lui envoyer directement tant de blocs de marbre serait peu correct ; en adressant les caisses à quelque inférieur, on s'exposerait à ce qu'elles ne fussent pas défaites ; Elisa les expédie à son correspondant ordinaire, Regnaud de Saint-Jean d'Angely, qu'elle juge en position d'en tirer bon parti. Regnaud, en effet, y donne tous ses soins ; il assiste en personne au transport des quatorze bustes et statues et il emploie, près de l'architecte Fontaine, toute sa diplomatie et tout son prestige pour obtenir que les présents d'Elisa soient placés, le 2 décembre, dans la Galerie de Diane où l'Empereur les verra, en même temps que les malachites de l'Empereur de Russie, montées à grands frais par Jacob ; mais, le matin, l'Empereur ne passe pas par la Galerie de Diane ; et comme, le soir, il y aura cercle dans les Grands appartements, on enlève bustes et meubles et on les porte dans la galerie du Musée ; l'Empereur ne les y voit pas davantage ; ils encombrent, et on les envoie à Trianon où les uns sont encore, tandis que les autres ont trouvé asile à Versailles.

Il y a ainsi des machines savamment combinées qui font long feu, mais Elisa ne se décourage pas. Du ton dont elle offrait des bustes, elle annonce qu'elle est enceinte de trois mois (9 décembre). « Si le sort exauçait mes vœux les plus ardents, écrit-elle, je donnerais à mon auguste frère un neveu digne de son nom et de sa gloire, mais, quel que soit l'enfant que je porte, du moins puis-je me flatter qu'héritant des sentiments que lui inspirera sa mère, il rivalisera avec elle d'amour et de dévouement pour Votre Majesté. » C'est s'y prendre par avance, mais il s'agit qu'en faveur de l'enfant à venir, l'Empereur continue la pension qu'il a payée jusque-là à Élisa sur la grande cassette : Vain espoir : à dater du 1er janvier 1810, le traitement de 240 000 francs est supprimé.

Sans doute, la grande-duchesse a tant de beaux revenus qu'une telle économie devrait lui paraître justifiée ; elle n'y est pas moins sensible, car elle met de côté le plus qu'elle peut, et puis, n'est-ce pas une disgrâce qu'en vérité elle ne mérite point ? Nul, dans le service de l'Empereur ne se range de plus près à ses idées, puisqu'elle semble s'attacher à les devancer. Là, peut-on croire, ce n'est plus flatterie ; Élisa a pris si complètement l'*Esprit de la chose*, elle est si bien pénétrée de la doctrine, qu'elle va naturellement au but où tend Napoléon. En ce qui touche la querelle religieuse, elle a, de son chef et pour son compte, engagé les hostilités à Lucques et à Piombino avant qu'elles fussent ouvertes en France, et elle continue, en Toscane, à les suivre au compte de l'Empereur, mais selon les impulsions propres de son caractère. Pour ce qui est du papisme, Lucien ni Fontanes n'a tracé sur elle, et elle est demeurée inébranlable. Ainsi, de Pise, où elle passe l'hiver, sitôt qu'elle apprend la mort de l'archevêque de Florence, elle s'empresse de demander que l'Empereur nomme au siège vacant un prélat français qui ait donné des preuves certaines de son dévouement. « Le clergé toscan, dit-elle, a grand besoin d'une meilleure impulsion et de meilleurs exemples. » Elle met sévèrement en garde contre les candidats qui pourraient se présenter ; elle prévoit des mesures de violence ; elle est là pour son compte. Dans la lutte contre l'Angleterre et les marchandises anglaises, peut-être est-elle moins convaincue, mais elle agit comme si elle n'éprouvait aucun doute. Elle marque aux douaniers des faveurs particulières. Bien mieux : « Toutes mes voitures, ordonne-t-elle, doivent être visitées lorsqu'il n'y a pas d'ordre d'un des officiers de qui dépendent les effets. Autrement, mes cochers feront la contrebande comme ils la faisaient à Livourne. » Cela n'est-il pas d'un bel exemple et qui peut se plaindre, lorsque la grande-duchesse soumet elle-même ses voitures à la visite ?

Quant aux lois qu'à Lucques elle édicte par monceaux, c'est pour se plaire à elle-même. Elle adore décréter, légiférer, réglementer, pourvoir au bonheur de ses peuples ; Lucques a des airs de Salente, d'une Salente de laboratoire où les êtres ne sont pas les produits de la nature, mais des théories de la princesse. En une seule session qu'elle ouvre le 17 février par un discours prononcé par le prince époux, elle fait présent aux Lucquois d'une trentaine de lois d'intérêt général. On en rit, mais pourquoi un canton aurait-il de moins bonnes lois qu'un empire ? L'homme étant partout le même, n'a-t-il pas besoin partout d'institutions pareilles et, de ce qu'il fait partie d'un petit peuple, doit-il, étant obligé de vivre en société, être dispensé des règles que dans les grands Etats on estime salutaires? Sans doute le bulletin des lois de Lucques prend assez facilement un air de parodie par rapport au Bulletin des lois de l'Empire, mais de ce qu'ils touchent moins d'êtres, les besoins des Lucquois sont-ils moins pressants que ceux des Français?

Élisa fait donc des lois, loi sur le dessèchement des marais, loi sur la confection d'un cadastre, loi sur l'inscription des pensions et leur liquidation, règlement pour les fabriques des églises paroissiales, promulgation du Code pénal, loi sur l'intérêt de l'argent, la culture du tabac, les cours prévôtales, l'imprimerie, la propriété littéraire, la réorganisation des tribunaux. Mais à force de faire des lois, elle en abuse; tout lui est sujet d'enquête, d'étude et de loi; Lucques est transformé par elle en Etat modèle, si tel est l'Etat où chaque action et chaque démarche des sujets est observée et réglementée, où l'initiative n'appartient qu'au souverain, où la liberté de l'individu est supprimée, non pas même au profit de la collectivité, mais de l'idéal social que le prince s'est formé. « Il me semble, disait Élisa à Lucques, que je suis ici au milieu de ma famille; » mais elle entendait une famille dont elle fût l'unique chef et où elle fût par tous aveuglément obéie. Napoléon est despote, mais qu'est-ce auprès d'Élisa, qui double le despotisme qu'elle modèle sur son frère du despotisme naturel à son sexe? La femme qui a l'esprit de domination l'exerce en pourvoyant à tout, en croyant tout prévoir, en exerçant une tyrannie, parfois bonne, sur tous les êtres qui dépendent d'elle ; elle ne souffre pas qu'ils s'émancipent à éprouver un besoin qu'elle n'ait point imaginé ; toute fantaisie lui semble un attentat contre ses droits, et tout acte personnel un crime de lèse-majesté. Pour elle-même, elle ne rend aucun compte et la servitude qu'elle impose est, à ses yeux, la conséquence naturelle de son infaillibilité.

Il eût été beau qu'Elisa eût à parler à Bacciochi de ce qu'elle pensait faire et à lui demander permission. Elle n'entend même pas qu'il figure à côté d'elle et qu'il se mêle à sa gloire. C'est assez qu'il passe pour le père de ses enfants et qu'il en ait l'honneur. Aussi, partant pour Paris où, malgré sa grossesse de cinq mois passés, elle se rend pour les fêtes du mariage, elle le laisse quelque part, à Florence, Piombino ou Lucques, après lui avoir permis de la conduire à la première poste.

Pourtant, dans la suite si nombreuse, le prince Félix eût à peine compté. En sept voitures, Elisa emmène six dames du palais, cinq chambellans, deux écuyers : Corsini, Albizzi, Dragomani, Pazzi, Gherardesca, Strozzi, quel cortège à l'orgueil d'une Bonaparte ! Les fourgons pour les bagages sont à l'avenant, car il faut que la cour florentine paraisse au moins à l'égal de la milanaise. Pour la distinguer et la rendre mieux sienne, quoiqu'elle soit uniquement à l'Empereur, Elisa a imaginé, à l'instar de ses sœurs ou belles-sœurs qui ont des royaumes, de décorer les dames de son chiffre en or. L'Empereur, lorsqu'il verra ce chiffre, en prendra ombrage. Il n'admet point qu'on établisse des ordres sans sa permission, fût-ce des ordres de cotillon ; puis, Élisa, à Florence, tient la Cour de l'Empereur, mais n'a point de cour : « Tout cela, dira-t-il, sont des choses fort irrégulières. »

Arrivée à Paris le 17 Mars, Élisa est logée d'abord au petit Luxembourg, d'où elle passera à l'hôtel Marbeuf. Comme elle est fatiguée du voyage, elle ne participe pas au premier séjour à Compiègne, mais elle se trouve à Saint-Cloud, le 30, pour recevoir l'Impératrice et elle est de toutes les cérémonies qui suivent. Elle arrive après à Compiègne avec sa fille qui a le don de séduire Marie-Louise. « La grande-duchesse de Toscane est bien intelligente, écrit l'Impératrice à son père ; elle est laide, mais elle a une fille de trois ans qui est le plus bel enfant que j'aie jamais vu ». Et elle s'éprend de la petite Napoléon, elle la gâte, elle la fait déjeuner entre elle et l'Empereur ; quelques semaines plus tard, le jour de la naissance de l'enfant, elle s'aperçoit qu'elle ne l'a point fêtée et, en hâte, elle envoie sa dame d'atours à Paris pour rapporter des joujoux.

Bien qu'Élisa n'ait pas manqué d'amener son grand écuyer lucquois, l'inévitable Cenami, elle ne pense guère à la bagatelle ; elle voit les ministres et les directeurs généraux, elle pousse ses protégés, elle enlève des places, elle imagine des règlements, elle réforme des Communautés, elle fait ses affaires. A sa rentrée à Paris, après le départ de Leurs Majestés pour Anvers, elle visite les monuments, pose pour Dumont qui fait son buste, vit assez en famille, surtout avec sa mère qui lui fait ses confidences au sujet de Lolotte, peu avec Pauline qu'elle n'aime guère, moins encore avec Caroline qu'elle déteste. Des siens, celui qu'elle préfère est Jérôme, et cela va au point que, Jérôme étant pressé d'argent, elle lui prête cinquante mille francs. Ces deux êtres n'ont rien de semblable ; peut-être pour cela s'entendent-ils si bien.

Sa grossesse approche du terme : le 3 Juillet, à l'hôtel Marbeuf, elle accouche d'un garçon qui, selon les ordres contenus en la lettre close adressée par l'Empereur à l'archichancelier faisant fonction d'officier de l'État civil, reçoit les prénoms de Jérôme-Charles. Jérôme qui sera parrain, est témoin avec Borghèse, et au pied de l'acte, Élisa signe de sa nerveuse écriture, avec un paraphe aussi ferme qu'en pleine santé. Par la même occasion, on dresse, pour les Archives de la Famille, un acte de notoriété tenant lieu de l'acte de naissance d'Élisa-Napoléon, la fille d'Élisa, née le 3 Juin 1806. Napoléon-Élisa, dit l'*Almanach Impérial*, et on appelle la petite, Napoléon.

A Lucques, la naissance de Jérôme-Charles, héritier présomptif, est célébrée par des réjouissances qu'ordonne la grande-duchesse et où préside le prince Félix : Te Deum, cent mariages à dot de

200 francs, aumônes, amnistie pour les condamnés de simple police, remise des amendes et des contributions arriérées. Pourtant, Élisa n'est guère en argent. Le voyage de Paris lui a coûté cher, — 800 000 francs dit-on — et, si l'Empereur lui a fait présent d'un beau médaillon à portrait de 50 000 francs ; s'il a donné à chacune des dames de Toscane des porcelaines de Sèvres pour quelque 2000 francs, il n'a pas déboursé un sol d'argent comptant. C'est la liste civile de Toscane qui doit tout payer. Bien mieux : l'Empereur prétend profiter du séjour de sa sœur pour régler avec elle l'affaire toujours pendante des dotations assignées, en 1806, sur Massa, Carrara et la Garfagnana : C'est 200 000 livres de rente qu'il demande à Élisa. Celle-ci est bien trop adroite pour résister de front, mais, selon une tactique qui jusque-là lui a réussi, elle s'ingénie à gagner du temps et, pour tirer en longueur, elle ne néglige aucun des entours qui peuvent la servir. Seulement, cela exige des démarches et elle doit renoncer au séjour qu'elle avait promis à Jérôme d'aller faire, en Août, à Napoléonshöhe. Elle y envoie Cenami pour consoler de son absence.

Elisa n'a pas que l'affaire des dotations : elle se mêle d'une intrigue où l'on s'attendrait peu à la trouver. Jadis, elle fut des plus ardentes contre Fouché et, si elle ne contribua pas à sa première disgrâce, au moins l'appela-t-elle de tous ses vœux. Mais, depuis lors, il a passé bien des jours. Fouché était très lié avec Hainguerlot et l'on sait la place que tient Hainguerlot dans les tendresses d'Elisa et de Jérôme. C'est à Lucques que les Hainguerlot ont cherché et trouvé asile quand Cassel leur a manqué. Ils y ont un beau-frère, Beauvais, gouverneur du palais, un associé Eynard, banquier de la cour, qui est mêlé dans toutes les affaires d'argent d'Elisa : achats de domaines nationaux avec dispense d'en payer le prix, prêts fictifs au trésor, toutes choses qui par la suite apparaîtront.

Si Fouché a été serviable pour Hainguerlot, il s'est montré de même pour Lespérut « qui s'était abîmé dans une affaire criante »; et l'on se souvient que, après Fontanes, avant Cenami, Lespérut fut fort bien en cour. Elisa a su reconnaître une telle obligeance de la part du ministre de la Police : elle s'est réconciliée avec lui, puis s'est établie dans une sorte d'intimité, telle qu'avec Talleyrand; car, bien que les deux hommes soient dans la disgrâce de son frère, elle ne les en tient pas moins pour les plus forts du régime, même les seuls forts. Lorsque Fouché, après une dernière audience de l'Empereur, se décide à un départ qui ressemble à une fuite, il accourt chez Elisa « et lui demande des lettres pour son grand-duché. Elle y met une grâce infinie, le recommandant avec chaleur et le désignant même dans ses lettres sous l'aimable épithète de l'*Ami commun* ». Fouché trouve en effet, en Toscane, tous les secours qu'il doit attendre des hommes « qu'il y a fait gîter », et si, de Livourne où on lui a procuré un navire, la galiote l'*Elisa*, il ne gagne pas la haute mer, au risque des Anglais avec qui il s'est ménagé trop de liaisons pour n'être pas muni de leurs passeports, ce ne sont pas les scrupules, c'est le mal de mer qui le contraint à débarquer.

Du port, c'est à Elisa qu'il s'adresse pour être protégé : « Je n'ai jamais demandé aucune grâce à l'Empereur, lui écrit-il le 8 août; je lui en demande une aujourd'hui par votre organe. A l'approche de sa fête, que Sa Majesté oublie les torts qu'elle me reproche et qu'il me soit permis de me réunir à ma femme et à mes enfants; en quelque lieu que ce soit, j'en serai profondément reconnaissant ». Elisa s'entremet activement; elle obtient que l'Empereur reçoive la duchesse d'Otrante; elle obtient que Fouché ait l'autorisation de voyager en Italie et dans le royaume de Naples, où son arrivée est annoncée à Murat qui en prend grand peur. Le 24 août, de Lyon où il est revenu, Fouché lui adresse, en même temps que ses délirantes actions de grâces, une apologie qui étonne, même de lui : « La force de mon âme, dit-il, a succombé quand je me suis vu traiter par l'Empereur comme un ministre infidèle... Il aurait fallu avoir l'âme flétrie pour n'être pas sensible à tous les changements qui s'opéraient à mon égard. Quoi, me disais-je, l'essence des choses est-elle changée ? Le mensonge est devenu vérité ? La vertu et le dévouement sont donc des crimes? Mieux vaudrait m'ôter la vie que me la rendre insupportable ! » On peut bien croire que c'est sur cette lettre que, à la suite d'une nouvelle démarche d'Elisa, Fouché reçoit, le 27 août, l'autorisation de résider dans sa sénatorerie d'Aix.

Ainsi, voilà lié à Elisa, et par un inoubliable service, l'homme qui devra, quoi qu'il arrive, jouer dans les événements un rôle majeur, si la fortune de l'Empereur vient à s'ébranler : Fouché est un homme nécessaire, car il est bien moins une individualité qu'une résultante. Il représente l'ensemble des Jacobins nantis qui ont trouvé dans le régime de Bonaparte l'accomplissement, la sécurité, la consécration de leur fortune, qui ont défendu cette fortune avec Napoléon, qui la défendent à présent sans lui, même contre lui, et qui, s'ils le voient prêt à tomber, n'épargneront rien pour la sauver, en l'accablant.

Elisa a donc cette grosse affaire de Fouché ; elle en a d'autres encore, plus minces : nomination pour dame d'honneur de Mme Dragomani, en remplacement de Mme Mastiani démissionnaire ; pensions des moines sécularisés dans les États romains, mais originaires de Lucques et de la Toscane ; réforme des sœurs hospitalières qui « sont presque exclusivement livrées à la vie contemplative » ; quantité de détails ; car, de Paris, elle continue à tout mener, et toutes les nouvelles que reçoit l'Empereur passent par elle ; mais elle se plaît au travail et jamais elle ne se plaint qu'il ne l'absorbe ou la fatigue : elle jouit d'administrer et de régenter, et c'est là sa raison de vivre.

Rentrée au début de septembre, elle trouve en Toscane des inquiétudes résultant de la mauvaise récolte : elle redoute les soulèvements que causera la disette. Le pain le plus commun est à trente centimes la livre; la misère se fait sentir à Livourne d'une façon effrayante; la plus grande partie de la population est sans travail et le royaume d'Italie refuse de laisser sortir du riz et du blé : Il y aurait donc lieu de craindre, si elle ne veillait, mais elle prend des mesures pour supprimer l'agiotage; elle fait arrêter préventivement « quelques prêtres qui fomentaient des troubles et qui avaient des armes », elle ordonne qu'ils soient transportés à Florence et interrogés. Elle a l'œil à tout et, chaque semaine, les notes de police qu'elle envoie, rédigées de sa main, à l'Empereur, résument tous les événements petits et grands qui se sont produits dans son gouvernement. Elle se flatte donc d'avoir acquis assez de titres à la bienveillance de son frère pour n'avoir plus à craindre qu'il reprenne la question des dotations, mais c'est mal penser : l'Empereur est un créancier impitoyable et il entend qu'on le paye, aussi bien à Lucques qu'à Naples et à Cassel.

A Paris, au commencement d'août, lorsque Daru, en sa qualité d'intendant général, a apporté à Élisa les ordres de l'Empereur sur ces dotations, elle n'a su que dire : « J'obéirai à Sa Majesté », mais, dès le lendemain, elle a rédigé un plaidoyer en règle. Il fallait s'assurer de celui qui le présenterait : or, elle connaissait à peine Daru et n'avait avec lui aucune liaison. « Soyez donc assez aimable, lui a-t-elle écrit, pour me prouver que vous valez mieux que votre réputation comme vous me le disiez hier matin. » Avec son habituelle netteté, elle a évalué les revenus de ses 90 000 Lucquois et les médiocres avantages qu'elle a tirés de la réunion de Massa et de la Garfagnana. « La contribution de Massa, qui était de 17 000 francs, n'a jamais pu être recouvrée, a-t-elle dit, et j'ai dû remettre l'arriéré pour ne pas faire vendre les instruments aratoires et le lit du pauvre. » Si l'on demande 200 000 francs de plus à l'ancien territoire lucquois, « il ne restera plus la moindre ressource aux habitants pour s'approvisionner de blés et pour faire valoir leurs terres ». Sans doute, ces considérations disparaissent « si la politique de l'Empereur exige que tous les gouvernements soient les tributaires de son vaste empire », mais ce sera au prix de la ruine complète du pays. A la vérité, il y aurait une transaction possible : « Si Sa Majesté, dit-elle, pouvait consacrer quelques minutes à l'examen de notre situation, elle ferait disparaître les enclaves de Barga et Pietra Santa, qui ne sont d'aucune ressource à la France et qui sont au milieu de ma principauté. Elle m'avait fait annoncer cette réunion par son ministre des Relations extérieures, mais Sa Majesté n'a pas encore signé le décret présenté par la commission qu'elle avait nommée. Je pourrais alors profiter de cette réunion pour augmenter l'imposition foncière de 60 000 à 80 000 francs ; mais jamais des 200 000 francs ; car Sa Majesté sait d'avance que cela est impossible ». Et elle invoque à la fois l'intérêt des populations et la bienveillance de l'Empereur envers son fils dont « elle détruirait d'avance un héritage que sa mère a reçu comme premier acte de munificence du plus grand des souverains ».

Mauvais lièvre qu'elle a levé : puisque ces territoires de Massa et de la Garfagnana rapportent si peu qu'autant dire rien, puisqu'Elisa refuse de constituer les dotations telles qu'elles sont stipulées au traité de cession, puisqu'elle réclame instamment Barga et Pietra-Santa, l'Empereur la traitera encore favorablement si, renonçant aux deux cent mille livres de rente et donnant les enclaves, il se contente, en échange, d'une portion seulement des territoires qu'il a réunis à la principauté le 30 mars 1806. Son choix est tout indiqué : il reprendra Carrare. Depuis 1806, il n'est point de chicane que les agents d'Elisa ne cherchent aux agents français chargés d'expédier à Paris des marbres qui, pour le service de l'Empereur, doivent sortir en franchise. Sous les prétextes les plus ingénieux, ils luttent à chaque fois, avec l'appui de la princesse, pour faire payer les droits de sortie. Cette petite guerre a fatigué l'Empereur et, l'occasion se rencontrant de mettre la main sur les carrières dont il fait si grand usage pour les monuments de son règne, il en profite.

Le 1er novembre, Champagny fait part au ministre de Lucques de l'annexion décidée. Elisa est donc traitée comme Louis, Joseph et Jérôme, et elle est frappée au point qui lui est le plus sensible, car son établissement de Carrare est son orgueil et sa joie; elle rêve d'emplir le monde des statues qu'elle y fait copier sur les plus beaux modèles; elle y a fondé une école de sculpture qui fournit déjà des élèves distingués; elle en tire la vanité de protéger les arts et l'agrément que la fabrique prospère et fournit à ses frais : « Je vous dirai difficilement le chagrin que votre lettre m'a causé, écrit-elle à Champagny; il a été d'autant plus sensible que c'est au moment où la naissance d'un fils a augmenté mes espérances que Sa Majesté me retire une partie de ses bienfaits. La perte de Carrara est grande pour moi. Je ne voudrais pas cependant montrer la moindre opposition aux volontés de l'Empereur. Lui obéir, faire tout ce qui pourra lui être agréable sera toujours le désir de sa sœur la plus soumise et la plus dévouée ». Cela est le bon moyen pour s'acquérir l'oreille du juge, mais, en même temps, faut-il trouver des avocats experts et, sur l'heure, elle expédie à Paris, pour traiter avec Champagny, son grand écuyer Cenami, qu'elle munit de ses pleins pouvoirs, des lettres les plus chaudes pour chacun des membres de la Famille, d'instructions rédigées avec une précision qu'envierait tout homme d'affaires, de plaidoyers même où elle s'efforce de prouver que l'Empereur a jugé lui-même hors de toute proportion les réserves faites par le traité du 30 mars 1806; que les pensions qu'elle paye aux cinq cents religieux rentrés à Lucques des couvents supprimés en Italie et à Rome, absorbent et au delà ce qui lui restait d'aisance : donc, que le dédommagement de Carrare doit lui rester en entier : Toutefois au cas où elle devrait l'abandonner, au moins devra-t-on lui donner comme indemnité Barga et Pietra-Santa.

Ainsi, par une habileté suprême, paraît-elle accepter

le fait qui, bien que décrété, n'est encore ni publié ni accompli ; au lieu de s'insurger et de récriminer, elle s'incline très bas ; en gagnant du temps, elle parviendra à tout gagner, et, comme elle a fait en 1807, lorsque les demandes se sont rendues trop pressantes, elle écartera ainsi l'imminent péril. Non seulement, pour les intérêts de l'Empereur, elle ne s'en montre pas refroidie, mais il semble que son zèle en soit fouetté. Par suite de la nomination au siège de Florence de M. d'Osmond, ancien aumônier du prince Louis et évêque de Nancy, la querelle religieuse est devenue des plus vives en Toscane. Un instant, Elisa s'est trouvée surprise par l'espèce d'insurrection du Chapitre ; c'est de Paris que, pour les premières arrestations, sont venus les ordres, accompagnés même d'une semonce de l'Empereur : « Il vous reste, a-t-il écrit, à réparer le défaut de surveillance par des mesures de rigueur ; » mais, tout de suite, elle s'est reprise et elle a marché aux exécutions par catégories, aux déportations à l'Elbe et en Corse de tout ce qui paraissait suspect. Elle s'occupe sans relâche des ventes des biens d'église où Eynard la seconde quand elle a besoin d'un prête-nom ; elle poursuit et réprime les brigands plus vigoureusement encore que les prêtres ; bref, elle gouverne de la façon qui plaît.

En même temps, très obséquieuse vis-à-vis de Marie-Louise avec qui elle s'établit en correspondance, secondée en cela par l'engouement décidé de l'Impératrice pour la petite Napoléon ; très adroite à tirer parti du goût qu'a l'Empereur pour la pompe et la représentation, sollicitant ainsi des crédits pour compléter au palais Pitti l'ameublement des appartements de Leurs Majestés, de façon qu'à leur prochain voyage d'Italie, elles les trouvent dignes d'elles ; elle gagne jusqu'ici peu de chose, mais elle suspend du moins le coup qui devait la frapper et c'est plus que n'ont obtenu tous ses frères.

*
* *

On a vu combien a été différent durant cette période, la plus agitée peut-être que la Famille ait traversée encore, le rôle des trois belles-sœurs : Julie, Hortense et Catherine.

Julie hésite sans doute à se rendre près de Joseph ; elle allègue en excuse sa santé, avec quelque apparence de vérité, car, à Plombières où elle s'est rendue dès la fin d'avril, elle a des « évanouissements qui durent une heure et plus ». Mais, malgré cette résistance, elle n'en demeure pas moins l'intermédiaire le plus attentif et le plus dévoué entre l'Empereur et son mari ; ses conseils témoignent une fois de plus de « son excellente tête » et, si Joseph l'eût écoutée, il eût pris, de longue date, le seul parti qui convînt à sa dignité et qui assurât la terminaison de la guerre ; il serait revenu vivre en prince français à Mortefontaine, entre sa femme et ses filles. Mais Julie se sait à peu près impuissante et l'état souffreteux où elle vit ne lui permet pas les grands efforts. Il est vrai qu'elle achève de s'épuiser en abusant des eaux thermales. C'est la folie de l'époque : ainsi, cette année, Julie fait à Plombières trois saisons à la suite et y reste d'avril à août. Au retour, elle s'est presque résignée à aller en Espagne vers le mois d'octobre, mais alors c'est le plein de la crise, et c'est le moment où, de Paris, elle exerce le plus utilement son bon sens marseillais et son habileté conjugale. Elle ne se presse point ; elle n'exécute aucun des ordres qu'elle reçoit de Madrid ; elle ne vend pas ses terres ; elle ne rassemble pas ses capitaux ; elle attend que les événements aient pris un autre cours, et, aux occasions, elle intervient, cherchant les moyens pour calmer alternativement son mari et son beau-frère ; souvent elle les trouve. Elle fait peu sa cour, et réside à Mortefontaine, menant toujours la même vie, entre ses filles dont l'éducation, surtout religieuse et morale, l'occupe fort, ses sœurs, nièces, cousines, qui lui font une habituelle société et quelques amis. La princesse de Ponte-Corvo, maintenant princesse de Suède, aussi peu désireuse de connaître les Wendes et les Goths que jadis les paysans de la terre de Labour, lui tient si fidèle compagnie que, dans cette maison de haute vertu, elle installe à sa suite son compagnon d'habitude, cet étrange Chiappe, qui, à la Convention, en d'autres temps, tint dans ses mains la liberté et la vie de Lucien. — Une existence très douce dans ce cadre dressé pour la joie des yeux, où l'art des dessinateurs de jardin n'a pu parvenir à gâter la nature, où les bois druidiques et sacrés, les eaux miroitantes à l'infini, les verdures fraîches des prés déroulés, les lointains bleuâtres des horizons, quelque chose de grandiose et d'âpre qui vient de la terre tourmentée et des roches éparses se joint à l'infinie et reposante douceur des plaines toutes proches, comme pour faire de ce canton le refuge d'êtres qui méprisent les foules, dédaignent les cours et s'efforcent vers un idéal.

Et, dans ce paysage, on voit passer tantôt les longs cheveux blanc de Bernardin de Saint-Pierre, tantôt la soutane trouée de l'abbé Lécuy.

*
* *

Hortense est autre, et quelle distance d'elle à Julie ! Sans doute la vie qu'elle mène avec Louis est un enfer dont elle veut s'évader ; mais, lorsqu'elle part du Loo, que ne passe-t-elle par Paris où sa mère aurait si grand besoin d'elle, où son second fils, le petit Louis, qu'elle n'a pas vu depuis deux mois, est livré à des subalternes? Abandonnant l'aîné à Amsterdam, comment ne vient-elle pas embrasser le cadet? Il lui faut cette panacée des eaux, soit! Elle crache le sang, elle a la fièvre et, « en tout, elle est fort malade ». Tant, que ne prenant pas confiance aux médecins des eaux, car Martinet est mort en 1808, ni à Court, le médecin de Julie, elle pense à faire venir de Paris son médecin Lasserre. Et puis, du temps passe ; sa mère qui a vu l'Empereur la rassure sur l'avenir : Qu'elle prenne les eaux le temps nécessaire, et qu'ensuite, elle écrive à son mari que l'avis des médecins est qu'elle habite un pays chaud pendant quelque temps, qu'en conséquence, elle va en Italie près de son frère. »

Quant à son fils « l'Empereur interdira qu'il sorte de France ». Mieux ; l'Empereur entend donner du décorum à ce voyage aux eaux, ne point laisser à une reine ces airs de baigneuse évadée ; par ordre, deux dames et un chambellan la rejoignent à Plombières ; par ordre, les journaux insèrent une note inquiétante sur sa santé : ainsi le séjour est rendu officiel et l'opinion est préparée à la séparation.

Soit ! elle est inévitable ; le dissentiment entre ces deux êtres est si profond qu'ils ne peuvent se concilier, même dans l'amour de leurs enfants ; mais, quand Hortense reçoit cette lettre où Louis lui annonce son abdication, où il l'invite à prendre la régence, où il parle de son fils et de son peuple en des termes par qui éclate sa douleur, pas une ligne de réponse, nulle compassion, nulle pitié, et dans les lettres à l'Empereur pas un mot de regret ! Elle est bien trop joyeuse d'être libérée !

Depuis le commencement de juin qu'elle est arrivée à Plombières, elle a traversé encore des crises, mais elle va mieux, elle prend ses bains, elle se promène et si, d'abord, elle ne recevait personne que Julie, et pas même Rœderer, bientôt, elle a fait exception pour Mme de Souza et pour son fils, Charles de Flahault. C'est Flahault, bien plus que Joséphine, qu'elle vient, de Plombières, retrouver à Aix-en-Savoie, sur la fin de juillet. Elle est là « pâle, maigre, fort abattue, toujours prête à pleurer sans savoir pourquoi ». On lui dit : « Ayez du courage et soignez votre santé; votre malheur n'est pas du malheur; votre cœur ne souffre pas. L'Empereur a reçu vos enfants parfaitement : il les soigne, il les veille, ils sont en France. Vous les reverrez cet hiver. Vous voilà près de votre mère. Il faut songer à tout cela; il faut dormir, manger et laisser à Dieu et à l'Empereur le reste. » A quoi, elle sourit, car elle sait mieux que la donneuse d'avis à quoi s'en tenir.

Bientôt cette mourante se trouve assez bien remise pour faire à distance des excursions prolongées : Le 26 juillet, elle vient à Lausanne, avec dix personnes de suite distribuées en deux voitures à quatre chevaux. Elle voyage sous le nom de Mme Durougsky, de Varsovie, et sans doute est-ce Flahault, si fort au courant de la Pologne et des Polonaises, qui a fourni ce nouveau baptême. Elle visite la cathédrale, les environs de la ville et, le lendemain, retourne à Sécheron, puis à Genève et regagne Aix où elle reste tout août et la première moitié de septembre : Encore voudrait-elle avec sa mère parcourir cette Suisse nouvellement découverte par la mode et, pour qu'elle rentre, pour qu'elle vienne retrouver ses enfants à Fontainebleau, faut-il un ordre de l'Empereur. Elle a quitté le petit Louis en mai, Napoléon en juin; elle rentre en octobre : c'est six mois passés : quelle incomparable mère!

A Fontainebleau, elle a, comme Pauline, maison à

part où elle reçoit une fois la semaine l'Impératrice et la Cour; même se lie-t-elle assez avec Marie-Louise, au moins autant que cela semble possible : Elle a une intelligence mondaine qui la rend apte à tourner les difficultés, à ne s'embarrasser d'aucune rencontre, et à grouper des êtres dont la fonction est de se haïr. Soit inconscience, soit goût à jouer la difficulté, elle se plaît à figurer partout où elle n'a que faire, et il eût été inimaginable qu'étant donné l'Empereur divorcé et remarié, elle ne s'attachât pas à entrer en amitié avec la remplaçante de sa mère. Mais à cela que ne gagne-t-elle pas ? D'abord, elle a conquis la garde de ses enfants ; elle obtient que sa mère rentre en France et habite Navarre; le 4 novembre, au baptême solennel du petit Louis qui sert d'annonce à la grossesse de l'Impératrice, elle est officiellement mise en posture de princesse, vivant séparée et ayant maison à part : en effet, le 6, l'Empereur « voulant rétablir la maison de la reine Hortense sur le même pied qu'elle était et doit être comme princesse française » lui rend les dames pour accompagner, les chambellans et les écuyers qu'elle avait étant la princesse Louis, ce personnel qui, depuis 1805, a lié sa destinée à celle d'Hortense et qui se sert d'elle pour faire fortune, moins une cour qu'une société, moins des officiers que des confidents, mais il lui plaît ainsi.

Pour l'argent, bien mieux ; Hortense reçoit, le 28 novembre, du trésor de la Couronne une somme de 500 000 francs affectable à ses dépenses antérieures au 1er novembre ; par décret du 26 décembre, il lui est attribué chaque année 500 000 francs du Trésor; 500 000 autres francs des forêts, et 500 000 francs du Grand-livre. Bientôt elle disposera du revenu entier de l'apanage (deux millions), plus des revenus attribués au grand-duc de Berg (650 000 fr.). Seulement, l'Empereur a réglé la dépense totale à 1 750 000 francs, de façon à amortir 600 000 francs de dépenses arriérées, frais de voyage, achats de voitures lors du mariage de l'Empereur, où Louis n'a pas voulu entrer.

Malgré cela, la maison est des plus somptueuses, et rien n'est oublié pour lui donner grand air : Hortense a repris pour son usage les armoiries que portait Louis avant son avènement, les insignes de connétable, l'épée brochant sur l'aigle d'or, le manteau étendu sur un faisceau d'étendards, l'écu sommé d'un casque princier taré de face, entouré du collier de la Légion, accompagné de la devise : *Fais ce que dois advienne que pourra*. De ce sceau, sont scellés tous les brevets qu'Hortense délivre, toutes les pièces officielles : *Fais ce que dois !*

Rentrée à Paris, établie à l'hôtel Cérutti, où elle se déplaît, car elle y rencontre des souvenirs de son passé conjugal, mais où du moins, à présent, elle taille, rogne, et bâtit à sa fantaisie, Hortense, le 15 novembre, inaugure son quant-à-elle par une fête d'intimité. Le grand-duc de Berg et les personnes de la suite célèbrent la Sainte-Eugénie (il n'y a pas d'Hortense au calendrier) par un intermède en prose, mêlé de vaudevilles, *le Prix*, qu'a composé tout exprès M. Riboutté, l'auteur de l'*Assemblée de famille*. C'est une paysannerie qui se passe aux environs de Plombières, où *le Prix*, qui est le buste de la reine, échoira à celui qui lui présentera la fleur qu'elle aime davantage : chacun apporte, dans un panier couvert, un bouquet d'hortensias, et l'on chante :

Ah ! quel plaisir ! Ah ! Quel bonheur !
Entre nous, point de jalousie,
A la bonne Eugénie
Nous offrons tous la même fleur !

Cela est de la poésie d'à propos, mais le grand-duc de Berg en son joli costume de berger fait passer sur les lieux communs et puis

La fête d'Eugénie est celle des bons cœurs.

Flahault est de la représentation, Lucas ou Vincent, Pierre ou Thomas, car il est à présent établi en titre dans la maison ; mais ce n'est pas là une liaison à l'ordinaire comme en forment trop souvent Elisa, Caroline et Pauline ; c'est un engagement sérieux, où l'on trouve des sentiments profonds, et, de la part d'Hortense quelque chose du définitif d'une union raisonnée, contractée après réflexion et devant durer la vie. Quant à Flahault, si on doit l'en croire, c'est pour lui tout pareil à un mariage de convenance : Il en a pesé les avantages, en a d'avance éprouvé les effets sur sa fortune et il est lié par la reconnaissance autant et plus que par l'amour.

D'une famille distinguée dans les armes, honorée d'emplois de confiance dans la maison militaire du Roi, puis aiguillée par l'un de ses membres, le comte d'Angiviller; sur les fonctions civiles d'importance, Charles est fils d'un maréchal de camp qui fut successeur de Buffon à l'Intendance du jardin du Roi et d'une demoiselle Filleul qui tenait, dit-on, de près à Louis XV. A seize ans, le 24 mars 1800, il est entré dans l'armée par cette porte des Hussards volontaires qu'à la veille de Marengo, le Premier Consul a ouverte à la jeune noblesse. Presque tout de suite officier au 5e dragons, il n'est encore que capitaine en 1807, mais il a été admis dans l'état-major de Murat et il a tout ce qu'il faut pour y être remarqué.

Sa mère qui l'a élevé, vit en lui son roman et elle l'a pétri dès l'enfance pour la séduction. Elle sait les aventures, car elle en eut; elle sait le monde, car elle l'a reçu et fut formée — en même temps que, dit-on, déformée — par l'évêque d'Autun, le prince de Bénévent de demain; elle a de l'imagination, car, émigrée, son mari guillotiné, pour vivre et faire vivre son fils, elle a écrit et publié des livres, et ces livres, les seuls de la littérature émigrée où abstraction soit faite du milieu et du temps, donnent, dans des fables ingénieuses et tendres, une idée gracieuse de la société ancienne et des lois morales qui la régissaient. Revenue en France, remariée à M. de Souza-Botello, ministre de Portugal à Paris, elle s'y est casée, établie, maintenue en dépit de tout et n'a guère proposé pour but à sa vie que l'agrément et l'avancement de son fils : elle lui a fait apprendre l'anglais, l'allemand et l'italien, elle l'a élevé à la perfection des manières; surtout, elle l'a formé à ce tour de pensées, d'attentions et de tendresse qu'un homme ne peut recevoir que d'une mère très attentive, très experte, qui a mué, d'un sexe à l'autre, la science de la femme et l'expérience des hommes. Ainsi lui a-t-elle transmis, avec un atavisme se modelant à toutes les impressions de la femme, quelque chose d'attendri où d'autres femmes se retrouvent et ne résistent point. Cela n'exclut pas les combinaisons, n'empêche pas qu'on vise aux grades, aux dignités, à la fortune, mais tout en est couvert, enveloppé et paré. Et Flahault est soldat ; il est brave et distingué parmi les braves ; il porte l'uniforme d'une grâce qui ravit, il a un visage « qui intéresse », une voix modérée où tremble la passion, « un regard voilé d'une mélancolie qui semble trahir une peine secrète », des manières élégantes, une conversation spirituelle, des opinions qu'il rend indépendantes, des attentions qu'on dirait toujours suggérées par le cœur et désintéressées de pensées d'avenir, tant elles sont adroites, insinuantes, multipliées, presque secrètes, tant, lorsqu'elles viennent à être découvertes, elles paraissent spontanées, dictées seulement par un goût de se sacrifier. « Jamais personne, a dit une femme qui l'aima, n'a mieux réalisé l'idée qu'on se fait d'un héros de roman et d'un preux chevalier. »

Hortense l'a connu dans la société d'Eugène avec qui il a été des plus liés. Dès longtemps, sans en rien dire et sans qu'il en sût rien, elle a étendu sur lui une protection bienfaisante. En 1807, Flahault quitte l'état-major de Murat sur une question fort sotte de livrée que le grand-duc de Berg a voulu imposer à ses aides de camp ; il s'en va, chef d'escadrons au 13e chasseurs, dans une triste garnison d'Allemagne ; il s'y désespère, car il a emporté de Varsovie une grande passion ; mais, dans chacune de ses lettres, sa mère « lui répète qu'il doit être tranquille, qu'une personne dont le crédit est bien établi et qui l'aime sans qu'il s'en doute, fait des démarches pour le faire revenir. Effectivement, il finit par recevoir l'ordre, ou plutôt la permission de rentrer, signé de la main de l'Empereur. » Il est placé à l'état-major de Berthier, employé en Espagne, puis en Autriche, là blessé, à Ens, le 13 mai 1809, promu colonel sur le champ de bataille : il n'a pas encore vingt-cinq ans.

Il y a eu pourtant des intervalles de Paris, et, à ces moments, cette femme dont sa mère lui parlait dans toutes ses lettres, arrivait à son cœur, tout en cherchant à lui cacher le sentiment qu'il lui avait inspiré. « N'étant point jolie, elle se croyait condamnée à ne jamais être aimée et n'osait même chercher à plaire. Son constant et généreux attachement se dérobait à tous les yeux sur les dehors d'une amitié toute fraternelle. Les rapports de Flahault avec son frère qui était son meilleur ami, lui donnaient l'occasion de le voir sans cesse[1]. » « Je finis par l'aimer, dit Flahault, à une autre femme, car j'eus mille preuves de son dévouement. » Il se dévoua donc à son bonheur et il se crut lui-même heureux en voyant avec quelle reconnais-

[1] Ce témoignage qui est comme celui de Flahault lui-même, date d'une façon incontestable l'origine de la liaison. Eugène n'est point à Paris avant octobre 1809, mais il y est longuement en 1810.

sance elle acceptait sa sincère affection; à présent, « son cœur est enchaîné par le devoir à l'existence » de cette femme.

Il semble que cette liaison, débutant effectivement au moment même où la séparation entre Louis et Hortense a été officiellement prononcée par l'Empereur, soit acceptée par tout le monde comme une sorte d'union morganatique. Joséphine en est certainement instruite; sa conduite à Aix le prouve; Mme de Souza en est sans contredit la confidente; ses lettres l'attestent; l'Empereur lui-même doit être au courant; avec la discrétion convenable, certains mots de ses lettres à Joséphine, y font allusion. Si bien renseigné par sa police, il ne peut manquer d'être informé, et il redouble d'attentions pour Hortense — témoin, au jour de l'an, l'envoi de deux tapisseries des Gobelins, la levée du sequestre à Saint-Leu, « dont la reine jouira pleinement et où elle fera les dispositions qu'elle jugera convenables, » les gentillesses des bals, en particulier celui du mardi-gras, et tout le reste qui montre le goût qu'il a pour elle — et il comble Flahault de faveurs qui l'approchent chaque jour davantage de sa personne : général de brigade, le 11 décembre 1812, aide de camp de l'Empereur le 26 janvier 1813, général de division le 24 octobre, comte de l'Empire le même jour, donataire à 24 000 francs le 19 novembre, commandant de la Légion, le 23 mars 1814, Flahault est employé à la fois aux occasions de guerre les plus périlleuses et aux missions de diplomatie militaire les plus délicates. C'est l'homme en qui Napoléon a semblé prendre le plus de confiance dans la dernière époque de son règne.

* * *

Catherine, placée en contraste avec Julie et Hortense est digne aussi d'attention. De son mari, elle paraît trouver tout admirable, jusqu'aux enfants qu'il a de ses maîtresses : car elle s'en établit la marraine et la protectrice. Elle a pour lui une passion qui résiste à tous les désagréments qu'il lui donne du côté de la fidélité; car, par ailleurs, il est le plus galant, le plus empressé et le plus généreux des maris. Il fait autant et plus de présents à sa femme qu'à ses favorites et, comme il est plein de goût, il excelle à les choisir. Aux fêtes qu'il donne, Catherine peut toujours se méprendre et croire qu'elles lui sont dédiées; au fait, c'est à lui-même, sans doute, que Jérôme les dédie.

Par une rencontre qui doit bien le surprendre, lui qui n'a jamais payé ses dettes, paye à présent les dettes de sa femme; car il a trouvé quelqu'un qui l'égale, sinon le surpasse en prodigalité. Et c'est à la royale, à l'allemande, fastueusement, que Catherine s'endette. Elle porte en soi un tel sentiment de ce qu'elle est, un tel orgueil de sa race, une telle conception de l'absolutisme, qu'elle n'admet, ni qu'elle retarde la réalisation d'un caprice qui tient, si l'on peut dire, à son essence royale, ni qu'on élève un doute sur la façon dont le paiement s'en pourra faire. Cela est le curieux et le rare de Catherine, que, soumise à toutes les fantaisies de son mari au point de n'avoir pas d'autre volonté que la sienne et d'admirer tout ce qu'il entreprend, elle se retrouve princesse, et princesse allemande, en tout ce qui n'est point son mari et qui la touche personnellement. Elle s'étonne et s'indigne si, à l'ouverture des Etats, on ne dresse pas son trône près du trône du roi; elle prétend à tous les honneurs de cette royauté dont la possession lui semble aussi assurée, aussi certaine que celle de son père, et qui lui paraît telle parce qu'elle-même en possède la dignité, qu'elle est née pour elle, et que, dans l'idée qu'elle a prise de sa race, il est naturel, juste, même nécessaire qu'elle ait épousé une porte-couronne.

Sur son mari, la famille de son mari, l'origine et les péripéties de leur fortune, ses idées sont peu nettes. Elle n'en sait que ce que lui a dit Jérôme. Il lui a montré à diverses reprises des titres anciens qu'il a achetés ou qu'il a reçus en présent, des titres de la fin du xve siècle, une bulle signé *Ia de Bonaparte;* il lui a dit qu'il y avait des papiers bien plus vieux que Fesch conservait. Il lui a conté l'histoire à sa guise : Ainsi — c'est Catherine qui le note dans son journal : — « L'Empereur des Français fut envoyé en Corse, tout au commencement de la Révolution française pour soutenir M. de Marbeuf qui y était gouverneur. A son approche, les Corses prirent mon mari, qui avait cinq ans, et la reine de Naples, qui en avait sept, et les mirent sur les bouches des canons et ils firent dire à l'Empereur que le premier coup de canon qu'il tirerait, ils feraient sauter son frère et sa sœur; malgré cela, l'Empereur fit plusieurs décharges; aucun coup ne les atteignit et les Corses ne les firent point périr. L'on sait, ajoute-t-elle, que les messieurs Paoli et Bonaparte étaient rivaux de temps immémorial. Les premiers avaient plus de bien, mais, nous, nous avions plus de crédit; surtout les troupes étaient pour nous, ce qui, dans tous les pays du monde, fait pencher la balance. »

Telle est l'idée qu'elle s'en est faite. A travers ce voile complaisant que Jérôme a étendu sur les annales de sa famille, elle entrevoit des querelles féodales, des alliances avec les Français, des flottes et des armées que le roi de France confie à Napoléon, quelque chose d'héroïque et de grandiose qui pare de poésie l'enfance de son mari et qui illustre la lignée dont il est sorti. Et elle ne va pas plus loin, car elle l'aime.

Mais, pour l'Empereur, ses sentiments sont fort différents et elle perd peu à peu ses enthousiasmes du début. A présent, elle se révolte quand il prend le Hanovre et qu'il morcelle la Westphalie. Quelque chose des sentiments allemands bouillonne en elle et elle ressent l'injure à la façon d'une princesse outragée. Que les lambeaux d'Allemagne soient partagés entre les princes allemands, cela est bien, que les meilleurs morceaux soient attribués à son père ou à son mari, qui, par elle, est allemand, cela est mieux, mais toute attribution à d'autres qu'à des Allemands lui paraît un vol qu'on leur fait. Dans sa correspondance avec son père, des mots échappés montrent la blessure et prouvent, qu'en ce qui la touche, elle n'est point aussi facile que Jérôme à se soumettre.

*
* *

Ainsi, sauf Hortense, dont la situation est à présent toute à part et qui gagne à mesure que les autres perdent, les femmes même de la Famille ont à trembler pour leur fortune, leur position ou leurs États. Entre l'Empereur et chacun des frères et des sœurs, le fossé se creuse ; les dissentiments s'enveniment, les partis se forment ; Lucien et Louis éveillent des sympathies que n'attirerait point leur caractère, et l'Empereur reste seul. « Heureusement, a-t-il dit, que j'ai lieu de penser que l'Impératrice est grosse. » Là est pour lui la justification inconsciente de tous ses actes, de même que là en est l'unique explication.

XXII

DE LA NAISSANCE AU BAPTÊME

20 mars. — Juillet 1811.

MURAT. — Le 20 mars. — Le voyage de Murat. — L'Empereur pense sérieusement à détrôner Murat. — Caroline. — Comment Murat la traite. — Pourquoi ? — Inquiétudes de Murat, de Caroline. — Elle ne vient pas pour le baptême. — Lettre à l'Empereur. — Conversation avec le ministre de France. — Murat parvient à rentrer en grâce. — Preuves. — Il quitte Paris. — Son état d'esprit. — Il arrive à Naples. — Maghella. — Murat destitue Pérignon. — Ses décrets du 14 juin. — Le nouvel étendard napolitain. — Murat est parti trop tôt. — Indignation des Français. — Caroline avertit l'Empereur. — Mesures déjà prises par l'Empereur. — Destitution de Murat. Décret du 6 juillet. — Ordres envoyés à Grenier. — Attaque sur tous les points. — Murat cherche à se justifier. — Il est sur le point de se livrer à Caroline et au parti français. — Manœuvre de Maghella. — Caroline dénoncée. — Murat a un accès de fièvre chaude. — Caroline, instrument aux mains de Maghella. — Pourquoi ces ménagements de l'Empereur ? — Le renversement de Murat en 1811 et ses conséquences.

JOSEPH. — Il menace toujours de partir. — Manque d'argent. — Mission du général Defrance. — Joseph rassuré quitte Madrid avec la ferme intention d'y revenir. — Ses lettres. — Son voyage. — Le séjour à Burgos. — Les Espagnols ralliés. — Il dépasse Bayonne malgré l'Empereur. — Arrivée à Paris. — Accueil à ses anciens amis. — Première audience à Rambouillet. — Conséquences. — Exigences de Joseph. — Il arrache un semblant de promesse. — La réception des autorités par Joseph. — Étonnement de la reine et des anciens amis de Joseph. — Il se retire à Mortefontaine pour attendre les conditions de l'Empereur. — Quelles elles sont? — Il discute. — Décision de Napoléon. — Les fêtes du baptême. — La présentation des Français espagnolisés. — Mécontentement de l'Empereur. — Dernières générosités. — Départ de Joseph. — Discours de l'Empereur à l'ouverture du Corps législatif. — Conséquences de la faiblesse de l'Empereur vis-à-vis de Joseph. — Désastre inévitable.

Elisa. — La mort de son fils. — Le mauvais œil. — l'Empereur refuse de la laisser venir à Paris.

Madame. — Ses tristesses. — Le baptême. — Départ pour les eaux.

Fesch. — Le concile. — Embarras d'argent. — Les services de Fesch.

Pauline. — Borghèse à Paris, — Elle part pour Neuilly. — Elle veut passer une année en Provence.

Jérome. — L'invitation de Duroc. — Sacrifices que demande l'Empereur. — L'armée wesphalienne. — Désagréments que reçoit Jérôme. — Etat de ses finances. — Exigences de Davout. — Rapports de Reinhard. — Voyage à Paris. — Jérôme ne peut rien obtenir. — Son séjour. —

Épilogue des fêtes du baptême. — Décret du 22 juin. — Décision du 12 septembre. — Décret du 26 août.

Les Beauharnais. — Faveur d'Eugène. — Faveur d'Hortense. — Grossesse d'Hortense.

Ce que marque l'époque du baptême. — Conclusion.

Le 20 mars, tandis que, au signal joyeux parti de la batterie triomphale, d'écho en écho, les canons s'éveillent et répondent, que, de proche en proche, de Paris aux tranchées devant Cadix, aux batteries en face de Messine, jusqu'à Zante au sud et Dantzick au nord, du cap Finistère jusqu'à Lublin, ce monde qui suit la loi de Napoléon apprend par l'identique salve qui semble aujourd'hui sa voix et son langage, la venue de son fils et la perpétuation de sa race, lui rédige le bulletin de cette suprême victoire qu'il a emportée sur la fortune. C'est du même style qu'il annonçait les batailles gagnées, les villes prises et les royaumes abolis. Il précise et détaille; il raconte et énumère. Il dit les souffrances de l'accouchée et la naissance de l'enfant. Point de phrase qui sonne en fanfare; à un tel événement, nulle parure de style, la vérité toute nue. Et chambellans et écuyers se dispersent par l'Europe, courant sur Vienne, Madrid, Naples, Florence, Cassel, Milan, Carlsruhe. Les rois de famille ont seuls le privilège du bulletin. A l'empereur d'Autriche et au roi d'Espagne, l'Empereur dit : « Ayant le projet de ne faire baptiser l'enfant que dans six semaines, je charge le chambellan qui portera cette lettre à Votre Majesté, de lui en porter une autre pour la prier d'être le parrain de mon fils. »

***

Murat n'attendait que la permission de l'Empereur pour courir à Paris; il l'a sollicitée le 15 mars, ne l'a pas encore, mais la naissance du Roi de Rome justifie son voyage. En voyageant incognito, sous le nom de son ministre de la Guerre, accompagné d'un seul aide de camp, le colonel Déry, il gagnera de vitesse tous les contre-ordres. Sitôt la nouvelle reçue, le

26 mars, il part; il passe le 27 au matin à Rome où il entretient longuement M. Durant, le ministre que l'Empereur vient d'accréditer près de lui, et il fait si grande diligence qu'il arrive à Paris le 3 avril. On le loge au palais du prince architrésorier; il a service d'honneur, voitures de la Cour, services de chambre et de bouche, poste d'infanterie à sa porte, piquet d'escorte quand il sort, mais cela n'est que d'apparence et d'étiquette; l'Empereur est si mécontent qu'il songe sérieusement à le détrôner.

Ce n'est pas qu'il ait attaché une importance aux communications d'Amuller d'Amilia; il a fortement repris Savary d'avoir pris foi à ces extravagances et n'a voulu regarder l'envoyé de Marie-Caroline que comme un espion qu'elle a jeté sur le continent; mais il a des griefs d'un autre ordre par qui il a pris ombrage : Murat ayant, le 29 février, prohibé la sortie de graines de coton et mis un droit à l'entrée sur les draps de France, l'Empereur, en ordonnant à Champagny d'enjoindre à l'ambassadeur de Naples que le roi eût sur-le-champ à rapporter ses décrets, a ajouté : « le roi se trompe s'il croit régner à Naples autrement que par ma volonté et pour le bien général de l'Empire; s'il ne change pas de système, je m'emparerai du royaume et le ferai gouverner par un vice-roi comme l'Italie... Le roi marche mal, a-t-il dit encore. Lorsqu'on s'est éloigné du blocus continental je n'ai pas même épargné mes propres frères; je l'épargnerai moins encore. » Et, comme pour Louis, il se plaint de la détestable administration, de la mauvaise direction des affaires, du néant de la marine dans un pays où il y a tant de matelots. Ce serait déjà assez de raisons pour le pousser dehors, mais, à la fois pour accroître les colères et pour arrêter les résolutions définitives, il y a Caroline.

Napoléon n'a pas été sans apprendre que Murat a fait à sa femme, depuis qu'il l'a retrouvée à Naples, une vie étrangement solitaire. Par système, il a écarté d'elle toutes les Françaises qui lui convenaient, celles surtout dont les maris tenaient des emplois dans le royaume : c'est devenu une mauvaise note de faire sa cour à la reine et il n'est pas permis de la rejoindre dans les résidences de campagne où elle est condamnée à vivre. On se demande à quoi attribuer un tel régime, sur qui le chargé d'affaires de France, tenu à l'écart par tout ce qui est Napolitain, et le directeur de la police à Rome, trop neuf dans son poste, n'ont pu donner des lumières : il semble qu'on ait inspiré au roi des craintes sur l'ambition qu'a sa femme d'être associée au gouvernement, de jouer les Elisa sur un plus grand théâtre, de réduire son mari à la position d'un Baciocchi. D'autres parlent de jalousie conjugale, mais on y croit peu. En tous cas, Caroline est mal traitée et comme, de toute la famille, elle est alors la seule pour qui Napoléon se sente un cœur fraternel, sa colère contre Murat s'en augmente.

Murat, dès son arrivée a essayé de se justifier en accusant les rapports atroces par lesquels l'Empereur a été fâché contre lui. A-t-il gagné quelque chose à récriminer ainsi, il ne semble pas. Au moins, chacun

.. .ncu que son séjour, qui se prolonge, n'est point volontaire. Le 15 avril, Catherine note dans son journal : « le roi de Naples, qui est venu sans être invité, voudrait repartir, mais l'Empereur ne paraît pas vouloir y consentir. On dit même dans le public qu'il ne retourne point à Naples ». Ce bruit est tellement accrédité qu'il est parvenu dans le royaume et que les ministres napolitains-français, « inquiets d'un changement de gouvernement » et disposés à croire à une prochaine réunion à l'Empire, s'adressent au directeur de la police à Rome pour prouver à l'Empereur que, s'ils sont des sujets transplantés, ils n'en restent pas moins des sujets dévoués et, pour « donner tous les témoign... es ne peuvent garantir leur fidélité envers leur souverain, » Daure, le ministre de la Guerre, établit, par un affidé, qu'il enverra plusieurs fois par mois à Rome, une correspondance où il rendra compte de tout ce qui se passera dans le royaume.

Caroline n'est pas moins inquiète; si elle eût souhaité partager le pouvoir, elle veut surtout garder sa couronne. Mal remise de la fausse couche dont elle a manqué mourir à son retour de Paris, elle retombe malade. L'est-elle au point qu'elle ne puisse voyager? Craint-elle que l'Empereur la retienne à Paris et que, en l'absence d'elle et de son mari, il décrète et opère l'annexion ? Est-ce raison d'économie, comme certains disent, ou obéit-elle à une injonction de son mari ? Ce qui est certain, c'est que, le 16 avril[1], elle

[1] Par une erreur de plume, la lettre de Caroline à l'Empereur est

expédie à l'Empereur, par Aymé, premier chambellan du roi, une lettre où, avec infiniment de regrets « sur la cruelle et irréparable privation que sa santé lui impose », elle s'excuse de ne pouvoir se rendre au baptême. « Tout m'appelait auprès de Votre Majesté, dit-elle, le désir de lui exprimer ma reconnaissance, de jouir de ses bontés, d'être le témoin de sa félicité et de m'unir à elle et au Roi de Rome par de nouveaux liens de tendresse et d'amour. » Mais le profond chagrin qu'elle en éprouve a augmenté son indisposition, et elle doit renoncer à être près de l'Empereur dans la cérémonie où sa bonté lui avait assigné une place si honorable. « Veuillez me continuer vos bontés, sire, dit-elle en terminant, elles me sont bien nécessaires et je n'eus jamais tant besoin de consolation. »

Pour qu'elle décline ainsi le suprême honneur d'être une des marraines du fils de l'Empereur, il faut de bien graves motifs, car l'invitation officielle qu'elle n'a point encore reçue et à laquelle Napoléon ne donne cours que le 20 avril, est dans des termes de tendresse et de confiance que jamais il n'a employés : « Ma sœur, lui écrit-il, j'aime à vous associer à tous les événements heureux pour moi et je désire que vous soyez la marraine de mon fils dont la naissance m'a comblé de joie. J'espère que la santé de Votre Majesté lui permettra de se rendre bientôt à Paris pour les cérémonies du baptême, qui est fixé au 2 du mois de

datée du 16 mars, mais le passage d'Aymé à Rome ne laisse aucun doute sur la date exacte.

juin prochain; et, si cette espérance devait être trompée, je l'engage à transmettre sa procuration à la personne à qui elle voudra bien l'accorder. Il me sera très agréable que ces nouveaux biens qui se formeront entre mon fils et ma sœur soient pour le Roi de Rome un titre de plus à votre affection. »

Certes, s'il avait pour dessein de profiter de la double absence du roi et de la reine de Naples pour décréter la réunion, il n'userait point de tels termes et n'emploierait pas des paroles qui semblent sacrées. Il ne ferait pas de Caroline la marraine de son fils à la veille de la précipiter du trône. Pourtant qui sait? Il a songé à instituer pour Murat une charge de Grand-Maître de la cavalerie de l'Empire, de *Magister equitum;* ne penserait-il que Caroline gardant le titre de reine et recevant un grand gouvernement, tel que celui donné à Elisa, serait plus heureuse, et qu'une marque mémorable de faveur, en un tel moment, lui parerait la déchéance?

En quoi il se tromperait, car Caroline tient d'abord à être souveraine indépendante. Tout son effort y a tendu; par toutes les ressources qu'un esprit avisé donne à une jolie femme, elle s'est élevée au trône et, malgré que, jusqu'ici, elle ne soit pas parvenue à y régner comme elle l'eût souhaité, elle n'en veut pas descendre. Cette lettre donc ne la rassure pas. Les bruits de réunion reviennent par tant de côtés; et puis, Murat n'arrive pas, il n'écrit pas; et puis, souffrante comme elle est, d'autant plus accessible à des inquiétudes qu'elle dompterait en santé, elle s'affole.

Elle sent l'occasion qu'elle perd en n'allant pas au baptême, mais elle ne peut chasser l'idée qu'en y allant, elle risque tout; « quitter Naples peut-être pour n'y pas revenir, se séparer de ses enfants, les laisser derrière elle dans un pays dont elle redoute l'explosion. »

Vainement les Napolitains essaient-ils de sauver la face en disant que, l'empereur d'Autriche se faisant seulement représenter, « la dignité de la couronne de Naples exige que la reine se dispense aussi de paraître en personne »; nul n'est dupe, chacun sent l'orage approcher, chacun s'attache à discerner les signes précurseurs de la chute et en trouve de certains dans la prolongation de l'absence du roi et dans l'abstention de la reine.

Pour se tirer d'une incertitude, « qui est la pire des anxiétés », Caroline aborde directement la question avec le ministre de France : elle lui dit que « s'il est entré dans les vues de l'Empereur de réunir le royaume de Naples, l'exécution de ce projet exige quelques soins et des dispositions dont l'absence pourrait compromettre la sécurité du pays et favoriser les menées toujours subsistantes des Siciliens et des Anglais. » Elle jette ce coup de sonde, mais Durant, qui n'a pas d'instructions, ne sait que répondre; en bien des cas, la volonté de l'Empereur éclate sans avertissement; le mieux est de s'incliner et de rendre compte.

Pendant que Caroline se désespère ainsi, Murat — par quels moyens? — est parvenu à rentrer dans la faveur de son beau-frère. La guerre avec la Russie est imminente : Napoléon a besoin de ce meneur d'hommes; il a besoin aussi de tirer ses bonnes troupes de Naples où il ne laissera que cinq bataillons français, dont deux de réfractaires, quatre bataillons suisses et deux régiments étrangers ; il fait état pour ses calculs des 30 000 Napolitains qu'il dédaignait si fort et dont Murat est si fier. Puis, par quelles protestations de dévouement, de fidélité, de tendresse, Murat n'a-t-il pas acheté ce retour : en tous cas le revirement est certain : à partir du 3 mai, Murat recommence ses sollicitations en faveur de parents et d'amis; le 14, il est du voyage de Rambouillet; le 19, l'Empereur charge le ministre des Relations extérieures de témoigner à Durant « qu'il est extrêmement surpris de voir un ministre qu'il envoie auprès d'une puissance étrangère élever un doute sur la stabilité du souverain qui règne, que sa lettre lui paraît sans raison et sans discernement, qu'il ne l'a pas chargé de lui faire connaître s'il serait facile ou non de changer le gouvernement de Naples, que ce doute seul est un outrage et qu'il espère que c'est la dernière fois qu'il écrira dans ce sens. » Enfin, le même jour, il autorise le roi de Naples à retourner dans ses États. « Je laisserai ici mes équipages, lui écrit Murat ; lorsque le moment d'agir sera arrivé, un ordre de Votre Majesté suffira pour me faire voler où elle croira que je puis la servir : deux heures après l'arrivée du courrier, je serai en voiture. Mon départ ne saurait contrarier ses projets, tandis qu'il peut calmer les inquiétudes de vos ennemis me voyant déjà sur le trône de Pologne. » Son retour, dit-il encore, fera une diversion en Sicile qu'il fera menacer de nouveau ; il n'est point un désir de l'Empereur auquel il ne veuille se conformer. Trois jours après, le 22 mai, il court sur Naples.

De ses dispositions réelles, il se trouve un témoignage que Catherine rapporte et qui mérite d'être noté : « En retournant dans ses États, a-t-elle écrit, il rencontra un évêque qui allait assister au Concile à Paris. Il se permit des propos extrêmement vifs et outrageants contre la cour de France. Il a même fait des portraits si ressemblants qu'on ne peut s'empêcher de les reconnaître. Il finit la conversation en disant : « J'ai 45 000 hommes, je peux en rassembler 60 000 et, à voir l'amour de mes sujets, on trouvera à qui parler. » Le bruit court encore que, sur la même route, il a arrêté un courrier extraordinaire qui portait une dépêche à M. Durant, qu'il a saisi cette dépêche; que, avec la plus grande peine, l'ambassadeur de Naples a obtenu de l'Empereur d'en écrire particulièrement au roi pour le supplier de la rendre, l'Empereur ayant déjà fait expédier une note fulminante à M. Durant à ce sujet. » Cela est-il vrai ou a-t-on embelli quelque anecdote ? En tous cas, l'opinion dans les cours napoléoniennes prête dès lors à Murat des actes qui, même à un autre que l'Empereur, peuvent sembler autant de cas de guerre.

*
* *

Le 30 mai, à neuf heures du matin, ayant fait une diligence incroyable, Murat rentre à Naples. Que se passe-t-il à ce moment ? Maghella a-t-il surpris l'intelligence entre Daure et le directeur de la Police impériale à Rome et saisit-il l'occasion qui se présente ainsi de se défaire à la fois de tous les Français qui lui font ombrage ? Pour agir à sa guise, il lui faut place nette, mais quelle est *sa guise* ? Est-ce, dès lors, de faire l'Italie, et derrière Murat nationalisé Italien et devenu le grand soldat de l'Italie, à l'aide des Anglais, peut-être des Russes, affronter l'Empereur et l'empire ? Un tel projet serait insensé si Maghella n'avait pratiqué par des sociétés secrètes le Nord de l'Italie et au moins tâté des généraux de l'armée d'Eugène ; si, entretenant à la solde du roi des agents dans la plupart des villes d'Italie, il n'avait mis dans le jeu les prêtres mécontents, ne leur avait promis la délivrance du Pape et le rétablissement de la souveraineté temporelle ; si, enfin, il n'avait noué des relations, officieuses avec les Anglais de Sicile dont les parlementaires étaient couramment reçus à Naples, officielles avec l'empereur de Russie par son chargé d'affaires Benckendorf, en attendant son ministre tant désiré, le prince Dolgoroukow, — celui-là même qui, résidant à Amsterdam, a été chargé des communications d'Alexandre à Louis. Mais toute cette préparation, les rapports de la police impériale la signalent et il est difficile, sinon impossible, que les détails qu'elle fournit aient tous été inventés.

Pour engager Murat sur cette pente et l'y faire rouler

au point qu'il ne puisse se dédire et qu'il soit livré aux conjurés, quels ressorts employer? la crainte, la jalousie et l'orgueil. On n'aura point de peine à lui faire croire que l'Empereur en veut à sa couronne et que, s'il maintient à Naples un état-major français tel que pour une armée de 60 000 hommes, alors qu'il n'en a pas 10 000, un état-major composé de un maréchal d'Empire, quatre généraux de division, six généraux de brigade, cinq adjudants commandants, c'est pour substituer, au jour propice, un gouvernement militaire au gouvernement royal; de même, est-il aisé de le convaincre que les Français qui entourent Caroline et Caroline elle-même agissent contre lui pour le détrôner, que, avec la complicité de Daure et de quelques autres, Caroline adresse de faux rapports à l'Empereur en vue de lui enlever la couronne et de la ceindre elle-même : peut-être, par quelques insinuations, aura-t-on ébranlé déjà l'inébranlable confiance qu'il a portée jusque-là à la vertu de sa femme; mais cela est peu de chose, et le travail, à ce moment, paraît seulement politique. Enfin, rien ne sera plus simple que de le convaincre de son génie politique, du prestige qu'il exerce à la fois sur les Italiens et les Français, de l'égalité de ses talents avec ceux de l'Empereur, sinon de leur supériorité. Avec ces trois facteurs on le mènera loin.

Dès le 7 juin, dans la semaine qui suit son retour, Murat par un coup d'autorité, profite de ce que Pérignon, maréchal d'Empire, gouverneur de Naples, est en congé à Paris pour supprimer la fonction. « La ville de Naples restant comme place de première classe, sera commandée à l'avenir par un lieutenant-général qui pourra réunir le commandement de la province de Naples et des Iles. » L'Empereur n'a été ni consulté ni avisé ; trois mois plus tard, il n'est pas encore informé, car il écrit à Clarke le 22 août : « Faites-moi connaître si le maréchal Pérignon est encore gouverneur de Naples et dans quelle situation il se trouve. »

Huit jours après, le 24 juin, Murat se dévoile, il statue par un premier décret que, à dater du 1er juillet, tous les employés étrangers de la régie des subsistances seront renvoyés et remplacés par des nationaux ; par un second décret, bien plus audacieux, il ordonne que tous les Français employés à son service auront, avant le mois d'août, à se faire naturaliser Napolitains. Conservé secret pendant trois jours, ce décret est publié le 17 juin, le même jour où le nouveau pavillon napolitain est arboré sur les vaisseaux et les forteresses à la place du pavillon impérial. Ce drapeau, qui va être distribué aux troupes de la garde et de la ligne, avec la cocarde blanche et amarante, est à fond bleu avec bordure formant damier, à carreaux alternés blancs et cramoisis, et porte au centre, supporté par deux sirènes, l'écusson royal : parti de gueule au cheval libre d'or et d'azur à la trinacrie d'argent, au chef d'azur à l'aigle d'or empiétant un foudre de même ; l'écu est entouré du seul collier de l'Ordre de Naples : Le collier de la Légion a disparu ainsi que la double ancre de Grand-Amiral de l'Empire.

Sur une telle série de manifestations qui attestent un plan d'ensemble — encore n'en relève-t-on que quelques-unes — comment a-t-on pu alléguer à la décharge de Murat que, par le décret du 14 juin, il n'a voulu que « se débarrasser des Français qui servaient la reine dans ses intrigues » et qu' « il s'est promis seulement de refuser les lettres de naturalisation à ceux dont il se défiait ? »

Pour se défaire des Impériaux, Murat est parti trop tôt. De tels décrets ne se prennent que la trahison conclue, le marché passé, l'Anglais dans le port. S'il a compté que, entre l'Empereur et lui, entre la France et Naples, les Français qu'il a attachés à sa cour et à son administration choisiront son parti, il se trompe étrangement : quelques individus qui, depuis Dusseldorf, suivent sa fortune, quelques émigrés qu'il a recueillis et qui n'ont plus ailleurs de patrie, quelques viveurs à qui leurs dettes ont interdit le pavé de Paris lui resteront peut-être, mais, des hommes de poids, de caractère et de valeur qui, pour quelque raison, sont venus organiser les services de son royaume, des soldats qui l'entourent dans sa maison militaire ou civile, dans son état-major, dans sa garde et son armée, quel, comme Exelmans, ne lui montrera pas sur sa poitrine l'étoile de la Légion, en lui disant : « Voilà, sire, la règle de ma conduite : Honneur et Patrie ! »

Unanimement, tous lui déclarent qu'aucun d'eux ne renoncera jamais au titre de Français. Exelmans, Lanusse, Daure, Arcambal, Longchamp, Cavaignac, Darlincourt, Dery, Reynier, Colbert, Baudus, Clarac, annoncent leur départ; l'administration et la cour même menacent de s'écrouler, car, si les Napolitains font la façade, les Français sont aux fondations. Et que sera-ce de l'armée où ils tiennent tout?

Dix de ses aides de camp sont français; dans la garde, tous les chefs de corps sont français; le seul régiment de grenadiers, régiment à deux bataillons, compte trente-neuf officiers français et c'est la même proportion dans les vélites à pied, les voltigeurs, les vélites à cheval, les chevau-légers, la gendarmerie, l'artillerie, le train, le génie, les marins, même les vétérans; dans l'état-major général, douze lieutenants-généraux sur seize, cinq maréchaux de camp sur quatorze, cinq adjudants-commandants sur treize sont français. Au premier rappel d'un tambour français, tous rentreront sous les aigles, foulant aux pieds cette cocarde qu'ils n'ont acceptée que parce qu'ils croyaient la tenir de l'Empereur.

Murat s'est-il laissé persuader que des alliances sont formées qui tiendront l'Empire en respect? A-t-il poussé si loin ses intelligences avec des cours ennemies qu'il en attende des secours, ou bien s'imagine-t-il que ses actes passeront inaperçus, qu'il parviendra à les colorer de telle façon que l'Empereur s'y trompe; que Caroline ne trouvera pas quelque moyen de faire parvenir à son frère des nouvelles et des plaintes?

Sans doute, elle est comme au secret à Castellamare; on l'a séparée presque violemment de tous les Français qui sont de son intimité, mais, par des signaux convenus, elle parvient d'abord à recevoir et à donner des nouvelles, puis elle fait passer des lettres à l'Empereur par un officier de la garde, le capitaine Kesner, qui se rend en congé à Paris.

Aussi bien, cela est enfantin; Murat a beau intercepter les correspondances, il y a à Naples trop de Français intéressés à parler pour que, de partout, les renseignements ne filtrent pas et que l'Empereur ne soit pas averti. Déjà, il est sur ses gardes : dès le 11 juin, son attention a été attirée par six ou sept Français au service de Murat qui sont à Paris et y font des bulletins : il a ordonné qu'ils eussent à retourner à Naples dans la semaine. Il a voulu avoir l'état de tous ceux qui sont employés à Naples et il en a requis la liste.

Il a pensé ensuite aux troupes qu'il a dans le royaume : il a constaté que le roi, en sa qualité de lieutenant de l'Empereur et de commandant de l'armée, les a disséminées de tous les côtés et qu'il a cherché des prétextes de divisions territoriales ou d'embrigadement pour en faire passer la plus grande partie sous les ordres de ses généraux. Il a aussitôt enjoint qu'elles fussent remises à des généraux français, « n'entendant pas qu'aucun général napolitain, ni au service de Naples, commande ses troupes. »

Sans attendre que cette mesure ait eu son effet,

par un décret du 24 juin, il a dissous l'Armée de Naples, et il a formé un Corps d'observation de l'Italie méridionale, dont il a donné le commandement au général Grenier et qu'il a composé d'une division de trois brigades. « Ce corps d'observation, a-t-il dit, restera toujours réuni ; il ne pourra être commandé que par des officiers français et ne sera employé, sur la demande du roi de Naples, qu'en cas de danger pour la sûreté de son royaume. » La guerre prochaine avec la Russie est le prétexte de cette mesure ; l'Empereur « a besoin de réunir ses troupes » ; d'ailleurs, il laissera le Corps d'observation suffisamment de temps dans le royaume pour être assuré qu'il pourra s'en passer ; mais, tout le temps que ce corps y restera, il sera nourri, payé, entretenu et habillé par le trésor napolitain ; de plus, par le traité qu'il a fait avec le roi de Naples, celui-ci doit fournir un contingent ; l'Empereur désire savoir quelle partie de ce contingent est prête à marcher, en y comprenant les troupes napolitaines qui sont en Toscane.

La réquisition du contingent doit être singulièrement désagréable à Murat, qui a constamment cherché à garder ses troupes sous sa main ; la formation du Corps d'observation a pour conséquence naturelle sa destitution du commandement de l'armée française. Les deux mesures sont donc graves, elles témoignent d'une irritation qui s'accroît chaque jour et qui se marque encore par la menace de déclarer non avenu le traité entre l'Empire et Naples, si des mesures efficaces ne sont pas prises immédiatement pour construire les vaisseaux et les frégates que le roi s'est engagé à fournir; l'annexion est bien dans les idées de l'Empereur, car dès lors il dresse un réquisitoire comparant, au point de vue du rendement à la France, le royaume d'Italie et le royaume de Naples, la Hollande avant et après l'annexion.

Toutefois, l'Empereur n'en est encore qu'aux menaces et aux déclarations préliminaires, lorsque, par Kesner, lui parviennent les lettres de Caroline. Les correspondants de Murat à Paris prennent aussitôt l'alarme : « Il se prépare un décret, écrivent-ils, qui ne permet à aucun Français de servir militairement ou civilement sans une autorisation spéciale de l'Empereur; les contrevenants seront bannis; leurs biens confisqués, etc., etc., et ceux autorisés ne pourront mettre le pied en France ni y être envoyés en mission sans une permission également de l'Empereur. » Telles seront en effet les stipulations principales du décret rendu le 26 août; mais l'Empereur doit l'abord anéantir et pulvériser l'audacieux décret de Murat : C'est ce qu'il fait le 6 juillet, par un décret impérial dont il faut peser les termes : « Vu notre décret du 30 mars 1806, portant que le royaume de Naples fait partie du Grand-Empire, considérant que le prince qui le gouverne est Français et grand dignitaire de l'Empire et qu'il n'a été placé et maintenu sur le trône que par les efforts de nos peuples, l'Empereur décrète : Tous les citoyens français sont citoyens du royaume des Deux-Siciles; le décret du roi, en date du 14 juin dernier ne leur est pas appliqué. »

Napoléon, à la vérité, ne fait insérer ce décret ni au *Moniteur*, ni au *Bulletin des Lois;* mais il lui donne une publicité officieuse; il le tient suspendu sur la tête de Murat; il l'en frappera au moment opportun et les ordres que, le même jour, il expédie, par courrier spécial, à Grenier, indiquent assez que ce moment est proche. Grenier, « quelle que soit l'opposition du roi de Naples, donnera ses ordres à tous les Français; il réunira toutes les troupes de l'Empereur entre Naples, Capoue et Gaëte; sans faire semblant de rien, il mettra garnison dans Gaëte et s'en assurera la possession; il fera connaître aux Français et à tout ce qui fait partie de la garde royale qu'ils sont toujours Français, que l'Empereur les considère comme tels, que par un décret du Grand-Empire, les Français sont citoyens de Naples. » Il se concertera avec Durant pour le seconder et faire « sortir le roi de la position où il est, car s'il continue à s'écarter de sa reconnaissance et de ses devoirs, il y sera sévèrement rappelé. » Grenier n'étant plus sous les ordres du roi, lui parlera ferme et, si la fermeté des paroles ne suffit pas, il passera aux actes. Mêmes ordres à Durant : « Aucun Français, lui écrit Maret, nouvellement ministre des Relations extérieures, ne peut renoncer au titre de Français sans se déshonorer et s'il en est un que le gouvernement prive de son emploi par la seule raison qu'il est Français, vous ne devez pas hésiter à déclarer que, dans ce cas, vous avez ordre de vous retirer sans prendre congé. »

En même temps, l'attaque est prononcée sur tous les points en litige : note sur la dette due à la France et dont le solde va être exigé ; note sur les vexations qu'éprouve le pavillon français ; note sur la contrebande des marchandises anglaises : tout est prêt, les griefs, la procédure, les moyens d'action, — que va faire Murat ?

***

Il semble que, d'abord, il a voulu présenter son décret du 14 juin comme une mesure quasi inoffensive, dirigée seulement contre quelques individus employés civils dont il prétendait se défaire. C'est là le thème d'une première lettre du 18 juin, d'une seconde du 20 : « La conduite peu mesurée de quelques personnages du corps diplomatique et de quelques Français qui ne peuvent plus reparaître dans leur pays avec sûreté parce qu'ils sont sous mandat d'amener et déclarés banqueroutiers frauduleux, n'a pas peu contribué, écrit-il, à agiter les esprits, même de la capitale, par la fausse interprétation donnée à mon décret sur la naturalisation des étrangers ; je dois vraiment des éloges à tous les Français militaires, autorisés par Votre Majesté à servir dans mes troupes, et aux militaires napolitains qui, par leur étroite harmonie, ont déjoué les projets de quelques mauvais sujets qui avaient espéré pouvoir se sauver en cherchant à exciter des craintes chez les militaires et à leur persuader que, eux aussi, seraient bientôt obligés de se faire naturaliser. Le piège était trop grossier et j'ose assurer à Votre Majesté qu'on lui a imposé en lui rendant compte que le refus des Français était parti d'un noble et unanime sentiment. Il venait de l'intrigue qu'il n'a pas été difficile de déjouer. »

La manœuvre n'est point maladroite, mais il faudrait à Napoléon, pour y être pris, une bonne volonté qu'il n'a plus. Les protestations et les apologies, l'emphase des mots et le néant des raisons, ce n'est pas assez pour le convaincre : Il ne répond donc que par des faits et c'est la formation du Corps d'observation, la destitution de Murat, le décret du 6 juillet. Alors Murat perd la tête, il se voit détrôné, arrêté, ramené en France, que dire ! Et, pour éviter ces périls qui ne sont pas tous imaginaires, il écrit le 20 juillet cette lettre qu'il faut lire entière, car jamais imagination méridionale ne tourna d'une façon plus captieuse la solennité des serments, l'effusion du dévouement, le délire de la sensibilité, à soutenir l'audace de ses mensonges. « Eh quoi ! Sire, écrit-il, parviendra-t-on toujours à vous alarmer sur mes sentiments ? Ne pourrai-je jamais agir qu'en tremblant, lors même que toutes mes pensées, que tous mes efforts n'auront qu'un seul but, celui de ne pas contrarier vos vastes projets, celui de les seconder au contraire entièrement. Eh ! que peut me reprocher Votre Majesté ? Qu'elle examine ma conduite depuis douze ans, qu'elle l'examine depuis que je suis à Naples, je défie à tous mes ennemis de citer un fait qui soit contraire à votre système, et cependant, sur des bruits calomnieux, Votre Majesté déshonore son beau-frère, son lieutenant, lui ôte le commandement de ses troupes, le montre à la France comme anti-français et vient, par son décret du 6, de donner sur lui un avantage à quelques Français qui ne l'avaient jamais désiré et à d'autres qui en sont indignes. Ah ! Sire, si Votre Majesté veut se défaire de moi, qu'elle ne cherche pas des prétextes; plus d'une fois je lui ai écrit et plus souvent encore je lui ai dit; elle n'en a pas besoin. Un seul mot suffit et le roi de Naples cesse d'être un obstacle. Sire, la fièvre m'a pris immédiatement après avoir répondu au prince de Neuchâtel et je profite du premier moment de relâche qu'elle me donne pour vous écrire ma peine, pour vous dire que vous avez perdu votre meilleur ami et que jamais je n'aurais dû m'attendre à un traitement aussi barbare. A peine le décret fut-il arrivé ici que des copies furent répandues avec profusion. Elles tomberont sans doute entre les mains du corps diplomatique. J'ignore si cela peut convenir à Votre Majesté, mais, aujourd'hui, le roi de Naples est la fable des Français, employés et fournisseurs; il le sera bientôt de la nation. Ainsi, voilà mon rôle joué; mais, jusqu'à mon dernier soupir, je serai ce que j'ai toujours été, votre plus fidèle ami. Je ne puis écrire davantage tant je suis oppressé. »

Son désespoir est-il simulé comme la fièvre? En est-il ici comme à Madrid, où il trouva aussi des fièvres opportunes? Est-ce un moyen pour se dispenser de répondre et de se justifier? Croit-il que d'aussi vagues allégations suffiront à l'innocenter? Espère-t-il faire pitié? A-t-il si peu conscience de ses actes, ou, à force de répéter qu'ils sont insignifiants et qu'il a été calomnié, pense-t-il faire illusion? Est-ce là comédie pure ou bien, par les coups qui lui ont été assénés, est-il comme assommé? Cette destitution du commandement, cette révolte de tout ce qu'il a d'amis anciens et de compagnons de guerre, cette sensation de son néant en face de l'Empereur, cette menace de Caroline « de ne plus rester au palais et de chercher un asile près de son auguste frère », n'est-ce pas autant de soufflets par qui un autre moins vaniteux serait affolé? Il s'est terré à Capo-di-Monte et n'en bouge. Après la destitution, il n'a plus à attendre qu'un ordre de départ; il met en jeu tout l'avilissement de sa nature : ce n'est plus assez d'attester son innocence, son dévouement, sa tendresse, son « séidisme », il révoque ses décrets du 4 et du 14 juin, il écrit à Pérignon pour qu'il revienne; il ne sait qu'imaginer pour prouver sa fidélité; il va se mettre entièrement aux mains de l'Empereur, aux mains des Français, surtout aux mains de Caroline qui intercédera pour lui, le sauvera, obtiendra qu'il garde son trône.

À ce moment, Maghella, qui voit le péril pour ses desseins et pour lui-même, qui se sent perdu si Caroline l'emporte, fait donner ses réserves. Il sait où trouver des lettres de Caroline et comment se procurer contre elle des témoins; sous des prétextes de conspiration, il perquisitionne aux bons endroits et il apporte à Murat les preuves. Par là, tombe Daure, titulaire des portefeuilles de la Guerre et de la Marine; par là, le grand maréchal Lanusse, accusé d'avoir été sinon le complice, au moins le complaisant de Daure; par là, les Longchamps et tout ce qui est de l'intime confiance de Caroline; par là, La Vauguyon, prédécesseur de Daure dans le corridor secret, qui, chassé de Paris par l'Empereur et revenant à Naples, trouve à Rome l'ordre d'aller prendre le commandement de la division napolitaine en Espagne. Maghella d'un coup fait place nette : tant pis pour Murat « qui, déjà souffrant, en a un accès de fièvre chaude. On craint qu'il ne devienne fou. Le précepteur des princes, M. Baudus et un ou deux autres s'entremettent; la reine pleure beaucoup, explique comme elle peut, nie et attribue aux machinations de ses ennemis ce qu'elle ne peut expliquer. Bref, on fait comprendre au roi, peut-être à demi abusé, qu'il est dans l'intérêt de ses enfants de ne pas aller plus loin, d'oublier ou d'en faire le semblant ».

Ainsi s'effrondre Caroline, qui s'était faite l'âme de la résistance française ou napoléonienne contre le parti napolitain, qui, dans une mesure, avait tenu celui-ci en échec, qui du moins eût renseigné l'Empereur, soit qu'elle fût convaincue de la nécessité d'être protégée par lui, soit que son ambition personnelle la portât à partager le pouvoir et qu'elle se ménageât dans ce but, par les amants qu'elle se choisissait, une action sur le gouvernement. Dès ce moment, elle devient l'instrument le plus utile aux mains de Maghella, de Zurlo et de Campochiaro. Ils la tiennent, ils peuvent à leur gré la déshonorer et la perdre, et si, obligés qu'ils sont à renoncer pour le moment à la grande idée italique, ils ont besoin de réconcilier Murat avec l'Empereur, c'est elle qui portera les paroles de paix, elle qui négociera le traité et qui, usant de l'affection que son frère lui garde, assurera à ceux qui sont devenus ses maîtres, l'impunité présente et le triomphe prochain.

Dans l'obscurité de ces intrigues, tels sont les jalons que des lambeaux de lettres et de témoignages permettent de poser presque sûrement. On ne peut sur le reste hasarder que des hypothèses. Le secret entier ne serait même point révélé par les rapports russes et anglais. Il a été réservé à quelques hommes ; peut-être à un seul; et celui-là écrit peu, ne parle guère, ne laisse rien traîner, ne se soucie point de sa renommée, mais de son rêve : son nom est demeuré inconnu, sa vie a passé presque ignorée et pourtant sa puissance a été si fortement établie que l'Empereur lui-même a dû compter avec elle.

Ce drame qui se joue à Naples de mars à juillet, entre la naissance et le baptême du Roi de Rome, n'est qu'un premier acte ; mais, dès lors, on en peut tirer des conséquences. De tous les Napoléonides, Murat est le seul qui, par une série d'actes de rébellion, ait osé marquer et affirmer son indépendance et, seul, Murat n'a point été frappé de la foudre. Pourquoi ces ménagements et d'où vient que Napoléon agissant si durement contre ses frères et son fils adoptif soit si faible pour son beau-frère? Il faut à une telle conduite des motifs majeurs. Le premier qu'on puisse relever est sa faiblesse coutumière vis-à-vis de Caroline qui, depuis 1800, s'est constamment rendue la plus serviable et la plus agréable des sœurs. Or, en ce qui touche Naples, Caroline s'est si bien solidarisée avec son mari, que pour défendre leur trône, elle se retrouvera toujours. Vis-à-vis d'elle, des engagements ont été pris que Napoléon, quoi qu'il arrive, ne peut renier. Ce ne sera que moyennant une compensation éclatante, en la faisant encore monter d'un degré dans la hiérarchie du Grand Empire, qu'il lui enlèvera la couronne de Naples. De plus, Murat, soldat, est utile, presque indispensable surtout à la veille d'une grande guerre, et d'une guerre où la cavalerie jouera un rôle principal. Aux exécutants de ses projets militaires, l'Empereur pardonne beaucoup, presque tout : témoin Bernadotte, Soult, Masséna, Ney. Il a pour eux des complaisances qui seraient des faiblesses, si elles n'étaient commandées par la nécessité dont ils lui sont. Or, de tous ces manieurs d'hommes, auxiliaires indispensables des victoires qui flottent dans sa pensée, le moins remplaçable est Murat, grand maître des cavaliers. Par un don comme surnaturel, il suffit à cet homme de passer au galop, couché sur sa selle, devant le front des régiments, de jeter à-mi voix un commandement bref, pour entraîner les hommes, trombe vivante, dans les flammes et dans la mort. Tout ce théâtral du costume, velours, fourrures, brandebourgs, plumes flottantes, cheveux bouclés, se tourne en héroïque, et, au cerveau de ce Cadurcien subtil et niais, affluent alors, comme évoquées par le canon, par le terrain, par le danger, les moyens d'attaquer, de rompre, de terrasser l'ennemi. Nul ne peut remplir sa place. Napoléon l'a bien senti en 1809 et, à présent, Lassale est mort.

La raison est bonne ; mais il en est une meilleure, pour laquelle Napoléon hésitera toujours à le frapper, alors qu'il n'hésite point à frapper ses frères ; c'est qu'il est sûr de ceux-ci et qu'il se défie de celui-là.

Ses frères se sont inclinés, de mauvaise grâce, à coup sûr, mais, chez les plus irrités, Louis par exemple, la tentative de résistance n'a été qu'une velléité. En paroles, avec les formes diverses de leurs caractères, chacun a prononcé et marqué son opposition, mais tous se sont arrêtés avant de passer à des actes. Lucien seul a agi, mais par surprise, peut-on dire, avec la ferme croyance que son frère lui reviendrait, et son action a été une fuite. Chez Louis, l'action diffuse n'a été qu'une négation ; l'être scrupuleux et bizarre qu'il est n'a su ni prendre son parti, ni se battre, ni s'incliner. Jérôme dans un sentiment d'admiration fraternelle et de subordination familiale d'autant plus à remarquer que son tempérament le porte davantage à des premiers mouvements d'autocrate, s'est rendu avec une abnégation qui surprend. Joseph, qui sent toujours en soi l'autorité du chef de clan et le prestige du droit d'aînesse, l'a pris de haut, a invoqué les traités, ses droits et son peuple, n'a rien cédé de sa monarchie imaginaire, a réclamé qu'on l'en mît en possession, mais il n'a menacé que de quitter la partie. Sans doute, Joseph ou Jérôme ne saurait subsister sans le prestige impérial ou les armes françaises et, à défaut de celui-là ou de celles-ci, il faut bien qu'ils se courbent sous la volonté du maître, mais Louis s'est flatté de s'être rendu Hollandais, et sa résistance appuyée sur la nation eût pu devenir effective s'il n'avait été retenu, au moment décisif, par le sentiment de ses devoirs, par cette tendresse, cette reconnaissance qui lui font envisager comme un crime la suprême révolte.

Murat ne s'arrêtera pas à ces subtilités. Il ne regarde qu'à son intérêt. Convaincu dès à présent qu'il est l'homme de sa nation, éperdu devant les espérances de grandeur qu'on lui a présentées, il n'hésitera pas plus à sacrifier Napoléon que jadis il n'a hésité à sacrifier Landrieux et Barras. Il recule en ce moment, mais c'est partie remise. Avec ses protestations, il gagne du temps; s'il réfléchissait même et ne subissait point une sorte d'affolement, il se les épargnerait. La véritable raison pour laquelle Napoléon ne prononce pas l'annexion, c'est que, s'ils existent sur le papier, les moyens d'exécution n'existent point en fait. Ce n'est pas avec trois régiments, dont deux étrangers et un à demi composé de réfractaires, qu'on risque la conquête d'un royaume. Trente mille, quarante mille Napolitains, cela compte peu, mais

Murat a tant dit qu'il en a fait des soldats! L'Empereur ne peut s'exposer à un échec et quelles conséquences cet échec pourrait avoir? Rappeler des régiments en marche sur la Grande armée, ajourner ses desseins sur le Nord, ouvrir au Midi une plaie nouvelle, cela est dangereux; d'ailleurs, à quoi se heurterait-on? A une révolte ouverte, à une armée anglaise débarquée, cela vaut-il la peine? N'est-il pas mieux de patienter comme on a fait en 1805 vis-à-vis de Marie-Caroline? Pourtant si, au risque de tout, en 1811, Murat avait été renversé de son trône, quelles conséquences pour l'avenir et quelles, bien autres encore, si, de même que Murat, Joseph avait alors perdu sa couronne.

* * *

Depuis près d'une année, ainsi qu'on l'a vu, Joseph menace chaque jour de partir, et, chaque jour, il ajourne son départ. Sans cesse il annonce son abdication et il ne l'effectue jamais. Tantôt, il prend pour prétexte la prochaine soumission de ses provinces, tantôt sa santé. De fait, il n'a envie ni d'abandonner des Etats où il peut être empêché de rentrer, ni de perdre des habitudes royales qu'il méprise en des discours philosophiques, mais où il s'est établi si fort à son gré qu'il croit n'en avoir jamais eu d'autres. Le 19 mars, il a formellement écrit à Julie qu'il partait, et il n'est point parti. Le 24, plus fortement encore, officiellement, solennellement, il a déclaré à l'Empereur et à Fesch que rien ne pouvait plus l'arrêter, que sa santé, délabrée en dix jours, le forçait à quitter l'Espagne, qu'il voulait se retirer des affaires, qu'il ferait à Paris tous les actes nécessaires pour régler les affaires d'Espagne comme l'Empereur l'entendrait le mieux, et, cela écrit, il n'est pas parti. Le 29, il a reçu, par une dépêche télégraphique du prince de Neuchâtel arrivée à Bayonne, la nouvelle de la naissance du Roi de Rome et, après les félicitations de droit, il a annoncé qu'il allait se mettre en route et que, « dans toutes les hypothèses, son voyage ne serait pas inutile à l'Empereur », mais il n'est pas parti. C'est ainsi pendant toute la première quinzaine d'avril. Chaque jour, l'estafette emporte une lettre où il écrit qu'il arrive et jamais il ne part. A l'en croire, il est retiré de tout, il n'est « d'aucune utilité » et il se désintéresse de toutes choses ; en fait, le conflit continue et s'aggrave entre lui, le major général et les divers chefs d'armées ; il contremande les mouvements des troupes ; il retient des régiments sous ses ordres ; il intercepte les renforts ; il prend la défense de certains généraux qui sont venus lever des contributions dans les Gouvernements, car ils sont de son armée et peut-être est-ce lui-même qui les a envoyés. Il faut vivre et faire vivre cette Armée du Centre : il serait beau que pour se maintenir à Madrid, le roi d'Espagne employât ses soldats les plus affidés à faire les brigands sur les grandes routes et à entreprendre sur les pays quasi-français. Peut-être y est-il contraint. « Il n'a plus le sol pour faire aller la machine », tout crédit est usé, rien n'est payé et, faute d'employés, la façade même de cette royauté imaginaire va crouler.

C'est là ce qui le force à partir, mais, pour qu'il se décide, il faut, le 9, l'arrivée du général Defrance, apportant la lettre où l'Empereur l'invite à être un des parrains du Roi de Rome. C'est là un réconfort qui vient à temps ; Joseph en tire la preuve qu'il aura facilement raison de l'Empereur, que celui-ci l'aime toujours et ne saura le refuser et que, par sa seule présence, toutes les difficultés vont être levées. Il ordonne donc des réjouissances : grand gala, cour générale, parade, course de taureaux gratuite, illuminations et salves d'artillerie, car il est toujours magnifique, et, preuve certaine qu'il pense moins que jamais à abdiquer, il charge son ambassadeur de présenter la Toison d'or au nouveau-né ; toutefois il parle encore de sa retraite, quoique avec des réticences convenables ; il dit « qu'il y est disposé si l'Empereur n'a pas besoin de lui et si sa santé ne lui fait pas entrevoir d'autre parti à prendre » ; mais il prend toutes les dispositions pour son retour : il ordonne des travaux d'appropriation, il commande des changements de mobilier, il prend des décrets qui pourvoient à tous les détails.

* * *

Son départ est majestueux : Toute la garde royale l'accompagne de façon qu'il ait à recourir le moins possible aux escortes françaises, tant pis si l'Armée du Centre s'en trouve mal! Il y a les ministres, quelques courtisans, et un train suffisant pour une majesté. De l'Empereur, nulle autre autorisation que « son silence » ; mais les Espagnols apprendront par la voie de la Gazette que l'auguste frère de Sa Majesté Catholique vient au-devant d'elle pour le plaisir d'une entrevue ; la rencontrera-t-il à Vittoria, à Marrac ou à Paris, on ne sait encore, mais en tous cas l'absence du roi sera très brève.

Le 23 avril, il part; le 25, à Santa-Maria-de-la-Niéva, il rencontre un courrier par lequel Berthier, de la part de l'Empereur, lui annonce un subside de 500 000 francs par mois. Ce n'est pas le million demandé, mais c'est assez pour lui faire croire qu'on a besoin de lui et il part de là pour faire ses conditions : « Je retournerai en Espagne, écrit-il à l'Empereur, si vous jugez ce retour utile, mais je ne puis y retourner qu'après vous avoir vu et vous avoir éclairé sur les hommes et les choses qui ont rendu mon existence d'abord difficile, puis humiliante, et enfin impossible et m'ont mis dans la situation où je suis aujourd'hui. Je suis prêt aussi à déposer entre les mains de Votre Majesté les droits qu'elle m'a donnés à la couronne d'Espagne si mon éloignement des affaires entre dans vos vues et il ne dépendra que de vous de disposer du reste de ma vie, dès que vous m'aurez assez vu pour avoir la conviction que vous connaissez le fond de mon âme et celui des affaires de ce pays, où je ne pourrai retourner avec succès que nanti de votre confiance et de votre amitié, sans lesquelles le seul parti à prendre est celui de la retraite la plus absolue. » Confiance et amitié, c'est commandement général et disposition absolue des hommes et des choses; la menace de retraite n'est que pour appuyer le dilemme.

Joseph y pense de moins en moins en effet à mesure qu'il avance vers la France : de Burgos, le 1er mai, il écrit à sa femme : « Je séjournerai ici aujourd'hui pour ôter toute inquiétude qu'on aurait eue en regardant ce voyage comme un départ définitif. J'ai dissipé toutes les craintes à Valladolid et sur toute la route et j'ai dit que je retournerais dans le mois de juin avec ma famille[1] ». — Le même jour à Berthier : « La défiance des Espagnols, la mauvaise conduite de quelques chefs français, cesseront dès que tous sauront que l'Empereur veut que je sois roi d'Espagne et que les fripons soient mis dans l'impossibilité d'aigrir les âmes par leur mauvaise conduite ; alors, les armées françaises pourront se diriger contre les Anglais et la paix intérieure de l'Espagne sera assurée par des moyens de stabilité et de confiance. J'ai la

[1] Les discours qu'il tient à Valladolid et qu'il fait insérer dans la *Gazette de Madrid* se résument à ceci : « Sa Majesté a dit que le motif de son voyage était d'aller trouver son auguste frère, l'Empereur des Français pour assurer avec lui les moyens les plus propres d'assurer le bonheur de l'Espagne : que l'intérêt de tous les Espagnols comme leur devoir devait les conduire à aider Sa Majesté dans cette entreprise ; que les divisions intestines étaient fomentées par l'Angleterre qui voulait faire de la péninsule le théâtre de la guerre continentale et qui, en même temps qu'elle fournissait aux rebelles des armes et des munitions, fomentait la rébellion des colonies et les incitait à déclarer leur indépendance... Avant peu la partie saine de la nation ouvrirait les yeux et se réunirait autour du trône.

confiance de réussir, mais avant tout il faut que je voie l'Empereur, qu'il sache tout et qu'il se prononce sur tout et que tout fripon, quel que soit son rang, soit éloigné de ce pays. »

Ainsi le ton s'élève; non seulement il n'est plus question d'abdiquer, mais il faut qu'on lui sacrifie tous les généraux qui lui déplaisent — et quel est à son goût? Son optimisme est redevenu tel que, à l'en croire, tout est pacifié ou sur le point de l'être dans l'arrondissement du centre et dans celui du midi. « Le séjour que j'ai fait à Burgos a été bien heureux, écrit-il, l'opinion me paraît changée tout à fait en bien. » Or, le 5 mai, de Burgos même, Dorsenne, qui y commande la Garde sous les ordres du duc d'Istrie, Dorsenne qui est loin d'être ennemi de Joseph, auquel Joseph a rendu tout à l'heure ce témoignage « qu'il est un bon et brave homme qui sert comme l'Empereur devrait être servi », Dorsenne a écrit à son chef : « De toutes parts les quadrilles s'augmentent et montrent plus d'audace que jamais... L'esprit public est de jour en jour plus agité. Je pense qu'il est temps de déployer la plus grande rigueur... Les contributions ne se paient plus que par les moyens de la présence des colonnes mobiles; les communications deviennent de plus en plus difficiles. » Telle est l'amélioration totale de l'opinion.

Il est vrai que les Espagnols ralliés font tout ce qu'ils peuvent pour entretenir les illusions de leur maître. « Le duc de Frias, son ambassadeur à Paris, qui a toutes ses terres entre Madrid et Bayonne, a fait dire à tous ses fermiers qu'il leur remettait pour vingt ans leur bail s'ils traitaient bien le roi à son passage. Effectivement, partout où le roi arrive, non seulement il est défrayé de tout, mais même toute sa suite et toutes ses escortes. On vient même lui présenter, lui offrir de l'argent. » Il devait en coûter 600 000 francs au duc de Frias, mais il mourut insolvable à Paris, ce qui arrangea tout.

De Burgos, Joseph fait diligence vers Bayonne, qu'il dépasse avant que l'Empereur ait reçu les lettres annonçant son départ et ait eu le temps d'y répondre d'une manière efficace : au moins est-ce la version qu'adopte Joseph. En réalité, il a été rejoint à Saint-Jean-de-Luz par l'officier que le prince de Neuchâtel lui a dépêché en toute hâte pour l'inviter, au nom de l'Empereur, à ne quitter l'Espagne qu'aux conditions préalablement posées. Il n'en a tenu compte, et, l'aide de camp n'osant mettre la main sur lui, il a franchi la frontière : C'est seulement de Dax, le 10, qu'il répond à Berthier par l'affirmation de sa volonté de voir l'Empereur et par une nouvelle apologie. Ses illusions, s'il est possible, se sont encore accrues : « Avec de la confiance, écrit-il, les guerillas peuvent être détruites avant trois mois et toutes les troupes seront employées contre les Anglais ; mais, je le répète, il faut de la confiance en moi pour que les Espagnols en prennent. Eux seuls détruiront les guerillas, j'en ai la conviction intime [1], si les moyens

[1] Le système qu'a adopté Joseph de créer dans chaque ville des gardes civiques, loin d'avoir été abandonné sur les ordres réitérés

moraux viennent à seconder et à fortifier les dispositions dans lesquelles j'ai laissé les peuples que j'ai vus ». Cela dit, il poursuit sa route et le 15 mai, il arrive à Paris et descend au Luxembourg.

*
* *

La reine a fait avertir quelques-uns de ses anciens amis de son imminente arrivée : Jaucourt et Girardin attendent donc dans le salon de service, mais le roi refuse de les recevoir; Miot, qui l'a accompagné, cause pourtant avec eux, leur apprend que le désir du roi est de retourner promptement, « qu'un seul motif l'a déterminé à se rendre à Paris malgré la volonté de l'Empereur : l'espoir d'en obtenir de bonnes conditions et un pouvoir beaucoup plus étendu. Le roi, au dire même de ses conseillers franco-espagnols paraît être, dans la ferme persuasion que la volonté de l'Empereur est de le laisser régner paisiblement en Espagne ». Girardin s'étonne, mais les faits lui donnent tort.

Le 16, en effet, Joseph se rend à Rambouillet où est la Cour et, après avoir été présenté à l'Impératrice, il a avec son frère une conférence qui dure six heures d'horloge. Quels arguments emploie-t-il? Comment et sous quel jour présente-t-il des événe-

de l'Empereur, a été suivi avec une telle rigueur que, chaque jour presque, *la Gazette de Madrid* a enregistré un décret créant un nouveau bataillon. A la veille du départ, le 16 avril, le roi a formé à Lucena un bataillon et une compagnie de cavalerie, à Canete, deux compagnies, à Ecija, une compagnie.

ments sur lesquels les rapports unanimes des généraux français ont pourtant éclairé l'Empereur? Par quels procédés de violence réelle ou d'abnégation affectée parvient-il à triompher, on ne sait. L'entrevue se passe sans témoins : On dit qu'elle est « très orageuse », mais, comme à l'ordinaire, Napoléon cède devant son frère et, dès le lendemain, les résultats apparaissent.

Le 17 au matin, pour tout couvrir, le *Moniteur* publie cette note en date de Paris, le 16 mai : « Le roi d'Espagne est arrivé aujourd'hui à midi au château de Rambouillet. Sa Majesté est venue porter elle-même à S. M. l'Empereur et Roi ses félicitations à l'occasion de la naissance du Roi de Rome. Elle est partie de Rambouillet à six heures du soir pour se rendre à Paris, au palais du Luxembourg. » Le même jour, d'ordre de l'Empereur, Duroc fait savoir au grand-maître des Cérémonies que le roi d'Espagne recevra, le dimanche 19, au Luxembourg, les ministres, les grands officiers, les députations du Sénat, du conseil d'État, des autres corps constitués et le corps diplomatique. Toujours le 17, Joseph repart pour Rambouillet où l'accompagne Jaucourt, son ancien premier chambellan — car l'Empereur ne permet pas que les Français à cocarde espagnole paraissent avec son frère, et Joseph, étant traité en prince français, non en roi catholique, ne veut point que ses ministres soient témoins d'un traitement qu'il juge dégradant; il a donc trouvé ce moyen terme, car un prince tel que lui ne saurait aller seul. Il en est profondément humilié, mais il fait bonne mine, car les exigences qu'il porte sont telles que, pour les faire passer, il doit se rendre facile pour les petites choses : voici en effet quelles sont ces prétentions : Il sera commandant en chef des Armées françaises d'Espagne et de Portugal et lieutenant de l'Empereur ; il correspondra avec l'Empereur par l'intermédiaire du major général ; il aura près de lui un maréchal ou un général chargé des détails, et, pour cet emploi, il désigne Jourdan ; le commandant en chef de l'Armée du Portugal pourra correspondre avec le prince de Neuchâtel, mais il communiquera au roi tous les ordres qu'il recevra du major général, et l'Espagne ne paiera rien, ni de la solde, ni des masses, ni des dépenses de guerre de cette armée. Le roi aura sous ses ordres directs l'Armée du Midi ; il pourra, s'il la réunit à quelque autre, en tout ou en partie, en déléguer le commandement à l'un ou l'autre des maréchaux, ou mieux à son major général ; il assurera l'administration financière, civile, militaire, ecclésiastique et judiciaire de l'Andalousie ; il fournira aux dépenses des hôpitaux et des subsistances, mais il laissera à la charge de la France la solde et les masses. Il consent que les arrondissements du Nord et d'Aragon gardent les gouverneurs militaires nommés par l'Empereur, mais à condition que ceux-ci gouvernent par des administrateurs espagnols qu'il nommera et que les budgets des dépenses des troupes lui soient soumis ; en Catalogne, la justice seule sera rendue en son nom, mais l'arrondissement du Centre aura le même traitement que l'Andalousie. Telles sont ses demandes : Encore estime-t-il qu'il a fait une concession extrême en ce qui touche la Catalogne.

Au premier coup, il n'emporte rien, mais il insiste, et, par des menaces et des colères, il arrache un semblant de promesse ; dès lors, il est rassuré et il s'imagine qu'il a tout gagné.

C'est dans cet état d'esprit qu'il donne audience, le 19, aux grands corps de l'Empire. Il a fait convoquer son ancienne maison de prince français pour régler la cérémonie, mais, au dernier moment, il se ravise et il décide que le service sera fait par les Espagnols. « Effectivement, le prince de Masserano, grand-maître des cérémonies d'Espagne, nomme les députations qui sont introduites par M. Caraffa, chambellan espagnol. Les ministres espagnols O'Farill, Urquijo et Campo Alanghe assistent seuls à la cérémonie dans la salle où est le roi et y demeurent pendant la réception des députations ».

Outre que le procédé est étrange et inconvenant, il amène des confusions sans nombre, des erreurs sur les qualités, les personnes, les préséances, et des réclamations égales. Ségur, le grand-maître des cérémonies de France, qui en est excédé, finit par répondre « que les présentations ont été faites au roi d'Espagne par les officiers de sa maison, qu'il a dû croire qu'ils connaissaient les usages, que d'ailleurs aucun renseignement ne lui a été demandé ».

On apaise les mécontents par une note au *Moniteur*, mais l'Empereur enregistre soigneusement cette scène fâcheuse qu'aggrave un discours maladroit de Joseph à la députation du Sénat.

Dans l'ancienne cour du prince, l'étonnement de ses serviteurs, qui étaient plutôt des amis, s'accroît à mesure qu'ils le voient et surtout qu'ils l'entendent. Ils ne comprennent rien à ses illusions, à ses espérances et à ses projets; ils apprennent qu'il est décidé à ne rien céder sur l'indépendance et l'intégrité de son royaume, qu'il va repartir, qu'il est en marché pour vendre Mortefontaine à l'Empereur auquel il en demande six millions, qu'il se refuse à remplir les fonctions de grand électeur et à assister aux cérémonies en costume de prince français. Les projets de l'Empereur sur l'Espagne ne sont un mystère pour personne : Joseph, de Madrid, semblait fort bien les connaître; d'où vient qu'à Paris, il se croit assuré de les changer à son gré? Julie elle-même ne peut cacher sa surprise et son affliction. Elle dit à l'un de ses anciens amis de Mortefontaine, que le roi ne veut plus être à Paris au moment du baptême; qu'il est parti de Madrid avec l'intention de ne plus revenir; que, pendant son voyage, il a été bien accueilli par les habitants qui se sont portés en foule sur son passage, et que, maintenant, son plus vif désir est celui de retourner, que de vaines promesses lui paraissent suffisantes. « J'ai beaucoup causé avec lui, ajoute-t-elle ; je puis vous assurer qu'il est méconnaissable. Sa légèreté ne peut se concevoir et sa confiance est également inconcevable. Il est surpris de ce que nous ne le regardons pas avec admiration, tant il croit avoir fait de grandes choses. Il veut emmener sa femme et ses enfants pour donner, dit-il, aux Espagnols des gages de sécurité. S'il faut vous parler vrai, ce qu'il veut est impossible à savoir ».

Avant que l'Empereur parte pour la Normandie et Cherbourg, Joseph lui arrache la double promesse du commandement général et d'un subside mensuel de un million; seulement, rien n'est écrit. L'Empereur dit que, de Caen, il enverra ses ordres et que Joseph peut aller les attendre à Mortefontaine. Il y va en effet avec ses ministres, ses chambellans et ses aides de camp, mais il y bout d'impatience, il aspire au départ, car il humilierait « la fierté espagnole » s'il paraissait au baptême en prince français, et les jours passent, et il ne reçoit pas de solution, et l'Empereur ne se soucie point d'en donner.

Napoléon a été assez faible pour dire des paroles, par qui il n'a pas cru s'engager, mais, au fond, il n'est revenu sur rien de ce qu'il a résolu. Il tient si bien pour siennes les conquêtes que lui fait Suchet en Aragon que, sur les villes prises, il ne veut « souffrir d'autres pavillons que le pavillon français »; il est si bien instruit de l'état d'anarchie des provinces qu'il ordonne à Berthier de communiquer au roi les dépêches qu'il a reçues de tous ses généraux : « Elles prouveront, dit-il, combien est insensée l'assertion du roi et des Espagnols qu'ils peuvent se passer des troupes françaises ». Il ne veut pas, il ne peut pas contraindre Joseph à abdiquer, il n'en prononce même pas le mot, mais, en se dérobant, en ne livrant que des paroles vagues qui lui épargnent des scènes qu'il redoute, il s'efforce d'amener Joseph à renoncer à l'Espagne et à rester en France. De plus, quelque parti que prenne son frère, il n'entend pas qu'il se soustraie aux fêtes du baptême ; il ne dédaigne rien en effet des choses d'étiquette, et il lui plaît d'ajouter à sa grandeur en montrant à l'Europe un cortège de rois vassaux. Donc il donnera sa décision si peu de de temps avant la cérémonie que, sous peine de rompre, Joseph se trouvera moralement contraint d'y assister.

Au milieu de ces incertitudes qui naissent des retards, Joseph flotte dans une irrésolution presque maladive. Comme dit la reine, « il prend un parti et en change tout aussitôt ; au 29 mai, il ne sait pas encore ce qu'il fera ; s'il est ici à l'époque des fêtes, il veut être malade pour ne pas y assister. Rien n'est arrêté dans sa tête. S'il ne retourne pas en Espagne, il veut vivre à cent lieues de Paris ». Ce combat qui se livre dans son esprit, ne va pas sans des conversations, des conférences et des rivalités ; quoique attendant leur fortune uniquement de l'Espagne où ils sont fixés, « tous les Français devenus Espagnols et attachés au roi sont d'avis qu'il ne retourne pas à Madrid si l'Empereur ne lui donne pas toute l'autorité qu'un roi doit avoir pour faire le bonheur de ses peuples ; » ainsi pense Miot, le seul des anciens amis qui ait été employé en Espagne, ainsi Ferri Pisani le gendre de Jourdan que Joseph a fait comte de Saint-Anastase et grand-croix de son ordre; ainsi Deslandes, son secrétaire, Jamin, son écuyer; mais les Espagnols poussent au retour de toutes leurs forces, quelles que soient les conditions, et ils entretiennent Joseph dans des illusions que peut-être ils partagent.

A la fin, le 2 juin, Berthier arrive à Mortefontaine et y porte la parole de l'Empereur. L'Empereur concède au roi le commandement direct de l'Armée du Centre et l'administration de cet arrondissement. A l'Armée du Nord, il consent à mettre un maréchal qui agrée mieux au roi que Bessières, Jourdan par exemple, mais il ne change rien à l'organisation. Toutefois la justice sera rendue au nom du roi, et le quart des revenus sera envoyé à Madrid; de même à l'Armée du Midi et à l'Armée d'Aragon. Le roi aura le commandement des armées qui se replieront dans son arrondissement; il recevra *les honneurs* du commandement dans celle des armées où il se rendra, mais, dit l'Empereur, « Je ne peux pas donner le commandement général de mes armées en Espagne, parce que je ne vois pas d'homme capable de les conduire et que le commandement doit être simple et un... Il est dans la nature des choses, ajoute-t-il, qu'un maréchal qui résiderait à Madrid voudrait en avoir la gloire avec la responsabilité et que les commandants des Armées du Midi et de Portugal se croiraient moins sous les ordres du roi que de son chef d'état-major et, par conséquent, n'obéiraient pas. »

Quant à l'argent, il accorde 500 000 francs par mois jusqu'au 1er juillet, un million par mois depuis cette date jusqu'à la fin de l'année.

On est loin de compte et, sur ce programme, Joseph discute. Dans les provinces d'Aragon et du Nord, il entend être « investi du même pouvoir qu'ont aujourd'hui les commandants en chef de ces deux armées ; ceux-ci continueraient à exercer le commandement sous les ordres du roi » ; mais, si les événements le portaient dans l'arrondissement de ces deux armées, lui-même prendrait le commandement direct et absolu ; dans tous les arrondissements, l'administration serait sous sa direction suprême ; elle deviendrait entièrement espagnole à mesure que « la destruction des guérillas et d'autres circonstances en marqueraient l'époque à Sa Majesté Catholique ». Ces circonstances seront amenées par les Cortès, « moyen infaillible pour amener la pacification de l'Espagne par une grande et salutaire commotion. Le roi doit les convoquer et le succès passera ses espérances. » Tel est son dernier mot et il demande une réponse immédiate, car les jours pressent et il veut partir avant le baptême.

Même, son agitation à ce sujet est telle que, le lendemain du jour où il a vu Berthier, il s'imagine que celui-ci est allé au-devant de l'Empereur pour prendre ses ordres, et il lui écrit pour lui demander que son courrier le suive afin de connaître plus tôt la volonté de Sa Majesté, « et comme il me paraît évident, ajoute t-il, que Sa Majesté approuvera ce que je propose, je n'aurai plus à l'entretenir de ces affaires en la revoyant pour prendre congé d'elle ».

L'Empereur, rentré ce même jour à Saint-Cloud, ne se soucie pas d'affronter une discussion nouvelle : sur le subside, il a accordé ce que Joseph lui demandait, puisque, dès le 29 mai, sur un sixième convoi de fonds, composé de quatre millions et destiné aux diverses armées d'Espagne, il a attribué à l'Armée du Centre 500 000 francs en numéraire et 500 000 francs de traites ; sur les renforts, il a accordé plus que ne demandait Joseph, puisqu'il a ordonné la formation à Grenoble, pour l'armée d'Espagne, d'une réserve de quarante bataillons français et de dix italiens ; mais, sur le commandement général, il continue à se dérober. Rien n'est décidé et, le jour du baptême approchant, toute explication est remise après les fêtes.

A ces fêtes auxquelles Joseph eût tellement désiré se soustraire, le grand-maître Ségur lui fait savoir qu'il ne pourra mener « que les officiers désignés par l'Empereur pour le servir en sa qualité de prince français ». C'est une première riposte à l'audience du 19 mai. « Je donnerais trois cent mille francs, dit Joseph, pour ne pas être du cortège. » Pourtant, comme, avant tout, il veut représenter, et que marcher seul ne serait pas digne, il décide que Jaucourt l'accompagnera comme chambellan et Girardin comme écuyer, et, après avoir balancé jusqu'au dernier moment, que, en sa qualité d'écuyer, Girardin sera à cheval à la portière du carrosse destiné pour lui et pour Jérôme ; bien lui en prend, car Jérôme, qui a voulu à sa portière son écuyer westphalien, a la mortification, au moment où l'on part des Tuileries, de voir un aide de camp de l'Empereur accourir à toute bride et ordonner au Westphalien de se retirer.

Après le baptême, il y a la fête à l'Hôtel de Ville et le cortège ne rentre aux Tuileries qu'à minuit. Jérôme, toujours impulsif, demande si le feu d'artifice est tiré et, comme on lui répond affirmativement, il s'en va et tâche d'engager son frère à l'imiter ; mais Joseph, mieux formé, attend l'Empereur.

Pourtant, par ailleurs, Joseph n'a point ménagé à son frère les motifs d'être mécontent. Il a dispensé Julie d'assister à la cérémonie sous prétexte qu'elle était souffrante, et, ayant obtenu que les Espagnols venus à sa suite fussent présentés à l'Empereur, il y a fait mêler les Français qui lui sont attachés, bien que la plupart portassent sans autorisation la cocarde espagnole. Sur le moment, ils ont passé dans la foule, mais, par la note que le grand maître a préparée pour le *Moniteur*, l'Empereur apprend qu'il a reçu quantité de gens dont il ne voulait pas. C'est une belle colère : il y a surtout un Tascher qui, lui devant tout, s'est, contre ses ordres formels, engagé au service d'Espagne pour épouser une Clary et, l'Empereur qui, à bien des reprises, s'est exprimé sur sa conduite sans ménagements, prend sa présence pour une bravade. Il dépêche donc Berthier au roi pour lui parler de cette indécence, et ordonner que dès le lendemain, Tascher, Clary, Miot et les autres

Français qui sont sur la liste, soient partis pour Bayonne. « Je ne m'oppose pas, dit-il, à ce qu'ils soient en Espagne ce que le roi veut, mais je ne puis m'accoutumer à voir des Français venir faire de l'embarras à Paris sous le costume étranger. » Cela est enregistré à côté de l'audience espagnole aux grands corps de l'État et à tout à la fois il saura pourvoir.

Par la même occasion, il fait dire au roi qu'il ne voit pas d'objection à ce qu'il parte; seulement, qu'il n'accorde rien de plus que ce qu'il a dit; il lui enverra à Bayonne les pouvoirs nécessaires pour le commandement; quant à ses dispositions, il n'en changera rien. « Cela, dit-il, doit donc lui servir de règle. Le temps prouvera, par la conduite qu'il tiendra, si le voyage de Paris lui a été utile et s'il y a acquis la prudence nécessaire pour manier ces affaires. »

Pourtant, il a encore des générosités. Le 13, lorsque Joseph vient prendre congé, il lui donne un million sur la caisse de service, — non pas avance sur le subside, mais don gracieux. Joseph, en outre, se vante d'avoir trouvé 1.300.000 francs à emprunter sur Mortefontaine, mais c'est son beau-frère Clary qui les lui a prêtés. Toute tentative pour un emprunt d'État a échoué près des banquiers. Ces 2.300.000 francs, c'est tout le solide qu'il emporte, mais il n'entend pas s'attarder un jour, une heure de plus, car il devrait, le 16, remplir les fonctions de Grand électeur, paraître en prince français et en Grand dignitaire et, à l'ouverture du Corps législatif, présenter au serment les députés nouvellement nommés : il part donc le 15 dans la nuit, après avoir dit à ses anciens amis, Rœderer, Girardin, Jaucourt, reçus par grâce et sur les instances de Julie, un adieu si froid qu'ils en restent profondément piqués.

L'Empereur avait pensé que Joseph assisterait à l'ouverture de la session, car, dans son discours, il a donné aux affaires d'Espagne une place importante et il les a présentées dans des termes tels que, s'ils ne compromettent rien des prétentions sur les provinces en deçà de l'Ebre, il y ménage son frère d'une façon inusité. Après avoir parlé du baptême du Roi de Rome, il dit : « Le roi d'Espagne est venu assister à cette dernière solennité. Je lui ai accordé tout ce qui était nécessaire et propre à réunir les intérêts et l'esprit des différents peuples de ses provinces. Depuis 1809, la plupart des places fortes d'Espagne ont été prises après des sièges mémorables. Les insurgés ont été battus dans un grand nombre de batailles rangées. L'Angleterre a compris que cette guerre tournait à sa fin et que les intrigues et l'or n'étaient plus suffisants désormais pour la nourrir. Elle s'est trouvée contrainte d'en changer la nature et, d'auxiliaire, elle est devenue partie principale. Tout ce qu'elle a de troupes de ligne a été envoyé dans la Péninsule. L'Angleterre, l'Ecosse, l'Irlande sont dégarnies. Le sang anglais a enfin coulé à grands flots dans diverses actions glorieuses pour les armées françaises. Cette lutte contre Carthage qui paraissait devoir se décider sur les champs de bataille de l'Océan, se fera donc désormais dans les plaines des Espagnes. Lorsque l'Angleterre sera épuisée, lorsqu'elle aura enfin ressenti les maux qu'avec tant de cruauté, elle verse depuis vingt ans sur le continent, que la moitié de ses familles sera couverte du voile funèbre, un coup de tonnerre mettra fin aux affaires de la Péninsule, aux destins de ses armées et vengera l'Europe et l'Asie en terminant cette seconde guerre punique ».

Ce sont de belles phrases ; elles couvrent mal un échec qui ouvre la porte aux désastres : Une occasion s'est présentée où Napoléon eût pu liquider d'un coup cette déplorable affaire d'Espagne. Depuis 1808, le meilleur de la France s'use à une besogne sans utilité et sans gloire. Est-ce un but pour de tels efforts que de substituer aux Bourbons serviles un Bonaparte révolté et d'imposer aux Espagnols en sa personne un roi qui, dès les premiers jours de son règne s'est montré plus national que les légitimes? Par l'abdication de Joseph, l'Empereur, même s'il avait voulu conserver quelques provinces du Nord, Catalogne, Bicaye, Navarre, même Aragon, eût, en tous cas, rendu libres, soit pour les opérations contre les Anglais, soit ultérieurement pour les guerres continentales, l'Armée du Midi, l'Armée du Centre et l'Armée du Portugal; il eût fermé cette école d'insubordination où, loin du maître, les maréchaux se disputent déjà le pouvoir et s'exercent à désobéir; il eût prévenu l'irréparable catastrophe; car, laissant Joseph à

Madrid lorsqu'il ira porter la guerre dans le Nord, il ne pourra manquer, qu'il le veuille ou non, de lui abandonner le commandement qu'il lui a promis et dont il le sait incapable. Joseph général en chef, c'est l'anarchie dans les troupes, la discorde dans les chefs de corps, l'ineptie dans le haut état-major, tôt ou tard c'est la défaite et la déroute.

Cette fois encore, Napoléon est la victime de l'esprit de famille, de l'esprit corse, du droit d'aînesse. Non seulement, comme certains historiens complaisants ont osé l'écrire, il n'a pas *obligé* Joseph à retourner en Espagne, mais, jusqu'au dernier moment, il a cru que, en n'accueillant pas des demandes que Joseph a présentées comme irréductibles, il l'amènerait à mettre en exécution ses heureuses menaces : toutefois il n'a pas voulu le contraindre comme il a fait pour Louis, son cadet ; il ne s'est point tenu assez ferme pour ne rien se laisser arracher comme il a fait avec Lucien, autre cadet. Si peu que ce soit, il a cédé quelque chose et il a été repris dans l'engrenage. Sans doute, pour une part, cette faiblesse tient à ce que, la combinaison de 1810 ayant échoué, il ne voit d'autre alternative à l'abdication de Joseph que la restauration de Ferdinand et qu'il ne sait comment parer celle-ci aux yeux de l'Europe et lui donner un tour de succès : mais agirait-il autrement s'il avait encore Lolotte sous la main et ne peut-il trouver une autre Lolotte? Le vrai est que, mis en face de son frère, il se subordonne. En 1808, en 1809, en 1810, pour ne parler que de l'Espagne, c'est ainsi que les choses se sont passées; c'est ainsi depuis qu'il est entré dans la gloire, qu'il a fait sa place au soleil et que, dans sa prodigieuse montée vers le suprême pouvoir, il tire ses frères à sa suite. La cause de cette faiblesse, elle est dans son sang et sa chair, dans son atavisme et son éducation, et c'est la supériorité que donne à Joseph le fait qu'il est le premier-né de Charles Bonaparte et de Letitia Ramolino.

*
* *

A ce baptême où manque comme on a vu la seconde marraine et où le second parrain a fait tous ses efforts pour se soustraire, estimant à la fois, sans doute, qu'il n'a pas à se réjouir d'une naissance qui lui enlève ses droits immédiats à la dignité impériale, et qu'il abaisserait sa grandeur de roi catholique en paraissant à la cérémonie comme prince français, l'Empereur, qui pourtant requiert la présence de tous les siens, ne se soucie point qu'Elisa paraisse.

Au moment où elle a reçu la nouvelle de la naissance, elle n'a point manqué d'attester sa joie par des salves d'artillerie, des fêtes qu'elle a données aux corps civils et militaires et des réjouissances où elle a convié les peuples. Puis, quittant Marlia où elle résidait, elle est allée à Piombino surveiller ses bois. De là, après quelques jours à peine, elle a été rappelée à Marlia par une maladie grave de son fils. Le petit Jérôme avait dû, au mois de novembre, changer de nourrice, la première n'ayant pas de lait. Depuis lors, il avait pris du poids, mais sa tête était devenue énorme. Pourtant, on ne s'était pas inquiété et l'on avait attribué à la dentition la maladie qu'on avait cru bénigne. C'était « une hydropisie au cerveau ». Le 17 avril, à cinq heures du matin, l'enfant expire. Quand on ouvre la tête, on y trouve dix onces d'eau. Elisa, « dans un état qui la prive à chaque instant de l'usage de ses sens », est transportée à Poggio-a-Cajano; elle laisse au prince Félix, malgré qu'il soit « dans un état terrible », le soin d'annoncer, une heure après la mort, la fatale nouvelle à l'Empereur. On amène sans cérémonie, de Marlia à Lucques, le petit cadavre et on le dépose dans l'église San-Paolino où, quelques mois plus tard, Elisa fera revenir, de Marseille, le corps de son fils aîné, le petit Félix-Napoléon qui y est mort en Messidor an VI.

Le 8 mai seulement Napoléon témoigne quelque intérêt à sa sœur. « J'ai appris avec peine la mort de votre fils, lui écrit-il. Je prends une part sincère à toute la douleur que vous cause ce malheureux événement. » C'est tout, nulle autre allusion; il reprend le ton des affaires, donne ses ordres, exige que la grande-duchesse lui rende compte de toutes choses « dans le plus grand détail ». Par une sorte de superstition, on dirait qu'il veut l'écarter de son fils, qu'il ne se soucie point qu'elle l'approche. Les médecins ont ordonné à Elisa de changer d'air; ils ont pensé « que le mouvement d'un voyage pourrait lui être favorable ». Elle a sollicité de l'Empereur la permission de venir à Paris, où elle espère trouver, au sein de sa famille réunie à l'occasion du baptême, « quelque consolation pour le malheur dont elle vient d'être affligée ». Jérôme, qui se fait son interprète, expose qu'elle pourrait descendre à l'hôtel qu'il occupe, où tout ce que l'Empereur a la bonté de lui faire fournir serait suffisant pour elle et lui ; la grande-duchesse n'amènerait que deux personnes ; il ne résulterait de son voyage ni dépenses ni dérangements. Tout est en vain. L'Empereur ne se soucie point qu'elle vienne et le lui fait savoir : Qu'elle reste en Toscane, qu'elle y soigne sa santé, qu'elle aille, s'il lui plaît, prendre les bains de mer à Livourne, mais qu'elle ne sorte pas du grand-duché, surtout qu'elle n'apporte point au Roi de Rome le mauvais œil, et qu'elle ne fasse point part à l'Empereur de sa persistante malchance en ce qui touche les héritiers.

***

Pour les autres Napoléonides, ils viennent en rechignant et d'un air si peu satisfait qu'on jurerait, à les voir, qu'ils sont réunis, non pour la plus mémorable fête de famille, mais pour une cérémonie funèbre. Madame ne semble avoir manifesté sa joie d'aucune façon lors de la naissance de son petit-fils ; lorsque, par ordre, elle est venue faire visite à Marie-Louise accouchée, elle ne s'est point assise, parce que la dame d'honneur, en sa haineuse prévoyance, a fait enlever tout fauteuil de la chambre de l'Impératrice et n'a fait disposer que des chaises autour de la chaise longue. Les reines, qui cherchent à se faire elles aussi des droits au fauteuil, se sont retirées avec Madame et Mme de Montebello a triomphé.

Par surcroît, Madame s'est fort affligée de la mort de son petit-fils Jérôme, et, pour trouver une sympathie effective, elle est venue à Mortefontaine auprès de Julie. De là, elle écrit le 1er mai à Baciocchi : « Dans la position où je suis, je suis incapable de vous donner la moindre consolation. J'en ai besoin moi-même et rien ne nous en offre dans ce monde. Ce n'est que du ciel qu'on peut l'attendre ». En effet, l'exil de Louis et ses plaintes perpétuelles, la disparition de Lucien et l'incertitude où l'on est de son sort, l'abdication probable de Joseph, les querelles de Jérôme avec l'Empereur, les affronts qu'elle attribue à sa belle fille, ne sont pas pour réjouir un cœur maternel.

Pourtant, au baptême, elle paraît en marraine, associée au grand-duc de Wurtzbourg qui représente l'empereur François, et c'est sans doute un grand orgueil, mais il ne semble pas qu'elle s'en pare, car elle n'assiste même pas au banquet impérial du 16 juin, et, comme Julie, elle s'abstient sous prétexte de santé. Elle reçoit de beaux présents, des vases de Sèvres d'importance et un *Méléagre entouré de sa famille* en Gobelins, des présents pour 61 501 francs, mais c'est, à son gré, de l'argent bien mal dépensé, car elle n'en tire pas un sol de plus de revenu : Elle n'a plus qu'une idée, partir avec Pauline pour Aix-la-Chapelle où elle arrive dès le commencement de juillet.

Fesch n'a pu être d'aucun secours. Il est tout absorbé par la préparation du Concile national qui doit être convoqué le 25 avril, par les épineuses négociations qui le précèdent, par les responsabilités qu'il redoute et par les bourrades qu'il reçoit. Il perd la tête dans cette situation qui le dépasse et ne sait à qui obéir, de l'Eglise qui le réclame, ou de son neveu qui le commande. De plus, fort mal en argent car on ne lui a encore rien donné pour sa renonciation à Ratisbonne, et ses créanciers le pressent, et les 100000 francs que Jérôme a prêtés viennent à échéance. Enfin, le 25 mars, l'Empereur qu'adoucit la naissance de son fils, lui accorde 300000 francs de rente sur l'octroi du Rhin. Cela est bon, mais ne donne pas du comptant et, le 1er avril, le cardinal fait une nouvelle démarche pour que l'Empereur achète son hôtel. Il échoue encore sur un rapport défavorable de Fontaine qui n'admet pas qu'il se soit passé d'architecte, mais, au moins le 11 mai, il obtient un prêt de 400000 francs pour lequel il donne des billets et des hypothèques. Jérôme lui fait encore remise de sa dette et tout cela lui permet de gagner du temps et d'apaiser ses entrepreneurs.

Pour tant d'argent, il se rend utile, car le baptême eût pu donner lieu à des difficultés, si, Notre-Dame, étant occupée par la Garde impériale et par la

Grande aumônerie qui en a pris possession, le cardinal, en sa qualité de grand aumônier, n'y suppléait toutes les cérémonies, au point d'exclure même l'archevêque nommé de présenter l'eau bénite à Leurs Majestés.

Tout de suite après, il retombe dans cette besogne du Concile pour laquelle il a été si chèrement payé et que, par ses prétentions insupportables, l'étroitesse de son orthodoxie, les influences qu'il subit, la passion qu'il a prise depuis sa légation de Rome pour les pratiques ultramontaines, il est incapable de mener au gré de l'Empereur.

Pauline qui, de nouveau, a dû ouvrir son hôtel à Borghèse, arrivé à Paris le 9 mars, ne s'en est pas trouvée plus satisfaite que l'année d'avant, et elle a encore, du côté de Canouville, d'autres raisons d'être inquiète et troublée. Sitôt qu'elle peut, dès la fin d'avril, elle s'installe à Neuilly, où elle échappe plus facilement à son mari ; là, elle tatillonne, elle fait des budgets, et pour la dixième, la vingtième fois, réorganise l'administration de sa maison ; dans des jours comme ceux-là, elle s'acharne sur les factures, les états, les comptes ; elle trouve à redire à tout, aux façons des toilettes, aux montures des pierres, même à cette médaille que la Monnaie vient de frapper à sa gloire et où, au revers, Denon a figuré les Trois Grâces : la tradition dira qu'il n'a pris qu'un modèle pour tant de beautés et que la princesse les réunit toutes.

Pendant que Borghèse, auquel tout réussit, est seul à temps avec Eugène, dans le salon d'attente de l'Impératrice, pour être témoin de la naissance du Roi de Rome, et que, ayant été pris en gré par Marie-Louise, à la vérité comme plastron et souffre-douleurs, il est nommé de tous les petits voyages les plus intimes, Pauline se dit plus souffrante encore que d'ordinaire, songe à aller passer une année en Provence, en demande même la permission, puis se ravise, assiste aux fêtes du baptême et, aussitôt après, le 25 juin, part avec sa mère pour Aix-la-Chapelle.

Jérôme est encore celui qui a le moins de raisons pour être satisfait : Le 25 mars, par M. de Rambuteau, il a reçu la nouvelle officielle de la naissance, mais, en même temps, M. de Rambuteau a apporté à M. Reinhard, une lettre par laquelle le grand maréchal charge le ministre de France d'inviter, au nom de l'Empereur, le roi, la reine et toute leur cour à venir, dans les premiers jours de mai, à Paris, pour assister aux fêtes du baptême et des relevailles. *Le roi, la reine et toute la cour*, cela est souligné par Duroc ; comment décliner un tel ordre ? Pourtant Jérôme vient de se voir enlever un royaume qu'il croyait à lui et un département qu'il possédait depuis quatre ans ; son intendant, Laflèche, baron de Keudelstein, a fait dans la caisse du Trésor royal, une brèche de 1 600 000 francs ; la reine est peu pressée de tenir, une fois de plus, vis-à-vis de l'Impératrice, un rôle subordonné : tout se met en émoi à Cassel, mais ce n'est, paraît-il, qu'une erreur de Duroc, lequel n'en est point coutumier. L'Empereur n'a nulle intention de « constituer son frère dans d'énormes dépenses », d'autant qu'il va lui demander bien d'autres sacrifices : il lui fait donc savoir qu'il le verra avec plaisir et qu'il amène la suite la moins nombreuse. Jérôme, alors, répond qu'il s'empressera avec joie de se rendre à Paris du 20 au 25 mai et qu'il n'amènera que quatre personnes. Durant ce temps, Catherine ira aux eaux dont elle a grand besoin.

Si cette affaire s'arrange, il n'est pas de même des autres. Que l'Empereur demande des hommes à son frère et emploie cette armée westphalienne que tout à l'heure il rabaissait tant, Jérôme s'en trouve très flatté : l'Empereur parle d'un régiment, il offre une brigade, puis une division de 8000 combattants : seulement, il prie qu'on ne morcelle pas son armée en la prenant régiment par régiment. « Ce serait vouloir le priver de tout honneur et lui enlever le prix de ses soins que de mettre ses troupes dans l'impossibilité d'acquérir aucune réputation particulière. » L'Empereur paraît agréablement surpris que la Westphalie puisse fournir deux divisions, 20000 hommes dont 2500 de cavalerie. Il veut tout en savoir, exige encore des sacrifices pour les 54 bouches à feu, les 300 voitures, les 1500 chevaux de l'artillerie divisionnaire, les vingt pièces de l'artillerie régimentaire, les attelages, les harnais, les hommes du train, les canonniers, les quatre compagnies de sapeurs avec leurs dix caissons attelés, mais, en échange de ce nouvel effort, quelle promesse ! « Si vous réunissez le personnel que je viens de vous indiquer, écrit-il à Jérôme, je ne verrai pas de difficulté à compléter votre corps d'armée avec les contingents de la Confédération à 30 000 hommes, ce qui vous formerait alors trois belles divisions. » Tel est le profit que l'Empereur a tiré de l'expérience de 1807 et de celle bien autrement grave de 1809.

Jérôme ne se tient pas de joie, car « son grand, son unique désir est de faire *la grande guerre* » ; en même temps donc qu'il vide toutes les caisses et met toutes les matières en réquisition pour compléter et équiper ses divisions, il commande à Boutrais son costume de guerre, un casque et une cuirasse d'une extraordinaire beauté — la cuirasse seule, où est incrusté le collier émaillé de Westphalie, est facturée 5 300 francs. Du coup, il oublie le triste traité que l'Empereur vient de lui imposer et dont il s'est vengé en disgraciant le négociateur Bulow, en faisant arrêter le secrétaire général du ministère et en ordonnant çà et là diverses perquisitions. Il est « convaincu que l'Empereur rendra justice aux motifs qui le déterminent et que, lorsque les circonstances le permettront, son équité le portera à dédommager le roi de Westphalie de tout ce qu'il perd et des sacrifices qu'il fait. »

Mais lorsque, là-dessus, l'Empereur lui retire les soldats originaires des parties du royaume récemment cédées ; lorsque surtout, le 24 avril, et par l'intermédiaire de Davout, il lui commande de compléter l'approvisionnement de Magdeburg à 1 700 000 rations et de pourvoir aux travaux des fortifications, Jérôme se cabre. L'Empereur n'entend pas raison ; il déclare (2 mai) que si ces dépenses ne sont pas faites, il prendra pour lui la ville, son administration et son revenu ; les officiers du génie commenceront les travaux, pour qui le prince d'Eckmühl fournira 50 000 francs que le roi remboursera ; sinon, l'Empereur gardera Magdeburg. Les 50 000 francs sont à peine le quart de ce qu'il faut dépenser pour les fortifications et, pour les approvisionnements, on doit compter six millions : où les prendre ?

Le roi montre que, ses recettes étant de 35 millions, il en dépense 55, dont 18 pour son armée et sept et demie pour les troupes françaises ; qu'il a dû suspendre le paiement de la dette, prendre près de trois millions à la caisse d'amortissement, vendre pour 10 millions de domaines, lever en Hanovre une contribution extraordinaire de deux millions, recourir pour huit millions à l'emprunt forcé, que, de tout cet argent, il n'a plus rien et qu'il retournerait en vain les poches de ses sujets pour trouver six millions ; l'Empereur ne veut rien entendre et, à de telles exigences, il ajoute des procédés qui, appliqués par Davout, deviennent intolérables. Davout, qui entretient à Cassel un agent « pour surveiller tout ce qui se passe dans le royaume », envoie cet agent, le général Barbanègre, signifier au ministre de la Guerre westphalien que si, de suite, le roi « ne procède pas à faire réparer les fortifications de Magdeburg et à en approvisionner les magasins, lui, Davout, s'emparera de la ville et de son territoire. » Jérôme exaspéré écrit à l'Empereur : « Je ne puis croire que Votre Majesté veuille me faire manifester ses intentions par ses généraux, qu'elle me livre à leur autorité. Je n'ai point mérité ce traitement ni la déconsidération dont il m'accablerait. Si les desseins politiques de Votre Majesté exigent la réunion de la Westphalie entière à l'Empire français, comme ses agents se plaisent à en faire courir le bruit, je ne demande qu'à être mis le premier et sans intermédiaire dans le secret de ses intentions... je me ferai un devoir d'y concourir moi-même. Je suis avant tout Français et frère de Votre Majesté et sa justice et sa bonté sauront bien me dédommager de tous les sacrifices qu'il lui paraîtra convenable de m'imposer. »

Ce langage devrait plaire à l'Empereur et épargner à Jérôme les brutalités du prince d'Eckmühl qui, dans l'exercice de ses fonctions, semble vraiment trop chercher la satisfaction de ses rancunes personnelles ; mais l'Empereur craint que, s'il cède sur un point, Jérôme se dispense de payer et, si Jérôme crie misère et montre le vide de son trésor, Reinhard, qui le surveille avec une attention malveillante, est bien mieux écouté lorsqu'il raconte que le roi a trouvé à emprunter 4 500 000 francs pour la liste civile, qu'il ne songe qu'à bâtir et à faire des folies, qu'il a acheté à la reine une nouvelle maison sur la route de Napoleonshöhe, au pied du château et sur les bords de la Fulde, une maison simplette avec quelques allées à l'anglaise, beaucoup de fleurs et une vue délicieuse, mais où, tout de suite, il a dépensé 51 315 francs ; que le déficit de 1 600 000 francs laissé par La Flèche a montré des dépenses insensées, en admettant qu'elles soient réelles, puisque le compte d'un badigeonneur pour appropriement d'un mur à Napoleonshöhe monte à 15 000 francs, et que la seule punition qu'ait reçue La Flèche a été d'être réduit à son traitement de conseiller d'Etat ; qu'au prochain voyage que la reine va faire aux eaux, elle sera suivie d'une cour singulièrement coûteuse, huit dames du palais — dont Mme La Flèche — sans compter les chambellans, écuyers et maréchaux de cour ; que l'argent coule des mains du roi sans qu'il y prenne garde et que, tandis qu'il en trouve toujours pour ses plaisirs et ses fantaisies, il n'en sait jamais trouver pour les besoins de son royaume et pour l'exécution des ordres de l'Empereur.

Aussi, lorsque Jérôme, ayant conduit Catherine à Ems arrive le 24 mai à Paris, trouve-t-il à toutes les réclamations qu'il présente, même les plus légitimes, même celles que Clarke déclare justifiées, une résistance qui lui paraît inexplicable. Il est prouvé par les chiffres même du ministère de la Guerre français que, au lieu des 12 000 hommes stipulés par les traités, la Westphalie, au 1er juin, entretient pour le compte de la France 18 001 hommes et 5 571 chevaux, savoir six régiments d'infanterie, quatre de grosse cavalerie, 1500 hommes et 1300 chevaux d'artillerie. Jérôme demande qu'au moins l'Empereur retire la grosse cavalerie qu'il lui a imposée quand il lui a donné le Hanovre, qu'au moins on entre en compte pour l'entretien des hommes et chevaux qui excèdent le complet de 12000 hommes; l'Empereur, à la fin, le promet, mais quelles négociations et quels comptes il faudra à Jérôme — pour n'être jamais payé.

Sans doute, il a été reçu avec les honneurs royaux; il a été logé dans l'hôtel de la rue de Varennes qui appartient aux Relations extérieures; il a eu des Tuileries un service d'honneur, des valets de chambre, des voitures et un service de bouche. Il a un poste à sa porte et, quand il sort, il est escorté d'un piquet; il est défrayé de tout par l'Empereur auquel il en coûte 30000 francs; il reçoit, pour le baptême, des porcelaines de Sèvres de 41420 francs et une tapisserie des Gobelins de 13000, mais qu'est cela devant les désagréments qu'il éprouve? D'abord, il n'obtient rien ni de l'Empereur, ni des ministres; il est traité en roi sur le papier, de fait en prince français, obligé d'en porter le costume, sans que l'Empereur tolère même près de lui un seul de ses officiers westphaliens, et, comme il n'en a pas de français, il marche seul, à son grand dépit. A propos des affaires Hainguerlot où il est directement intervenu dans la liquidation Dijon, « plus de douze cents familles réduites à la misère, en faillite ou en prison, ne pouvant faire parvenir leurs justes réclamations auprès du trône » s'adressent à lui comme à l'auteur responsable de leur désastre et, sans doute, est-il peu pressé que l'Empereur apprenne le détail de cette affaire. Enfin, lorsque le 25 juin, le jour même de son départ, il s'enhardit à proposer pour le Roi de Rome la grande décoration de la Couronne de Westphalie, l'Empereur ne semble pas plus disposé à l'accepter qu'il n'a fait de la Toison d'or de Joseph.

Sauf des promesses vagues et des porcelaines, une sorte d'assurance qu'on l'emploiera à la guerre s'il achève de ruiner son royaume, Jérôme n'emporte de son voyage que des désagréments, la quasi-certitude que la Famille ne compte plus ni dans le cœur, ni dans l'esprit du maître; car, après ce qui s'est passé pour Lucien, pour Louis, pour Joseph, pour Caroline, pour Élisa, celle de ses sœurs avec laquelle il est le plus intimement lié, il en a une preuve décisive dans une suite de décrets par lesquels, dans leur vanité, leur orgueil et leurs intérêts, l'Empereur frappe tous ses frères, tous ceux qui règnent, aussi bien Joseph, que Jérôme et Murat. C'est là l'épilogue qu'il donne aux fêtes du baptême, le coup de frein qu'il juge nécessaire après les tentatives d'indépendance du roi d'Espagne, les essais d'émancipation du roi de Westphalie et les révoltes du roi de Naples. Tout y est prévu et noté et les souverains napoléoniens reçoivent par là des leçons dont ils avaient besoin.

En exécution d'un premier décret du 22 juin : les princes de la famille appelés, du consentement de l'Empereur, à une couronne étrangère seront désormais traités comme princes français dans l'intérieur de l'Empire; ils ne porteront aucun autre costume que celui de princes français, aucune autre cocarde que la française, ne recevront d'autres honneurs civils et militaires que ceux qui sont déterminés par le décret du 24 messidor an XII, et n'auront dans les palais aucun autre rang que celui qui leur sera réglé « conformément à ce qui est déterminé par ce décret ».

Et la décision pour l'étiquette des palais, rendue le 12 septembre, vient encore aggraver les termes du décret : Les reines perdent tout droit au fauteuil laissé seulement à Madame en considération de son âge ; elles perdent même la chaise et n'ont droit qu'au pliant, sauf si elles sont enceintes; les princes et princesses ne pourront plus, dans l'intérieur de l'Empire, atteler qu'à six chevaux et ils n'auront plus d'escorte. Enfin, dans les cérémonies où l'Empereur est sur son trône et sous le dais, l'Empereur et l'Impératrice seuls sont assis sur des fauteuils, tous les autres personnages, princes et princesses et grands dignitaires sont debout et placés selon leur rang.

Après les rois, l'Empereur frappe leurs serviteurs français et c'est plus durement encore : par un décret de principes rendu, après avis du Conseil d'Etat, le 26 août, l'Empereur envisage la situation de tous les Français résidant à l'Étranger. Il débute par les Français naturalisés en pays étranger avec son autorisation. Cette autorisation sera accordée par des Lettres patentes dressées par le grand juge, signées par l'Empereur, contresignées par le secrétaire d'État, visées par le prince archichancelier, insérées au *Bulletin des Lois* et enregistrées en Cour impériale ;

moyennant quoi, ces Français pourront posséder, transmettre des propriétés et succéder, mais leurs enfants seront réputés étrangers et ne pourront succéder que pendant leur minorité et pendant les dix ans qui suivront leur majorité. Passant aux Français naturalisés en pays étranger sans son autorisation, l'Empereur leur inflige la perte de leurs biens qui seront confisqués, de leurs titres et décorations, et leur dénie tout droit de succéder; à la première fois qu'ils seront trouvés sur le territoire de l'Empire, ils seront reconduits aux frontières, et, sur la récidive, condamnés à un emprisonnement de un à dix ans; enfin, après des dispositions spéciales aux individus déjà naturalisés en pays étranger, l'Empereur aborde les Français au service d'une puissance étrangère : ceux-là ne peuvent y entrer sans autorisation spéciale et sous condition de revenir, si l'Empereur les rappelle, soit par une disposition générale, soit par un ordre direct; ils ne peuvent prêter serment à la puissance chez laquelle ils servent que sous la réserve de ne jamais porter les armes contre la France et de quitter le service, même sans être rappelés, si le prince venait à être en guerre contre elle; ils ne peuvent être employés comme ministres plénipotentiaires dans aucun traité où les intérêts de la France pourraient être débattus; ils ne peuvent entrer en France qu'avec une permission spéciale; ils ne peuvent se montrer dans les pays soumis à l'obéissance de l'Empereur avec la cocarde étrangère et revêtus d'un uniforme étranger; ils seront autorisés à porter les couleurs nationales quand ils seront dans l'Empire. Ils ne peuvent porter les décorations des ordres étrangers que lorsqu'ils les auront reçus avec l'autorisation de l'Empereur. Ils ne peuvent jamais être accrédités comme ambassadeurs, ministres ou envoyés auprès de la personne de l'Empereur, ni reçus comme chargés de missions d'apparat qui les mettraient dans le cas de paraître devant l'Empereur avec leur costume étranger. Tout Français qui entrera au service d'une puissance étrangère sans la permission de l'Empereur sera, par cela seul, censé naturalisé en pays étranger sans son autorisation et traité comme tel.

Tous ces articles, mis à part ceux qui visent le cas de guerre et qui ont fait l'objet des articles 75 et suivants du Code pénal et du décret du 6 avril 1809, s'appliquent uniquement aux Français qui ont suivi la fortune de Joseph, de Jérôme et de Murat. Ils ont été inspirés chacun par des griefs particuliers qu'il serait aisé de relever, mais dont ceux récemment fournis ont été les plus sensibles. Ils mettent directement sous la main de l'Empereur les cours des Napoléonides, puisqu'il suffira désormais d'un refus des Lettres-patentes ou d'un ordre de rappel, individuel ou collectif, pour que tout Français qui y est employé doive, sous peine de confiscation et de proscription, rentrer dans l'Empire. Ils suppriment toute ambiguïté en ce qui touche le double service et, du même coup, par une conséquence inattendue, atteignent profondément la fiction du Grand Empire. Aussi bien les incartades de Murat que les vanités de Joseph et de Jérôme s'y trouvent réprimées, et, à défaut du statut de 1806 démontré trop lâche pour maintenir la discipline de la Famille, ils établissent un système de discipline sur tout ce qui entoure et sert les rois de façon que, s'il plaît à l'Empereur, ils se trouvent face à face avec leurs sujets. La mesure est au premier chef de suspicion ; mais elle enferme une série de châtiments qui frappent à coups redoublés les Napoléonides.

∴

Les seules personnes qui, dans ce désarroi de la Famille, reçoivent à ce moment de Napoléon des faveurs redoublées et un gracieux accueil, ce sont celles qui n'en sont que par adoption et par alliance, les Beauharnais. Eugène, destitué de l'hérédité du royaume d'Italie, aurait pu en marquer son désappointement : il continue au contraire à se conduire des mieux, à exécuter d'une façon intelligente, stricte et fidèle, les ordres de l'Empereur ; il donne à la marine italienne ses premiers succès ; il organise l'armée de façon qu'elle apporte dans un temps proche, une coopération puissante à l'armée française ; surtout, il ne demande rien, il paraît ne rien ambitionner, il ne gêne par aucune prétention. Aussi, l'Empereur qui apprécie cette façon de servir, ne lui ménage pas ses grâces. De lui-même, il s'offre avec l'Impératrice à tenir l'enfant que la vice-reine a mis au monde le 9 décembre 1810 et qui, par ses ordres, a reçu les noms d'Auguste-Napoléon[1]. De lui-même, il pense à notifier aux puissances la naissance du fils du vice-roi. Il appelle Eugène à Paris pour la délivrance de l'Impératrice; pour la première fois, il lui permet d'habiter son hôtel de la rue de Lille et il le rend avec Borghèse, témoin de la naissance du Roi de Rome. Si le hasard entre là pour quelque chose, c'est l'Empereur qui le nomme du voyage de Rambouillet, puis, faveur bien plus grande, du voyage de Cherbourg et, dans des entretiens intimes, il lui confie dans le plus grand détail l'état de ses relations avec la Russie et il lui donne ses instructions comme au lieutenant sur lequel il compte davantage.

Quant à Hortense, elle reçoit aussi la récompense de sa soumission et de sa prompte abnégation. Le 24 avril, un décret impérial la met en possession de l'apanage que Louis a refusé. Elle en touchera la totalité des revenus depuis le 1er janvier, ce qui lui permettra d'acquitter les dettes que le roi a pu laisser en France. L'Empereur lui assigne en outre sur sa cassette une somme de 120 000 francs pour pourvoir à l'entretien du prince Louis, outre les 650 000 francs sur les revenus de Berg attribués au grand-duc de Berg dont il songe à former la maison, car le temps approche où l'enfant devra passer dans les mains des hommes. Pour rendre plus facile l'administration de

[1] Auguste-Charles-Eugène-Napoléon épousa à Lisbonne, le 23 janvier 1835, Dona Maria da Gloria, reine de Portugal et mourut, dans des circonstances tragiques, le 28 mars de la même année.

l'apanage, il ordonne l'échange des biens situés dans le Brabant hollandais contre 500 000 livres de rente sur le Grand livre de France. Bref, il assure le sort d'Hortense de façon que, reine et majesté, jouissant de près de trois millions de revenu, d'un palais et d'un château, elle soit mieux traitée selon ses goûts que Madame elle-même.

Au baptême du Roi de Rome, Hortense figure comme seconde marraine, car c'est à elle que l'Empereur a fait donner la procuration de Caroline; aussi reçoit-elle, en Gobelins et en porcelaines, des présents presque égaux à ceux que reçoit Madame. Le hasard la place presque constamment en présence de Marie-Louise, à qui elle plaît autant qu'on peut lui plaire et lorsque, le 4 juillet, elle part pour les eaux d'Aix en Savoie, c'est à Saint-Cloud, au pavillon d'Italie, sous la surveillance directe de l'Empereur, qu'elle laisse ses fils à la garde d'une sous-gouvernante, d'un écuyer et d'un chapelain.

Par quel prodige d'habileté, en ce temps de robes collantes qui dessinent et montrent toutes les formes de la femme, Hortense a-t-elle, au milieu de ces fêtes, dont elle n'a point manqué une seule, dissimulé à tous les yeux une grossesse de cinq mois? Nul contemporain, ni dans des lettres, ni dans des mémoires n'y fait la moindre allusion. Est-elle à ce point servie par le hasard que sa taille n'ait rien perdu de sa native sveltesse? A-t-elle trouvé des couturiers si habiles qu'ils aient imaginé une formule de toilette appropriée, ou bien, par une sorte d'universelle complicité, ferme-t-on les yeux sur elle et l'Empereur ne veut-il rien voir et rien savoir ? En tous cas rien ne transpire.

⁂

Il faut s'arrêter à cette date du baptême : elle marque pour Napoléon — elle a marqué jusqu'ici pour le peuple et pour les historiens — l'accomplissement de sa fortune : c'est le moment où il a pris possession de l'avenir, où sa puissance ne sait plus d'obstacle; où sa personnalité, dégagée des liens familiaux qu'il a jusqu'alors si étroitement serrés et qu'il vient de trancher comme d'un revers de glaive, ne compte plus que sur elle-même et trouve le continent trop étroit pour sa gloire. Et c'est le moment où l'extension formidable du territoire de l'Empire le rend ingouvernable, où le soupçonneux autoritarisme de Napoléon supprime les initiatives, décourage les bonnes volontés et fait partout de l'obéissance passive la première, l'unique vertu des serviteurs. Certes, si sa volonté pouvait partout être instantanément exécutée, son cerveau suffirait à tout prévoir et à tout ordonner, mais si, le 20 mars, il a pu, par le télégraphe de Chappe, annoncer à Milan la naissance du Roi de Rome et, dans la journée, recevoir une réponse, le cas est unique. Il faut des semaines, des mois pour correspondre. Les ressorts trop tendus se relâchent en attendant qu'ils se brisent et, dans la lutte engagée contre la matière, le temps et l'espace, l'homme, encore désarmé, doit être vaincu.

La Famille dispersée ne peut plus être d'aucun secours. Eût-elle servi à quelque chose, c'est douteux, mais elle était et elle n'est plus. Napoléon a aboli ce système où, dix années durant, il avait mis toutes ses espérances, qu'il avait organisé à coups de victoires malgré l'Europe coalisée, et en qui il avait jusque-là mis sa confiance. Aux seuls points où il l'a laissé subsister, on doit s'attendre à des désastres. La plaie d'Espagne reste ouverte, gangrenée et mortifère. Il eût fallu y porter le feu jusqu'au fond, et, par condescendance pour Joseph, on n'y a mis que des émollients. A l'extrême nord et à l'extrême midi, deux autres plaies se creusent et c'est encore la Famille; et la défection, dès ce moment accomplie, de Bernadotte, beau-frère de Joseph, aura pour pendant — si elle ne l'a déjà, la trahison de Murat.

TABLE

XXI. MARIE-LOUISE ET LES FEMMES DE LA FAMILLE (Avril 1810. — Mars 1811.)

ÉVREUX, IMPRIMERIE DE CH... ES HÉRISSEY

SOCIÉTÉ D'ÉDITIONS LITTÉRAIRES ET ARTISTIQUES
Librairie Paul Ollendorff
50, CHAUSSÉE D'ANTIN. — PARIS

OUVRAGES DE M. FRÉDÉRIC MASSON

ÉTUDES NAPOLÉONIENNES

Napoléon inconnu. — Papiers inédits, *accompagnés de Notes sur la Jeunesse de Napoléon* (1769-1793) . . . . 2 vol.

La série est complète en deux volumes.

Napoléon et les Femmes . . . . 1 vol.
Joséphine de Beauharnais (1763-1796) . . . . 1 vol.
Joséphine Impératrice et Reine (1804-1809) . . . . 1 vol.
Joséphine répudiée (1809-1814) . . . . 1 vol.
L'impératrice Marie-Louise (1809-1815) . . . . 1 vol.

La série est complète en cinq volumes.

Napoléon et sa Famille :
— — TOME I (1769-1802) . . . . 1 vol.
— — TOME II (1802-1805) . . . . 1 vol.
— — TOME III (1805-1807) . . . . 1 vol.
— — TOME IV (1807-1809) . . . . 1 vol.
— — TOME V (1809-1810) . . . . 1 vol.

L'ouvrage complet formera dix volumes.

En préparation :
Napoléon II

Napoléon chez lui. — La journée de l'Empereur aux Tuileries. . . . 1 vol.

En préparation :
La Maison de l'Empereur.
La série comprendra six volumes.

Cavaliers de Napoléon . . . . 1 vol. in-8.

La série comprendra six volumes.

ÉVREUX, IMPRIMERIE DE CHARLES HÉRISSEY

www.ingramcontent.com/pod-product-compliance
Ingram Content Group UK Ltd.
Pitfield, Milton Keynes, MK11 3LW, UK
UKHW020058200726
13856UKWH00002B/266